GS 190/191 GB   Die dritte Bauernbefreiung

GESCHICHTE UND STAAT

Band 190/191 GB

Erich Geiersberger

Die Dritte Bauernbefreiung

durch den Maschinenring

GÜNTER OLZOG VERLAG MÜNCHEN — WIEN

ISBN 3-7892-7102-0

© 1974 by Günter Olzog Verlag GmbH München 22 — Alle Rechte vorbehalten — Jeglicher, auch auszugsweiser, Nachdruck ohne Einwilligung des Verlages ist untersagt — Umschlagentwurf: Konrad Wacker, München — Gesamtherstellung: Franz Wedl OHG, Melk-Wien

WIDMUNG

Dieses Buch widme ich in Dankbarkeit meiner Frau Dr. Anna Geiersberger. Ihr, die immer da war, wenn ich oft enttäuscht von sogenannten „Expertengesprächen" oder Bauernversammlungen wie ein Immigrant, meist nach Mitternacht, heimkam. Der „door-sound-Trick" war ihr Geheimnis: An der Art, wie ich die Garagentüre zumachte, hörte sie — so sagte sie mir später — wie es um meine Stimmung bestellt war. War der door-sound laut, stand sie auf und ermöglichte ein Gespräch, bis ich mir meinen Ärger von der Seele geredet hatte, um schlafen zu können, während sie dann studenlang wach lag und grübelte. Doch auch das erfuhr ich erst nach vielen Jahren.

Danken möchte ich auch meinen Sekretärinnen Elfie Geissler, Franci Huber und Tina Schütt, die sich weit über ihre Pflichten als Sekretärinnen im Bayerischen Rundfunk hinaus mit meiner Arbeit identifizierten und für sie engagierten. Ohne ihre Mitarbeit hätte vieles nicht geschehen und letztlich auch dieses Buch nicht entstehen können.

Inhalt

Vorwort 11

I. Was ist ein Maschinenring? 14

II. Mobilmachung der Landwirtschaft im Maschinenring 21
Einleitung 21
1. Mobilmachung 22
2. Basis der Mobilmachung 27
3. Angebot und Nachfrage regeln den Preis . . . 30
   3. 1 Maschinenkapazität 31
   3. 2 Arbeitskräfteverknappung 31
4. Partnerschaft zu Erzeugerring und Erzeugergemeinschaft 33
   4. 1 Einheitssortenbau und Qualitätsverbesserung . 34
   4. 2 Saatgutbezug 36
   4. 3 Großeinkauf 36
5. Der Teilzeit-Betriebshilfedienst 38
6. Landwirtschaft und Ökologie 40
   6. 1 Massentierhaltung im biologischen Gleich-
       gewicht 40
   6. 2 Vernünftiger Landbau 41
7. Management und Leistungsbezahlung 42
8. Probleme ohne Maschinenring 45
   8. 1 Die Preis-Kostenschere 46
   8. 2 Bäuerinnenmangel 47
   8. 3 Freie Berufswahl 48
   8. 4 Arbeitszeit und Einkommen 48
   8. 5 Der Ein-Mann-Betrieb 49
   8. 6 Bauer ohne Urlaub 49

III. Die deutsche Alternative zum Mansholtplan . . 51
1. Der Mansholtplan 51
2. Die deutsche Alternative 53
3. Aufgaben der Landwirtschaftsberatung 56
4. Einzelbetriebliche Förderung 60

IV. Der Nebenerwerbslandwirt als Bindeglied zwischen Industrie und Landwirtschaft 64
1. Definition der Betriebskategorien 64
2. Nebenerwerbslandwirte zwischen den Fronten . 68
3. Der Vollerwerbsbetrieb am Ende 71
   3. 1 Überhöhte Kosten durch Außenmechanisierung . 71
   3. 2 Baupreise verhindern Spezialisierung . . 73
   3. 3 Landwirtschaft im Nebenerwerb als Ausweg . 75
   3. 4 Arbeitsplätze am Land als Voraussetzung . 76
4. Der Zuerwerbsbetrieb vor der Entscheidung . . 78

5. Nebenerwerbslandwirte ohne MR sind Feierabendbauern 82
    5.1 Direktabsatz als Chance für den Nebenerwerbsbetrieb 83
    5.2 Keine Frauen- und Kindersklaverei im Nebenerwerbsbetrieb 85
Zusammenfassung 89

V. Der Zuerwerbslandwirt als Bindeglied zwischen Voll- und Nebenerwerbsbetrieb 91
Einleitung 91
1. Der Zuerwerbslandwirt, das Sorgenkind 92
2. Die Chance des Zuerwerbslandwirtes heißt: Spezialisieren statt Investieren 95
3. Zuerwerb im Maschinenring 98
4. Schritt für Schritt zum Zuerwerb 101
Schlußbemerkung 102

VI. Der Betriebshelfer im Maschinenring 103
1. Der Betriebshelfer 103
2. Der Maschinenring 103
3. Der Betriebshelfer im Maschinenring 105
4. Neue Situation durch Gesetz 106
5. Der Teilzeit-Betriebshelfer im Maschinenring . . 108
6. Warum nur Teilzeitbetriebshelfer? 109
7. Schlußbetrachtung 112

VII. Der Agrarmanager und seine Aufgaben 115
1. Was ist ein Manager? 115
2. Wozu ein Agrarmanager? 116
3. Aufgaben für den Agrarmanager 117
    3.1 Produktionskostensenkung 117
    3.2 Besser verkaufen 119
    3.3 Ökonomische Landschaftsgestaltung 121
    3.4 Management für Betriebsfusionen 123
4. Der Agrarmanager im Maschinenring 123
    4.1 Senkung der Mechanisierungskosten auf EG-Niveau und darunter 124
    4.2 Sozialökonomische Beratung unterstützen . . 125
    4.3 Der Agrarmanager im Maschinenring hat zu vermitteln, zu vermitteln und nichts als zu vermitteln! 128
5. Die Bezahlung des Managers 128
    5.1 Beitrittsgebühr 129
    5.2 Vermittlungsprovision 130
    5.3 Jahresbeitrag 130
6. Weiterentwicklung des Ringes 133
7. Der Agrarmanager als Berater 134
    7.1 Beratung beim Kauf von Maschinen 135
    7.2 Landtechnische Beratung im weitesten Sinne 137

VIII. Der Maschinenring — Basis der Landschaftserhaltung 138
1. Landwirtschaft zwischen Ökonomie und Ökologie . 138
2. Über Nebenerwerbsbetrieb zum Ziel 140
   2.1 Kalbinnenaufzucht 141
   2.2 Rindermast 142
   2.3 Jungviehsömmerung 142
   2.4 Koppelschafthaltung 142
3. Senkung der Baukosten 143
4. Ferien auf dem Bauernhof 144
5. Wohnen auf dem Land 145
6. Ökonomische Landschaftsgestaltung 146
   6.1 Skipisten 146
   6.2 Campingplatz 149
   6.3 Golfplatz 150
   6.4 Wochenendhaus 152
   6.5 Der Wald 153
Schlußbemerkung 154

IX. Maschinenring, Kooperation, Kolchos? 156
Vorbemerkung 156
1. Definition 157
2. Basis einer vergleichenden Analyse 160
   2.1 Eine permanente Einkommenssteigerung . . . 160
   2.2 Die Agrarüberschußproduktion in der EG bleibt 162
   2.3 Investitionen müssen systemgemäß sein . . . 163
   2.4 Erholungslandschaft gefragt 164
3. Gesellschaftspolitische Entwicklung 165
   3.1 Einkommenssteigerung 166
   3.2 Arbeitszeitverkürzung 166
   3.3 Gleitende Arbeitszeit 166
   3.4 Jahresurlaub 167
   3.5 Flexible Altersgrenze 167
   3.6 Luft, Wasser und gepflegte Landschaft . . . 167
4. Vier Grundsätze zum Vergleich von Maschinenring und Kooperation 168
   4.1 Permanente Einkommenssteigerung für jedes Mitglied 168
   4.2 Die Agrarüberschußsituation in der EG bleibt! 170
   4.3 Investitionen müssen systemgemäß sein . . . 171
   4.4 Erholungslandschaft 173
5. Zwischen Maschinenring (= Partnerschaft) und Kooperation 174
   5.1 Die Maschinengemeinschaft 174
   5.2 Der Lohnunternehmer 175
   5.3 „Modell Dornheim" 175
   5.4 Die „Landtechnischen Fördergemeinschaften" . 177

5.5 Bodenbewirtschaftungsgemeinschaften	178
5.6 Beckdorf (Kornlingen)	180
Schlußbemerkung	181

X. „Jeder kann — keiner muß"

7 Grundsätze bäuerlicher Selbsthilfe	183
Einleitung	183
Schlußbemerkung	209

XI. Die Maschinenringe bitten um Antwort

1. Kostensenkung im Maschinenring	210
2. Ökonomische Gestaltung von Erholungslandschaft	213
3. Mißbrauch der Agrar-Sozialpolitik ohne Maschinenring	216
4. Der Nebenerwerbslandwirt, das große Mißverständnis	220
5. Noch drei Grundsatzfragen an die Verantwortlichen	222
Nachsatz	223

XII. Freiheit durch Partnerschaft im Maschinenring

Einleitung	224
Die erste Bauernbefreiung	224
Die zweite Bauernbefreiung	224
Die dritte Bauernbefreiung	225
1. Befreiung von Seinesgleichen	226
2. Befreiung von bäuerlichen Vorstellungen	227
3. Befreiung von überholter Betriebswirtschaft	229
4. Befreiung der Bauernkinder	230
5. Befreiung von Frauensklaverei	232
6. Befreiung von simplen Parolen	233
6.1 Ja zur Europäischen Gemeinschaft, aber nicht auf dem Rücken der Bauern	233
6.2 Der deutsche Marktanteil darf nicht sinken	234
6.3 Zwei Drittel der Menschheit hungern, also gibt es keine Agrarüberschüsse	235
6.4 Abhängigkeit vom Weltmarkt als Schreckgespenst	237
7. Befreiung von falschen Produktionsvorstellungen	239
8. Befreiung von unmenschlichen Arbeitsbedingungen	240
9. Vernünftige Förderung	242
Schlußbemerkung	245

Chronik der Gründung	246
Anschriften der Maschinen- und Betriebshilfsringe	253
Anhang	270
Maschinen- und Betriebshilfsring-Satzung	270
Stichwortverzeichnis	278

Vorwort

Dieses Buch entsprang nicht dem Bedürfnis ein Buch zu schreiben, sondern dem Wunsch meiner Freunde in drei Erdteilen. Und hier die Vorgeschichte:

Im Oktober 1965 wurde Hermann Höcherl Bundesminister für Ernährung, Landwirtschaft und Forsten. Am Samstag vor seinem Amtsantritt im neuen Ressort besuchte er mich in Kranzberg und informierte sich in einem ausführlichen Gespräch über den Maschinenring und die Partnerschaftsidee.

Mit seinen „Vorschlägen zur Neugestaltung der Agrarpolitik der Bundesregierung" im Juni 1948 machte er einen ersten Ansatz, die alteingefahrenen Geleise der Agrarpolitik zu verlassen. Doch erst nach dem Amtsantritt von Staatssekretär Dr. Fritz Neef gab das Bundesernährungsministerium seine Zurückhaltung den Maschinenringen gegenüber auf, was in zwei, die Entwicklung der Maschinenringe fördernden Ereignissen, seinen Ausdruck fand:

Am 10. 1. 1969 sprach bei der 3. Bundestagung der Arbeitsgemeinschaft der Maschinenringe in Stuttgart erstmals ein offizieller Vertreter der Bundesregierung: Staatssekretär Dr. Fritz Neef. Er bekannte sich offiziell zur Idee der Maschinenringe und nannte ihre Mitglieder „Grabenkämpfer einer modernen Agrarpolitik".

Ende April 1969 begann an der Deula-Schule in Hildesheim der 1. Bundeslehrgang zur Ausbildung von Geschäftsführern für Maschinenringe.

Hermann Höcherl hatte mich nämlich im August 1968 um eine kritische Stellungnahme zu „seinen" Vorschlägen zur Neugestaltung der Agrarpolitik der Bundesregierung gebeten. Meine umfangreiche Kritik vom 30. 9. 1968 führte zu einer Aussprache mit den eigentlichen Verfassern, dem Völkenroder Kreis, unter Vorsitz von Neef am 11. Oktober 1969 in Bonn. Neef war bei diesem Gespräch von der Funktion eines hauptberuflichen Maschinenring-Geschäftsführers so beeindruckt, daß er ihn als „Manager", als Agrarmanager verstanden wissen wollte. Ein zweites Gespräch mit dem Völkenroder Kreis fand dann als eine Art Lokaltermin in Nienhagen beim Maschinenring „Flottwedel" in Niedersachsen am 27./28. 11. 1968 statt. Dieser Ring wurde bereits acht Jahre von Hans Uhlemann hauptberuflich gemanagt und seine Leistungen waren so überzeugend, daß der Entschluß, eine bundeseinheitliche Ausbildung für solche Manager zu beginnen, noch vor Ort gefaßt wurde.

Auf Wunsch des Bundesministeriums entwarf und übersandte ich am 23. 12. 1968 einen Lehrplan für diese Ausbildung und stützte mich auf drei Kriterien:

1. Wer Agrarmanager werden will, soll schon Agrar-Ingenieur sein; Ausnahmen bestätigen die Regel.
2. Der Grundlehrgang soll 12 Wochen dauern und der Manager soll vor Beginn seiner selbständigen Arbeit bei einem anderen volontieren.
3. Jährliche Fortbildungslehrgänge für praktizierende Agrarmanager müssen unerläßlicher Bestandteil der Gesamtausbildung sein.

Hermann Höcherl hatte noch zwei Bedenken: einmal, ob die so ausgebildeten Agrarmanager auch eine Beschäftigung finden und zum anderen, ob entstehende Maschinenringe willens sind, solche Agrarmanager einzustellen. Mein Vorschlag vom 23. 12. 1968, der schließlich akzeptiert und realisiert wurde, machte beide Befürchtungen gegenstandslos: der Bund übernimmt die Bundeslehrgänge für Maschinenring-Geschäftsführer und fördert gleichzeitig die Maschinenringe, die einen so ausgebildeten Agrarmanager einstellen. Die degressive Startförderung begann mit

50 % der Personalkosten für einen Manager und sollte im 5. Jahr mit 10 % auslaufen.

Um nicht die Maschinenring-Geschäftsführer zu benachteiligen, die mit viel Engagement und Idealismus — oft als Nebenerwerbslandwirte, ohne besondere Ausbildung — Maschinenringe als Pioniere im ganzen Bundesgebiet aufgebaut hatten, sollten die ersten Bundeslehrgänge nur 4 Wochen dauern und ausschließlich den schon vorhandenen Maschinenring-Geschäftsführern zur Verfügung stehen, um deren Ringe förderungsfähig im Sinne der Bundesrichtlinien zu machen. Doch wie so oft ist es leider bei diesem Provisorium geblieben; bis 1974.

Bei jedem dieser Grundlehrgänge sollte ich im Rahmen einer Abschlußfeier ein „Grundsatz"-Referat halten. Damit wurde mir die Gelegenheit geboten, einen Schwerpunkt der Maschinenringarbeit jeweils so ausführlich darstellen zu können, daß alle Grundsatzreferate zusammen schließlich die gesamte Breite der Wirkungsmöglichkeit dieser bäuerlichen Selbsthilfe aufzeigen.

Das soll mit diesem Buch geschehen. Elf Grundsatzreferate zum Abschluß von Grundlehrgängen für Maschinenring-Geschäftsführer wurden mit denen, die ich bei drei Bundestagungen der Maschinenringe, einer Jahrestagung des Kuratoriums Bayerischer Maschinenringe und auf den ersten beiden Internationalen Maschinenringtagungen gehalten habe, in diesem Buch verarbeitet. Soweit statistische Angaben wesentliche Bestandteile für Analysen und Hypothesen waren, wurden diese durch Zahlen des Jahres 1974 ersetzt oder ergänzt.

Bad Füssing, Mai 1974.

Dr. Erich Geiersberger

I. Was ist ein Maschinenring?

Besitzt keine Maschinen

1. „Der Maschinenring" besitzt keine Maschinen! Er ist ein Zusammenschluß freier und unabhängiger Bauern, seien sie nun Voll-, Zu- oder Nebenerwerbslandwirte — meist in der Rechtsform des eingetragenen Vereins (e. V.) —, um überbetrieblich Maschinen- und Arbeitskapazitäten besser auslasten zu können als das der Einzelbetrieb vermöchte.

Keine Kooperation

2. Der Maschinenring ist keine Kooperation. Er wird gegründet, um Investitionen zu vermeiden. Wer einem Maschinenring beitritt, tut das in der Erwartung, Privat-Investitionen anderer Mitglieder nützen oder eigene Arbeitsstunden mit oder ohne Technik gewinnbringend einsetzen zu können.

Keine unlösbare Bindung

3. Im Maschinenring entstehen weder zwischen den Mitgliedern noch zwischen Verein und Mitglied Kapital-, Einkommens-, Vermögens- oder Gewinnverflechtungen. Die Mitgliedschaft bedarf deshalb keiner mittel- oder langfristigen Verträge. Jeder kann jederzeit beitreten und mit vierteljährlicher Kündigung zur Jahresfrist auch wieder austreten.

Agrar-Manager als Motor

4. Der Maschinenring braucht zur Vermittlung von Maschinen- und Arbeitsstunden zwischen den Mitgliedern einen hauptberuflich tätigen Geschäftsführer, seit 1969 in der BRD „Agrarmanager" genannt. Ohne hauptberuflichen Manager kann der Maschinenring seine volle Leistungskraft nicht entfalten. Der Manager muß am Erfolg seiner Arbeit durch Umsatzprovision oder Leistungsprämien beteiligt sein. So

wenig ein Maschinenring ohne Manager voll leistungsfähig sein kann, so wenig wird ein Manager ohne Provisionsbeteiligung auf Dauer Höchstleistungen zu erbringen vermögen.

Im Vorstadium der Maschinenringarbeit, d. h. in Kleinmaschinenringen hatte die ursprünglich von mir vorgeschlagene 5 % Umsatzprovision für den geplanten (!) Geschäftsführer große Diskussionen ausgelöst. Es gab — und gibt — Landwirte, die den Geschäftsführer um seine Provision betrügen wollen. Auswege, wie z. B. den Arbeitnehmer mit der Hälfte der Vermittlungsgebühr zu belasten, verhinderten die „Schwarzarbeit" nicht. Die Diskussion um Vermittlungsprovision bzw. Leistungsbezahlung, in der Absicht, dieses Geld zu sparen, wurde von Landwirten geführt, die zu unternehmerischer Handlungsweise nicht fähig waren. Ein echter Unternehmer, der sich durch den Maschinenring den Kauf eigener Maschinen spart, scheut notfalls auch nicht 10 % Vermittlungsprovision für den Geschäftsführer, damit er termingerechte Arbeiten geleistet erhält. Wenn Vermittlungsgebühren oder Leistungsbezahlung die Bereitschaft zum Kauf eigener überflüssiger Maschinen auslösen, beweisen die Mitglieder nur den Mangel an Unternehmerqualitäten. (Siehe Kapitel VII: Der Agrarmanager.)

Telefon als Betriebsmittel

5. Im Maschinenring ist das Telefon das wichtigste Informations- und Organisationsmittel. Der Besitz eines Telefonanschlusses ist für ein Maschinenringmitglied wichtiger als der Besitz einer Maschine. Solange nicht jedes Mitglied einen Telefonanschluß besitzt, vergeudet der Manager einmal wertvolle Zeit; zum anderen blockiert er, wenn er unterwegs ist, den Organisationskontakt zwischen den Mitgliedern. Lei-

stungsfähige und somit großräumige Maschinenringe bedienen sich heute schon der UKW-Technik. Ein Autotelefon wird für den Manager eines optimal funktionierenden Maschinenringes einmal genauso wichtig sein wie heute für einen praktischen Tierarzt oder eine „fliegende" Werkstätte.

Preisliste regelt Angebot und Nachfrage

6. Jedes Maschinenringmitglied besitzt eine Preisliste. Die Festsetzung der Preise in der Preisliste ist eines der wichtigsten Instrumente, um einen Maschinenring zur vollen Entfaltung zu bringen. Angebot und Nachfrage sind die systemgerechten Preisregulatoren der Arbeit in einem Maschinenring. Es gibt keine Preisliste des Bundesverbandes der Maschinenringe. Es kann auch keine Preisliste eines Landesverbandes geben, sondern nur eine Preis-Orientierungsliste.

Die Preisliste des einzelnen Maschinenringes muß laufend den speziellen Bedürfnissen angepaßt werden. Wer die Technik der Preisveränderungen nicht beherrscht, kann einen Maschinenring nicht zum vollen Erfolg führen. Die Preisliste ist der Indikator (= Anzeiger) für die marktwirtschaftliche Situation, in der sich ein Maschinenring befindet. Wenn ein technischer Engpaß entsteht, soll ein hoher Marktpreis die Besitzer dieser Maschinen anreizen, möglichst viele Einsätze gewinnbringend zu fahren. Zu hohe Preise verführen aber auch andere Bauern, die diese Maschine noch nicht besitzen, sich diese zu kaufen, um sich am Geschäft zu beteiligen.

Niedrige Preise sind das Zeichen für Überbesatz, das gilt besonders für die Stundenlöhne. Bei Arbeitskräfteknappheit muß der Stundenlohn im Maschinenring über dem Niveau in Gewerbe und Industrie außerhalb des Ringes dieser Region liegen. Bei Arbeitskräfte-Überbesatz liegt er oft beträchtlich darunter.

Preislistenveränderungen werden in Mitgliederversammlungen auf Vorschlag des Managers durch Mehrheitsbeschluß vollzogen.

Jeder kann, keiner muß

7. Im Maschinenring werden, ebenfalls systemgerecht, absolute Freiwilligkeit und Unabhängigkeit des einzelnen Unternehmers als Mitglied gewahrt. In einem Maschinenring darf es weder eine Pflicht zur Leistung noch zur Entgegennahme von Arbeit geben. Jeder kann, keiner muß, ist das unumstößliche Grundprinzip eines Maschinenringes.

Wegstreckenberechnung fördert Einsicht

8. Im Maschinenring müssen Wegstrecken bei jeder Einsatzvermittlung bezahlt werden. Die Berechnung der Wegstrecken macht Egoismus unschädlich und korrigiert Unvernunft und betriebswirtschaftliches Fehlverhalten. Nur so wird betriebswirtschaftlich notwendige Terminarbeit gesichert, ja garantiert. Der durch nichts bewiesene Vorwurf, im Großmaschinenring bliebe zu viel Geld auf der Straße, verkennt den Funktionsmechanismus eines Maschinenringes. Er kommt von denen, die auch das Prinzip der Freiwilligkeit immer wieder in Frage stellen wollen; ja er kann letztlich nur von diesen kommen! Durch die Wegstreckenberechnung werden im Maschinenring Streitereien, wie sie um termingerechte Einsätze in Maschinengemeinschaften an der Tagesordnung sind, unmöglich gemacht. Wird aber ein Einsatz aus betriebswirtschaftlichen Überlegungen über größere Entfernungen vermittelt, bemüht sich der Manager, auch weiträumige Maschinenbewegung ökonomisch zu gestalten, indem er auch anderen Mitgliedern die Ma-

schine empfiehlt. Die Wegstrecke spielt in der Kostenbelastung nachweisbar keine negative Rolle; im Gegenteil: je großräumiger ein Maschinenring ist, umso unterschiedlicher sind Boden und Klima und mögliche Erntezeiten. Erst wenn das Instrument der Wege-„strecke"-Berechnung voll zur Geltung kommen kann, werden zusätzliche Investitionen gespart. Einmal eine Maschine über 20 km rechtzeitig herbeizuholen, verhindert oft den Kauf einer eigenen aus Ärger; und solche Käufe sind immer unsinnig.

Qualitätsarbeit durch Freiwilligkeit

9. Im Maschinenring wird Qualitätsarbeit geleistet. Diese Behauptung, anfangs oft belächelt, hat sich in allen Maschinenringen voll bestätigt. Nur wenn auch der Auftraggeber einen Arbeitspartner ablehnen kann, weil er dessen Befähigung zur sachgerechten Arbeitserledigung bezweifelt, setzen sich in kurzer Zeit die echten Spezialisten durch.

Bargeldlose Verrechnung

10. Im Maschinenring wird bargeldlos verrechnet. Jedes Maschinenring-Mitglied führt, wenn es zum Arbeitseinsatz fährt, einen Arbeitsbeleg mit sich. Nach vollzogener Arbeit sind in diesem Arbeitsbeleg die Stunden (für Zugmaschinen) die Flächenleistung in ha (z. B. Mähdrescher und Pflanzenschutzspritzen) oder die Mengenleistungen (Preßballen oder Kubikmeter Stallmist) einzutragen. Dieser Arbeitsbeleg muß vom Arbeitnehmer und vom Arbeitgeber unterschrieben werden und wird dann vom Arbeitnehmer an den Geschäftsführer weitergegeben.

Der Geschäftsführer berechnet aufgrund der exakten Detailangaben der Arbeitsleistung die Kosten laut Preisliste. Seine Unterschrift macht den Arbeitsbeleg zum Verrechnungsscheck. Dem Konto des Arbeitnehmers wird der ihm zustehende Betrag lt. Preisliste gutgeschrieben, das Konto des Arbeitgebers wird mit diesem Betrag plus der Vermittlungsgebühr für den Geschäftsführer belastet, es sei denn, es wurde eine andere Art der Leistungsbezahlung für den Geschäftsführer vereinbart.

Nur für Unternehmer

11. Der Maschinenring ist eine Selbsthilfeeinrichtung für landwirtschaftliche Unternehmer und solche die es werden wollen, aber bisher keine entsprechende Hilfeleistung erhielten. Ein Maschinenring kann nicht mehr Mitglieder haben als unternehmerische Landwirte vorhanden sind. Es kann nicht Aufgabe der Landwirte eines Maschinenrings sein, ihre Berufskollegen zu missionieren. Sie wollen von ihrem Maschinenring optimale Leistungen um so Gewinne im Rahmen dieser Partnerschaft zu erzielen. Maschinenringe zu verbreiten ist die Aufgabe der berufsständischen Organisationen.

Wer anschafft, zahlt

12. Der Maschinenring ist keine Selbsthilfeorganisation auf Gegenseitigkeit, wie fälschlicherweise immer wieder behauptet wird. Wenn ich ihn auch als Weiterentwicklung des Raiffeisen'schen Ideengutes — 1958 als Angestellter der Baywa (Bayerische Warenvermittlung landwirtschaftlicher Genossenschaften AG) — konzipierte, so doch mit der Absicht, in ihm das marktwirtschaftliche Prinzip systemgerecht anzuwenden. Zu Raiffeisens Zeiten herrschte noch Natural- und Selbstversorgerwirtschaft vor. Heute betreibt jeder einzelne Landwirt Verkaufsproduktion. Wer im Maschinenring — wie z. B. ein Nebenerwerbslandwirt — nur Aufträge erteilt und dafür bezahlt, ist genauso willkommen wie ein Vollerwerbslandwirt, der beim fälligen Nachkauf einer Maschine nicht mehr nur an die Bedürfnisse seines eigenen Betriebes, sondern an die Möglichkeiten des überregionalen Einsatzes und damit an Zuerwerb und Gewinn denkt. Das gleiche Prinzip gilt auch beim Einsatz von Arbeitskräften ohne Maschinen, also beim Teilzeit-Betriebshilfs- und Dorfhelferinnendienst. Natürlich werden auch immer einmal moralische und ethische Überlegungen den Ausschlag geben, einen Einsatz zu fahren, den man glaubt, ökonomisch nicht leisten zu sollen. So etwas tut man eben, redet aber nicht davon.

Weg zur Bauernbefreiung

13. Der Maschinenring bringt dem einzelnen Landwirt die dritte Bauernbefreiung: Die Befreiung von seinesgleichen. Seinen Betrieb aufstocken kann ein Bauer nur, wenn Nachbarn Flächen oder Produktionsvolumen abgeben. Eine Maschinengemeinschaft gründen kann man nur, wenn unmittelbare Nachbarn mitmachen. Einen Maschinenring gründet man mit gleichgesinnten Unternehmern, auch wenn diese über einen ganzen Landkreis verstreut sind und verzichtet auf die Uneinsichtigen. Der einzelne Landwirt bekommt so erstmals die Möglichkeit, sich aus einem evtl. nachbarschaftsfeindlichen Milieu seines Dorfes oder Weilers zu lösen und die Isolation eines Einödhofes auch ökonomisch zu überwinden. In Bayern sind die Maschinenringe flächendeckend vorhanden; in Niedersachsen fast und in Rheinland-Pfalz bedingt. Das heißt jedoch nicht, wie fälschlicherweise oft ausgelegt wird, daß sich in jedem Dorf ein Obmann für einen Maschinenring befindet, sondern das heißt, daß für den einzelnen Landwirt der Manager maximal 20 km entfernt ist. Wenn er will, muß sich jeder Landwirt einem hauptberuflich geführten Großring anschließen und des Managements bedienen können; das heißt „flächendeckend".

II. Mobilmachung der Landwirtschaft im Maschinenring

Grundsatzreferat zur Verabschiedung der Teilnehmer des 13. Grundlehrgangs für Maschinenring-Geschäftsführer am 5. 10. 1973 in Freising am Domberg.

Einleitung

Am 27. Oktober 1958 gründete ich in Buchhofen in Niederbayern den ersten Maschinenring. An diesem Tag begann die praktische Erprobung einer theoretischen Konzeption, die ich im Februar 1958 gefunden und über ein halbes Jahr in allen Dimensionen durchleuchtet hatte. Die Erfahrungen mit den ersten drei praktischen Modellen, die alle noch vor Vegetationsbeginn 1959 von mir gegründet worden waren — Grafenau im Bayerischen Wald und Haunersdorf im Vilstal —, legte ich in einer Broschüre nieder, die am 25. November 1959 im Bayerischen Landwirtschaftsvertrag erschien.

„Mobilmachung der Landwirtschaft — die Maschinenbank". Auf Seite 18 dieser ersten Publikation über Maschinenringe schrieb ich den Satz:

„In dieser Schrift spricht der Verfasser grundsätzlich von ‚Maschinenbank' und prägt damit nur einen Populärausdruck für die im Genossenschaftsregister eingetragene ‚Maschinengemeinde eGmbH'. § 10 des Kreditwesengesetzes schützt den Begriff ‚Bank', so daß wir einen anderen Namen für das noch suchten, was ich mit Maschinenbank populär, das heißt allgemein verständlich ausdrücken wollte."

Das war eine erste Richtigstellung des verzerrten Bildes der Gründungsgeschichte von Maschinenringen. Mindestens 10 Jahre lang konnte man Artikel in allen möglichen Zeitschriften und Fachblättern lesen, in denen behauptet wurde, daß der Maschinenring eine Fortentwicklung der Maschinenbank sei, genauso wie heute unverantwortlicherweise der Maschinenring von Kreisen, die ernst genommen werden wollen, als „Vorstufe zur Kooperation" bezeichnet wird. (Siehe IX. „Maschinenring, Kooperation, Kolchos?")

Damit bin ich bei der Begründung für das heutige Thema. Die verantwortlichen Männer im Bundesverband der Maschinenringe, Heinrich Bornemann und Dr. Johannes Röhner, baten mich, im Grundsatzreferat zum Abschluß des 13. Manager-Lehrgangs wieder einmal an den Ursprung der Idee zurückzugehen und den Maschinenring in seiner Gesamtkonzeption mit all seinen Konsequenzen noch einmal grundsätzlich deutlich zu machen. Man tut nämlich heute so, als ob wir größenwahnsinnig geworden wären und uns die Bewältigung von Aufgaben anmaßten, die für uns einige Nummern zu groß seien.

1. Mobilmachung

„Der Leser wird mit Verwunderung den Titel ‚Mobilmachung der Landwirtschaft' zur Kenntnis nehmen und sich fragen, ob hier der Autor in den Titel nicht des Guten zu viel hineingelegt habe?"

Dieser Satz stand am Anfang meiner Broschüre (Einleitung, Seite 11) und ich gab damals, 1959 (!) folgende Antwort:

„Die deutsche Landwirtschaft muß sich für einen großen Kampf rüsten. Doch geht es hier glücklicherweise nicht um Menschenleben, sondern darum, wer sich in diesem friedlichen Wettstreit innerhalb der EWG behaupten wird oder wer in andere Berufe abwandern muß. Der deutschen wie der europäischen Landwirtschaft ist damit die Chance gegeben, ihre Kräfte in einem Konkurrenzkampf messen zu können, bei dem man von Anfang an weiß, daß der, der als Landwirt unterliegt, in einem anderen Beruf ein besseres Auskommen finden wird; denn ‚steigender Lebensstandard für alle' ist das Motto der Europäischen Wirtschaftsgemeinschaft. Der Landwirt, der mit seinem Betrieb übrigbleibt, der sich behaupten kann, kann nur ein fähiger und wendiger Mensch sein, der zur Vermehrung des Ansehens unseres Bauernstandes beiträgt."

Wenn man uns heute vorwirft, wir trieben Nebenerwerbs-Ideologie, so muß ich darauf aufmerksam machen, daß am Anfang der Idee die Erkenntnis Pate gestanden hatte, daß nur wenige Vollerwerbsbetriebe im Konkurrenzkampf innerhalb der EWG übrigbleiben werden. Deswegen wurde von mir eine Lösung gesucht!

In der „Maschinenbank" wurde ein Konzept entwickelt, wie man den Menschen helfen kann. Dabei spielt der Hof erstmals eine untergeordnete Rolle, weil es letztlich egal ist, wie der einzelne Landwirt zu steigendem Wohlstand kommt.

Daß die Einkommenskombination am elegantesten durch Übergang von der hauptberuflichen Landwirtschaft zum außerlandwirtschaftlichen Hauptberuf mit Nebenerwerb zu erreichen ist, wissen heute alle; aber nur der Maschinenring macht diesen Weg möglich und menschlich.

„Durch die Maschinenbank wird das Landarbeiterproblem gemildert, vielleicht sogar gelöst; der Kleinlandwirt erhält steigendes Arbeitseinkommen mit steigender Beschäftigung ... Der Kleinbetrieb wird nicht nur nicht aussterben, sondern auch dem mittelbäuerlichen Betrieb die erforderliche Entlastung des Lohnkontos bringen. Sie werden beide in der durch die EWG bewirkten Strukturbereinigung nur im Zusammenwirken in einer Maschinenbank bestehen können."
(„Mobilmachung..." Seite 84.)

Hier liegt die Wurzel der Partnerschafts-Idee. Vollerwerbslandwirt und Nebenerwerbslandwirt als gleichberechtigte Arbeitspartner war mein Ziel vom ersten Tag an. Ein guter Maschinenring hat das längst möglich gemacht, ein schlechter Maschinenring, also ein Ring ohne Manager oder mit schlechtem Manager oder mit einem Vorstand, der nicht weiß, was ein Maschinenring ist, sollte aufhören, sich Maschinenring zu nennen.

Wohl kann ein Maschinenring gerade den Vollerwerbsbetrieben beachtliche Vorteile bringen. Aber die eigentlichen Probleme bleiben dann ungelöst, wenn alle glauben, Vollerwerbslandwirte bleiben zu können oder zu müssen. Ein Maschinenring kann die Probleme aller Mitglieder — das heißt aller Landwirte! — nur dadurch lösen, daß er einmal durch rationelle Anwendung der voraneilenden Technik immer aufs Neue, Tag für Tag, die sich dadurch dauernd verschiebenden Grenzen des Vollerwerbsbetriebes deutlich macht und zum anderen, indem er jedem, der am Ende zu sein glaubt, Zuerwerb bietet, oder die Aufnahme eines außerlandwirtschaftlichen Haupterwerbes ermöglicht, ohne den Betrieb aufgeben zu müssen.

Bei steigender Arbeitsproduktivität, bei steigender Produktionsleistung pro Quadratmeter Stallboden, Acker und Grünland und bei damit nicht schritthaltender Konsumsteigerung gibt es für die Landwirtschaft nur eine Lösung: daß immer mehr immer extensiver produzieren, um im außerlandwirtschaftlichen Bereich müheloser ihr Haupteinkommen zu finden. Der Zuerwerb im Maschinenring ist für die Masse der älteren Vollerwerbslandwirte viel sicherer als eine kapitalintensive Betriebsaufstockung mit unübersehbarem Risiko. Erst wenn die Zuerwerbsmöglichkeiten im und außerhalb des Maschinenringes von den echten ca. 100 000 entwicklungsfähigen Vollerwerbern begriffen worden sind, können die anderen 500 000 Schein-Vollerwerbs- und Zuerwerbslandwirte wirklich auf außerlandwirtschaftlichen Haupterwerb umschulen (Zahlen lt. Agrarbericht 1974). Vor Hilfsarbeitertätigkeit kann man nicht oft genug warnen!

Wenn der Boden schon nicht vermehrbar ist, werden die Menschen, die ihn bewirtschaften, mit fortschreitender Technik zwangsläufig immer weniger. Dies den Menschen nicht zu sagen, führt sie in die Irre, verleitet sie zu Fehlinvestitionen und am Ende stehen Tragödien; nicht nur durch zu spätes Umschulen. Das schlimmste ist die nicht rechtzeitig erfolgte Berufsausbildung der Kinder im außerlandwirtschaftlichen Bereich.

Der Maschinenring hat hier vom ersten Tag an Wahrheit und Klarheit geschaffen. Wieviel am Schluß Voll-, Zu- oder Nebenerwerbslandwirte sind, ist vollkommen uninteressant. Das setzt aber voraus, daß die Partnerschaft funktionsfähig gemacht wird, wie das in Bayern — wenn auch erst seit 1. 1. 1971 — geschieht. Erst seit es den hauptberuflichen Geschäftsführer, sprich Agrarmanager, gibt, funktioniert die Partnerschaft. Hier muß ich wieder aus dem Jahre 1959 zitieren:

> „Im Aufbau wird es sehr viele nebenamtliche Geschäftsführer geben. Eine ‚Maschinenbank‘, die optimale Hilfe für alle geben soll, kann aber nur hauptamtlich geführt werden."
> („Mobilmachung . . ." Seite 64.)

Im Freistaat Bayern wurde diese These in doppelter Hinsicht voll bestätigt. Fast 700 Kleinringe überdeckten unser Land 1970 wie Sommersprossen. Doch die Mobilisierung begann erst mit dem bayerischen Gesetz zur Förderung der Landwirtschaft ab 1. 1. 1971.

Dieses „Partnerschaftsgesetz" war notwendig, weil eine meiner Thesen von damals nicht stimmte, nämlich:

„Die Überführung der Nebenamtlichen zu Hauptamtlichen ist aber kein juristischer, vertragsmäßiger Vorgang, sondern ergibt sich automatisch durch die steigende Arbeit mit steigendem Einkommen."
(„Mobilmachung..." Seite 64.)

Die Praxis war nicht bereit, die hauptberufliche Geschäftsführung zu finanzieren. Es mußte erst der Staat mit gezielter Förderung für das hauptberufliche Management eingreifen. Dabei ist nichts leichter nachzuweisen als die betriebswirtschaftliche Effizienz des Managements.

Doch hier fehlt die geistige, betriebswirtschaftliche, unternehmerische Voraussetzung bei der Masse unserer sogenannten landwirtschaftlichen Unternehmer. Um das Management zu begreifen, bedurfte es erst einer Mobilisierung geistig brachliegender Möglichkeiten. Bayerns Landwirtschaftsminister Dr. Hans Eisenmann war es, der mit der Verabschiedung des Partnerschaftsgesetzes diese geistige Mobilmachung anordnete.

Wenn ich 1958/59 behauptete, daß mit dem Maschinenring eine Mobilmachung der Landwirtschaft eingeleitet würde, so meinte ich die Mobilisierung, also Flüssigmachung festliegender Kapitalien und unsinnig vergeudeter Arbeitsstunden. So ist es möglich, einen nicht gewinnbringenden landwirtschaftlichen Vollerwerbsbetrieb nach dem Umsteigen des Betriebsleiters auf außerlandwirtschaftlichen Haupterwerb, von diesem geistig mobilisierten Unternehmer in einen gewinnbringenden Nebenerwerbsbetrieb überzuführen.

2. Basis der Mobilmachung

Was in der Vergangenheit das Haupthemmnis für die geistige und materielle Mobilmachung durch den Maschinenring war, wirkt auch heute noch in vielen Ländern der Bundesrepublik Deutschland nach. Landwirten, die wirklich die geistige Voraussetzung für unternehmerisches Handeln besäßen, wird immer noch gesagt, Aufgabe des Staates — der Agrarpolitik also — sei es, dafür zu sorgen, daß sie Vollerwerbslandwirte bleiben können. Da das aber nur möglich wäre, wenn sie ihre Betriebe permanent vergrößern könnten, wird die Masse der Klein-Landwirte vom Maschinenring ferngehalten. Sie glaubt, in der Eigenmechanisierung als Feierabendbauer könnte sie sich dem Zugriff der landhungrigen Vollerwerbsbetriebe entziehen.

Feierabendbauern, die dies wurden, weil es eben keinen Maschinenring gab, wird man nur schwer in die Partnerschaft nach der Gründung eines Ringes einbeziehen können. Zum einen fehlt ihnen oft die geistige, unternehmerische Voraussetzung, die arbeits- und betriebswirtschaftlichen Vorteile eines extensiv geführten Nebenerwerbsbetriebes im Maschinenring zu sehen. Zum anderen haben sie sich mit ihrem außerlandwirtschaftlichen Einkommen in einer geradezu irrsinnigen Weise — und bar bezahlend! — übermechanisiert; doch die Schlagkraft dieser Art von Mechanisierung reicht eben nur für den Feierabendbetrieb, nicht aber für den überbetrieblichen Einsatz.

Jeder seine Arbeit beginnende Agrarmanager muß also wissen, daß der Maschinenring zwar die Basis für eine neue Agrarpolitik — wie in Bayern — bieten kann. Als Geschäftsführer hat er aber nicht die Aufgabe Politik zu machen, sondern lediglich Technik und Arbeitskräfte rationell zwischen den Betrieben zu vermitteln. Nur so kann immer mehr Betriebsleitern gerade im Bereich der Zu- und Vollerwerbslandwirtschaft bewiesen werden, wieviel versteckte Arbeitsstunden und -kräfte — bis hin zur Aufnahme eines außerlandwirtschaftlichen Haupterwerbs — durch rationelle Arbeitsverfahren immer wieder mobilisiert werden können.

Meine Aufgabe als Initiator ist es, immer wieder die agrarischen und gesellschaftspolitischen Entwicklungstendenzen so aufzuzeigen, daß die Manager nicht irre werden. Ihre Arbeit ist vermitteln, vermitteln und nochmals vermitteln.

Ein bayerischer Landwirtschaftsberater sagte mir: „Es ist schwer für uns, zu begreifen, daß unsere Aufgabe nicht mehr vorrangig darin besteht, den Hof als Vollerwerbsbetrieb zu erhalten, sondern dem Besitzer und seiner Familie die optimalen Arbeits-, Lebens- und Einkommensbedingungen aufzuzeigen."

Da ein Berater nicht annähernd so viel Möglichkeiten hat, mit Landwirten in Kontakt zu kommen wie ein Agrarmanager, trägt dieser eine große Verantwortung. Ein Geschäftsführer ist — und muß — zu jeder Zeit telefonisch erreichbar sein, so daß er bei vielen kleinen Schrittchen helfen und lenken kann. Die Bereitschaft der Bauern, in dieser Partnerschaft mitzuwirken, wird erst durch eine Unsumme kleiner Dienstleistungen von Tag zu Tag verstärkt.

Viele erleben die Möglichkeiten im Maschinenring ja erstmals dadurch, daß plötzlich eine ihrer eigenen Maschinen in einer kritischen Phase ausfällt und sie Hilfe brauchen. Und besonders der Teilzeiteinsatz von Arbeitskräften im sozialen und betriebswirtschaftlichen Bereich bietet eine Unmenge von Ansatzpunkten zur Verbreiterung der Partnerschaftsbasis. Wer es also mit der Landwirtschaft ernst meint und ihr wirklich helfen möchte, muß dafür sorgen, daß in jedem Landkreis der Bundesrepublik Deutschland zumindest ein Maschinenring mit einem Agrarmanager für die, die guten Willens sind, bereitsteht.

Hatte ich mich 1959 also darin geirrt, daß ich die Bereitschaft sowohl der landwirtschaftlichen Praxis als auch der landwirtschaftlichen Organisationen überschätzt hatte, diese Selbsthilfe zu mobilisieren, so ist aber gerade durch diese Fehleinschätzung meine Forderung nach hauptberuflichen Geschäftsführern wiederum bestätigt worden.

„Geschäftsführer einer Maschinenbank dürfte ein neuer Berufszweig in der Landwirtschaft werden. Einen neuen Berufszweig entwickelt man aber nur, wenn man auch den Ausbildungsweg vorzeichnet. Der Verfasser ist der Meinung, daß staatlich geprüfte Landwirte hier ihr Hauptbetätigungsfeld finden können. Entscheidend ist, daß so schnell wie es nur irgendwie geht, eine Ausbildungsstätte für diese Geschäftsführer geschaffen wird." („Mobilmachung . . ." Seite 64.)

Doch diese Ausbildungsstätte gibt es immer noch nicht. (Zur Erinnerung: Termin dieses Referates 5. 10. 1973.) Die fliegenden Kurse sind ein Notbehelf. Doch die Belastung für die Lehrgangsleitung ist zu hoch und menschlich längst nicht mehr zu verantworten. Dr. Johannes Röhner und Dr. Jochen Oehring möchte ich an dieser Stelle meinen besonderen Respekt für ihre bisherige Tätigkeit zum Ausdruck bringen. Und ihre Familien?

Wenn ich also die Bereitschaft der landwirtschaftlichen Führungskräfte und das geistige Unternehmerpotential in der Landwirtschaft überschätzt hatte, hätten gerade die, die es angeblich besser wußten, die Vordringlichkeit der Errichtung einer Akademie für Maschinenringe erkennen müssen.

Wer das Kapitel „Ausbildung der Geschäftsführer"

aus dem Jahre 1959 durchliest, findet dort auch folgenden Satz:

> „Wenn man weiß, daß die derzeitigen Geschäftsführer der Beispiels-Maschinenbanken überhaupt keine spezielle Ausbildung genossen haben, sondern nur mit den vom Verfasser gegebenen Ansätzen arbeiten mußten, kann man sich vorstellen, welchen Wirkungsgrad eine Maschinenbank erst erzielen wird, wenn gut vorbereitete und ausgebildete Geschäftsführer tätig sein werden."
> („Mobilmachung..." Seite 67.)

Wenn man heute die oft grandiosen Leistungen von Geschäftsführern, besonders in Bayern und Niedersachsen sieht, und weiß, daß sie nur eine Contergan-Ausbildung genossen haben, kann man sich in etwa vorstellen, welchen Mobilisierungseffekt eine Akademie für Agrarmanager für die gesamte deutsche Landwirtschaft auszulösen vermöchte.

3. Angebot und Nachfrage regeln den Preis

Eine Partnerschaft, die in das marktwirtschaftliche System passen soll, muß den Preis an Angebot und Nachfrage orientieren. Immer wieder werde ich gefragt, wie es denn nun weitergehen soll, wenn die Technik immer teurer wird und die Agrarpreise in Brüssel nach zwei befriedigenden Jahren wieder zu sinken oder auch nur zu stagnieren beginnen? „Wenn gar nichts mehr dabei herausschaut, kann doch der Maschinenring auch nicht mehr helfen", wird mir auch von Freunden immer wieder vorgehalten.

Hier kann ich nur antworten, daß es auch heute in der ganzen Bundesrepublik Deutschland noch keinen einzigen Maschinenring gibt, der wirklich die letzte Möglichkeit dieses Partnerschaftssystems schon ausgeschöpft hat. Das ist kein Vorwurf an die Pioniere unter den Agrarmanagern, sondern eine Feststellung. Lassen Sie mich diese Behauptung begründen:

3.1 Maschinenkapazität

Manchmal wird behauptet, daß die immer teurer werdenden Maschinen niemand mehr kaufen will und kann. Dazu ist zu sagen: Wenn niemand bereit ist, eine teure neue Maschine zu kaufen, wird sie im Maschinenring auch noch nicht benötigt! Tritt eine echte Verknappung an Maschinenkapazität ein, braucht man nur den Preis für den Einsatz einer solchen Maschine so anzusetzen, daß der Erwerb dieser Maschine für einen Einzelnen interessant wird. Eine neue Maschine muß man nicht deshalb kaufen, weil sie auf dem Markt ist, sondern erst dann, wenn sie betriebswirtschaftlich notwendig geworden ist. Derzeit ist es noch umgekehrt.

Immer wieder kaufen auch Mitglieder von Maschinenringen Maschinen, ohne daß eine Notwendigkeit dafür bestanden hätte. Was derzeit in der deutschen Landwirtschaft abläuft, ist ein Trauerspiel erster Ordnung. Man bildet sich ein, der Geldentwertung dadurch davonlaufen zu können, daß man Maschinen kauft, die man überhaupt nicht braucht. Wer sich überreden läßt, eine überflüssige Maschine zu kaufen, statt das Geld in einer Bank oder sonstwie anzulegen, hat von betriebswirtschaftlicher Kalkulation keine Ahnung.

3.2 Arbeitskräfteverknappung

Es wird auch manchmal behauptet, daß in gewissen Maschinenringen schon eine echte Arbeitskräfteverknappung eingetreten sei. Wenn ich mir dann die Preisliste eines solchen Maschinenringes ansehe, muß ich mit Verwunderung feststellen, daß der Stundenlohn im Maschinenring niedriger liegt als in den Gewerbe- oder Industriebetrieben dieser Region. Wenn ich dann den Geschäftsführer frage, warum der Stundenlohn so niedrig angesetzt ist, lautet die Anwort: mehr will man bei uns nicht bezahlen. Also gibt es auch keine Arbeitskräfteverknappung, sondern nur noch zu viele Vollerwerbsbetriebe, die in Wirklichkeit keine sind. Wer angeblich Arbeitskräfte braucht, den Stundenlohn der Region aber nicht verkraftet, tut gut daran, seinen Betrieb zu vereinfachen, um sich selbst Zugang zum außerlandwirtschaftlichen, höheren Stundenlohn zu verschaffen.

Hier liegen noch viele Mißverständnisse auch zwischen unseren Freunden im Maschinenring und nicht nur in der öffentlichen Diskussion. Man denke nur, wie unsachlich man den Versuch meiner Kollegen beim Südwestfunk Studio Mainz in der Öffentlichkeit diskutierte, weil dort in der Maschinenringpreisliste die Lohnstunde mit DM 4,50 ausgewiesen wurde. Solange ein Arbeitskräfteüberhang in einem Maschinenring besteht, ist es unsinnig, die Lohnstunden zu hoch anzusetzen. Wenn aber Arbeitskräfte knapp werden, ist es genauso unsinnig, über den Stundentarif von Gewerbe und Industrie nicht hinauszugehen.

Das Niveau der Diskussion über das Beispiel meines Kollegen Hans Kieffer in der Pfalz verriet, wie wenig die meisten, die sich zu Worte meldeten — unter ihnen sogar Agrarwissenschaftler — nach 15 Jahren vom Maschinenring und seinem Funktionsmechanismus wissen. Und wenn in Fachorganen die Behauptung aufgestellt wurde, daran seien die Maschinenringe selber schuld, sie hätten zu wenig Aufklärung betrieben, so ist das schlichter Hohn. Es ist nicht die Aufgabe von Unternehmern (= MR-Mitgliedern), ihre Kollegen zu missionieren. Diese Aufgabe obliegt den Berufsverbänden, Politikern und Journalisten. Wie ich als Journalist von Berufskollegen in Ausübung meiner journalistischen Aufgabe behindert worden bin, kann ich mit einigen prall gefüllten Leitzordnern beweisen.

Die Basis der Mobilmachung im Maschinenring ist dann gegeben, wenn, wie in Bayern, der hauptberufliche Manager seine Arbeit beginnt. Die Basis für eine Mobilmachung der Landwirtschaft durch den Maschinenring haben die zu schaffen, die vorgeben, der Landwirtschaft zu dienen.

4. Partnerschaft zu Erzeugerring und Erzeugergemeinschaft

Im Kapitel „Auswirkung der Maschinenbank" hatte ich in meiner Broschüre 1959 ebenfalls schon darauf hingewiesen, welche Impulse hier der Qualitätserzeugung gegeben werden können.

„Es ist hier nur noch ein kleiner Schritt, bis alle Betriebe, die die großen Maschinen mieten, auch die gleichen Sorten anbauen. Auch in der Düngung und besonders im Pflanzenschutz bieten sich hier ganz neue Ansatzpunkte." („Mobilmachung..." Seite 69/70.)

Es gab damals weder Erzeugerringe noch Erzeugergemeinschaften, doch in den ersten Modell-Maschinenringen versuchten wir schon in dieser Richtung aktiv zu werden.

„Es wird mit eine Aufgabe des Geschäftsführers sein, auf den Saatgutbezug Einfluß zu nehmen, weil nur dadurch aus dem Raum einer Maschinenbank auch Großpartien für den Getreidemarkt angeliefert werden können. Auf die verschiedenen Kulturarten in dieser Broschüre einzugehen würde ihren Rahmen sprengen. Der

Verfasser möchte die Experten nur auf die neuen Möglichkeiten einer Maschinenbank hinweisen, die nahezu unbegrenzt sein dürften."
(„Mobilmachung ..." Seite 69/70.)

Wenn ich diese beiden Zitate heute bringe, dann deshalb, weil noch einige Mißverständnisse zu klären sind:

4.1 Einheitssortenbau und Qualitätsverbesserung

Da es 1959 weder Erzeugerringe noch Erzeugergemeinschaften gab, empfahl ich den Geschäftsführern, Anstöße zum Einheitssortenbau und zur Qualitätsverbesserung zu geben; denn nichts ist leichter, als mit der Vermittlung immer schlagkräftiger werdender Maschinen — das heißt mit der Reduzierung der Menschenzahl, die mit Spezialmaschinen umgeht — auch Einfluß auf die Sortenvereinheitlichung, Qualitätsverbesserung und Risikominderung durch Anwendung der Technik zu nehmen.

Viele Landwirte setzen auch heute noch Mineraldünger nach dem Gefühl, statt nach exakten Berechnungen ein und viele Landwirte wenden im Pflanzenschutz Mittel an, die entweder nicht notwendig wären oder durch bessere, unproblematischere ersetzt werden könnten.

Man darf sich nicht wundern, daß der chemische Pflanzenschutz und die gesamte Mineraldüngeranwendung immer mehr in das Kreuzfeuer öffentlicher Kritik gerät. Wir alle wissen doch, welche Fehler in Auswahl und Anwendung und durch technische Mängel in der breiten Praxis passieren. Weder eine noch so intensive Beratung noch moralische Appelle können hier eine Änderung herbeiführen. Der Maschinenring, der Manager im Maschinenring

(!) bringt diese Änderung; denn er mobilisiert die speziellen Veranlagungen im einzelnen Praktiker. Er ermuntert ihn, sich auf einen ihm besonders liegenden Arbeitsgang zu spezialisieren und für die Mitglieder, für die er die Technik bringt, eben auch Saatgut und das spezielle Pflanzenschutzmittel einzukaufen und mitzubringen.

Der Einkauf en gros durch Spezialisten — nicht durch den Ring! — war somit von Anfang an vorgesehen und logisch.

So werden weitere Unkosten gesenkt: man denke nur an die Restposten teuren Saatgutes, die früher verfüttert werden mußten.

So werden aber auch Gefahrenquellen beseitigt: man denke daran, wieviel Pflanzenschutzreste verschiedener Art und Gefährlichkeit in den Höfen herumstehen.

Nicht zuletzt wird so die Qualität unserer Produkte entscheidend verbessert: die richtige Dosis zur richtigen Zeit angewendet, ist mit zunehmender Spezialisierung der Mitglieder eines Maschinenringes der sicherste Weg, rückstandsfreie Nahrung zu erzeugen.

Ohne Maschinenring kann ein einzelner Landwirt, wenn er auch einen noch so durchrationalisierten Betrieb leitet, unmöglich sein Wissen auf allen Sektoren so fortschreiben, daß er auch nur eine ähnliche Qualität wie die Mitglieder in der Partnerschaft eines Maschinenringes erzeugen könnte.

Die Erzeugerringe und -gemeinschaften, die es nun endlich gibt, brauchen sich nun nur der Maschinenringe zu bedienen. Der Maschinenring ist keine Konkurrenz für sie, sondern die Basis, auf der sie nun die Qualitätsproduktion und Marktinitiativen mobilisieren können.

4.2 Saatgutbezug

Wenn ich damals schrieb, der Geschäftsführer sollte „auf den Saatgutbezug Einfluß nehmen", so meinte ich damit zu keiner Stunde, daß der Geschäftsführer Handelsgeschäfte für die Mitglieder übernehmen sollte (Gegenbeweis Bad Tölz!).

Ich wollte nur — und habe das in hunderten von Versammlungen auch immer wieder deutlich gemacht — auf die Notwendigkeit hinweisen, daß Marktoffensiven dringend notwendig sind, aber ohne produktionstechnische Anstrengungen zur Verbesserung der Qualität wirkungslos verpuffen werden. Wo Erzeugerringe und -gemeinschaften auch heute noch fehlen, wird auch weiterhin der Geschäftsführer Anstöße zu geben haben; wo sie aber vorhanden sind, sollte er sich darum nicht mehr zu kümmern brauchen.

4.3 Großeinkauf

Wenn ein Spezialist im Maschinenring zum Beispiel für 25 Mitglieder Dünger streut und diesen im Großeinkauf bezieht, weil er ja auch die Verteilung auf die Felder der einzelnen Betriebe durchführt, ist nicht einzusehen, warum Landwarenhandel oder Genossenschaft nicht den Rabatt einräumen sollen, der den Ersparnissen entspricht, die sie durch den Großabsatz an Personal und Lagerraum erwirtschaften.

Daß dieser Gedanke richtig ist, kann dadurch bewiesen werden, daß selbst in Gebieten, wo gut funktionierende Maschinenringe vorhanden sind, plötzlich Genossenschaften und Landwarenunternehmen den Landwirten den Service zur Ausbringung von Dünger und Pflanzenschutzmittel anbieten.

Hier kann ich nur sagen: dieser Service kommt 15 Jahre zu spät. Überall dort, wo trotz funktionierendem Maschinenring solcher Service angeboten wird — egal von wem! —, sollten Spezialisten, die im Maschinenring den Großbezug für viele Mitglieder übernehmen, zur Kenntnis nehmen, daß noch bessere Konditionen zu erreichen sind; denn die Kosten der Dienstleistung sind ja kalkulierbar. Sie können von einem Handelspartner nicht preiswerter angeboten werden als von einem Spezialisten im Ring, der ja nur Teilzeiteinsatz kalkuliert und nicht mit fixen Lohnkosten belastet ist. Wenn also derartige Dienstleistungen zu gleichen Preisen oder gar billiger angeboten werden, scheint noch Luft im Produktbezug zu sein. Es gibt mehr Bauern bei uns, die Aufträge zur Auslastung ihrer schon vorhandenen Technik brauchen als den technischen Service selbständiger, also außerlandwirtschaftlicher Unternehmer.

Das galt schon 1958:

„Das Gebot der Stunde ist es, wie zu Raiffeisens Zeiten, das brachliegende, unverzinste Kapital, das heute in Form von Maschinen in den Betrieben festliegt, durch Selbsthilfe zu mobilisieren und der technischen Weiterentwicklung aller Betriebe nutzbar zu machen."
(„Mobilmachung..." Seite 82)

Wer will da 1973 behaupten, daß das brachliegende, unverzinste Kapital, das „heute" in Form von Maschinen in den Betrieben festliegt, nicht ein Mehrfaches von 1958 ist? Heute gilt es mehr als jemals zuvor, dieses durch die Eigenmechanisierung in den Betrieben festgelegte Kapital zu mobilisieren und der technischen Weiterentwicklung nutzbar zu machen. Wer diesen Prozeß durch Schaffung zusätzlicher Maschinenkapazitäten stört, schadet der Landwirtschaft, der er angeblich dienstbar sein will.

5. Der Teilzeit-Betriebshilfedienst

Auch der Teilzeit-Betriebshilfedienst, den besonders die bayerischen Maschinenringe, seit sie hauptberuflich gemanagt werden, zwischen den Mitgliedern aktivieren, ist nichts anderes als eine Mobilisierung brachliegender oder bisher fehlgeleiteter menschlicher Arbeitskraft. Da auch hier behauptet wird, daß sich die Maschinenringe nun eine Aufgabe anmaßten, für die es andere, berufenere Kreise gäbe, muß ich ein Zitat (S. 23) wiederholen:

„Durch die Maschinenbank wird das Landarbeiterproblem gemildert, vielleicht sogar gelöst; der Kleinlandwirt erhält steigendes Arbeitseinkommen mit steigender Beschäftigung."

Diese Wiederholung ist notwendig, weil hier eine Querverbindung in der Mobilisierung menschlicher Arbeitskraft zu dem besteht, was ich eben für den technischen Bereich sagte: es gibt mehr Menschen in der Landwirtschaft, die zusätzliches Arbeitseinkommen brauchen als Bedarf an Betriebs- und Dorfhelferinnen besteht. Das war die Grundidee, die mich das System „Maschinenbank" (= Maschinenring) überhaupt finden ließ.

Erst mit der Verabschiedung des „Gesetzes über die Krankenversicherung der Landwirte" und dem „6. Gesetz zur Änderung und Ergänzung des Gesetzes über eine Altershilfe für Landwirte" wurde die Sozialpflicht zur Stellung von Ersatzkräften für Betriebs- und Haushaltshilfe so ausgedehnt, daß die Ersatzkraftvermittlung als Aufgabe erkannt wurde. Nun sind es die Maschinenringe, die die Verantwortlichen mit beiden Füßen wieder auf den Boden der Tatsachen führen müssen. Und die Tatsache ist, daß die Sozialpflicht zur Stellung von Ersatzkräften durch die landwirtschaftliche Altershilfe, die landwirtschaftlichen Krankenkassen und durch die landwirtschaftliche Unfallversicherung höchstens die Hälfte oder ein Drittel, meist nur ein Viertel der Fälle abdeckt, in denen der Betrieb tatsächlich Aushilfe braucht.

Die Statistik des Kuratoriums Bayerischer Maschinenringe liefert mit dem Geschäftsbericht des Jahres 1973 den überzeugenden Beweis, wie das wirkliche Verhältnis der Inanspruchnahme von Aushilfskräften zwischen sozialpflichtigen und betriebswirtschaftlich notwendigen Fällen aussieht. Und wenn bei uns nun alle Bedürfnisse befriedigt werden können, so doch nur deshalb, weil sich spätestens bei der Betriebsspezialisierung herausstellt, wieviel bisher unrentabel eingesetzte — also fehlgeleitete — Arbeitskräfte nun zusätzliche Beschäftigung brauchen. Hier bleibt das Angebot zur partnerschaftlichen Zusammenarbeit mit den Kuratorien für Betriebshelfer und Dorfhelferinnen — wie sie sich in Bayern bewährt hat — von den Maschinenringen bestehen. Die Einschränkung ergibt sich nur aus dem Bedürfnis nach Zuerwerb durch Teilzeiteinsatz und dessen Mobilisierung im Maschinenring.

Daß man trotzdem in anderen Bundesländern weiter redet, statt zu handeln, haben nicht wir, sondern die agrarpolitischen Führungskräfte dieser Länder zu verantworten. Daß die Leistungen von 88 hauptberuflichen Maschinenring-Managern durch Mobilisierung des Teilzeitbetriebshilfsdienstes für Männer und Frauen in den bayerischen Maschinenringen schon 1973 die Anstellung von über 357 hauptberuflichen Betriebshelfern und Dorfhelferinnen überflüssig machte, sollte allen zu denken geben. Dabei ist dies nur ein Nebenprodukt der eigentlichen Aufgabe des Maschinenring-Geschäftsführers. Was sie auf diesem Nebenbetätigungsfeld in Zukunft noch mobilisieren werden, ist heute nur zu erahnen. (Siehe auch Nr. XI: „Maschinenringe bitten um Antwort".)

6. Landwirtschaft und Ökologie

Während die Vertreter der Landwirtschaft die Öffentlichkeit zu überzeugen versuchen, daß nur die Bauern der Ökologie (= Lehre von den Beziehungen der Lebewesen zu ihrer Umwelt", also vom Gleichgewicht in der Natur zwischen Pflanze, Tier und Mensch bzw. deren vernünftiger Wechselbeziehung zueinander) zu dienen vermögen, verfinstern immer mehr Rauchsäulen nach der Ernte den Himmel, wenn die Ökonomen durch Abbrennen ihrer Felder den Gegenbeweis liefern.

Entweder gibt es einen biologischen Kreislauf, den es ökologisch zu erhalten und zu pflegen gilt, dann ist dieses Abbrennen von Ernterückständen ein Verstoß dagegen. Oder es gibt ihn nicht, dann hat sich die Landwirtschaft in ihrer klassischen Form selbst unglaubwürdig gemacht. Ich gehöre als gelernter Landwirt zu den Anhängern der Ökologie und bin der Meinung, daß Landwirte ihr am besten zu dienen vermögen, wenn sie zweierlei beachten:

6.1 Massentierhaltung im biologischen Gleichgewicht

Die Massentierhaltung muß in einem biologischen Gleichgewicht zur bewirtschafteten Fläche stehen und gehalten werden. Weil das bei uns nur einzelne Betriebe zu garantieren vermögen, ist die Vollerwerbsexistenz der Mehrheit alleine schon deshalb in der Zukunft fraglich. Auch deshalb — besonders aber wegen der unerschwinglichen Investitionskosten einer solchen Betriebsentwicklung — empfehle ich seit 15 Jahren Einkommenskombination mit außerlandwirtschaftlichem Haupterwerb. Der Nebenerwerbslandwirt kann sich viel leichter ökologisch verhalten als ein unter permanentem Preisdruck stehender Vollerwerbslandwirt, der zwangsläufig ökonomischen Überlegungen immer wieder Vorrang vor der Ökologie einräumen muß.

6.2 Vernünftiger Landbau

Die Landwirte müssen die Bodengare und den Humusgehalt ihrer Böden pflegen. Das kann sich ein Betrieb letztlich aber nur noch im MR leisten, weil ihm hier die technische Schlagkraft zur Aufrechterhaltung vernünftigen Landbaues zur Verfügung steht.

Jahrelang haben Wissenschaftler und Praktiker bewiesen, wie durch Strohmulchen und Zwischenfruchtbau Boden- und Erntequalität und somit auch die Erträge zu steigern sind. Warum gilt das plötzlich nicht mehr? Was haben diese Erkenntnisse mit der Abnahme der Veredlungswirtschaft zu tun?

Die Antwort lautet: weil der einzelne Betrieb in der Eigenmechanisierung die technische Ausstattung, d.h. Schlagkraft für diesen biologisch richtigen und ökologisch wichtigen Landbau ökonomisch nicht zu verkraften vermag. Doch im Maschinenring ist dieser ökologisch richtige, klassische Landbau nicht nur wieder möglich, sondern für jeden einzelnen sogar ökonomisch zu gestalten.

Mobilisieren Sie als Agrarmanager das Strohmulchen und den Zwischenfruchtbau und retten Sie das Image der Landwirte als wirkliche Pfleger der Kulturlandschaft. Wo ab Juli Rauchsäulen den ländlichen Himmel verfinstern, soll man wissen: hier ist die Partnerschaft nicht mobilisiert. Oder mit anderen Worten: bieten Sie den MR als Alternative zur einzelbetrieblichen Agrarwirtschaft der verbrannten Erde.

(Siehe auch Nr. VIII: „Der Maschinenring — Basis der Landschaftserhaltung".)

7. Management und Leistungsbezahlung

Lassen Sie mich bitte zum Schluß noch etwas sagen zur Beteiligung des Managers am Erfolg seiner Arbeit durch Leistungs- oder Umsatzprovision. Die Aktivität eines Maschinenrings kommt über kurz oder lang dann zum Erliegen, wenn der Geschäftsführer relativ hohe Leistungen erreicht, diese von den Mitgliedern seines Ringes aber nicht honoriert bekommt.

Dabei gibt es zwei Erfolgszahlen, nach denen die Wirksamkeit eines Maschinenringes zu messen ist:

7.1 Der Gesamtumsatz eines Maschinenringes gibt Auskunft über die Leistung des Geschäftsführers. Während man in Fachblättern immer noch Artikel von Maschinenring-Muffeln lesen kann, die versuchen, die Wirkungslosigkeit der Maschinenringidee damit zu beweisen, daß ein Manager heute schon eine Million Mark jährlich umsetzen müßte, wenn er über die Provision ein interessantes Einkommen erreichen möchte, was angeblich unmöglich sei, haben die ersten Maschinenring-Geschäftsführer die Umsatz-Millionengrenze längst überschritten. Daß auch bayerische Maschinenringe schon unter den Millionären sind, obwohl hier der hauptberufliche Manager relativ spät beginnen konnte und die kleinstrukturierte

Landwirtschaft zusätzliche Schwierigkeiten bietet, erfüllt mich mit besonderer Freude.

7.2 Der Umsatz pro Hektar LN — nach Möglichkeit in Umsatz je ha Acker- bzw. Grünlandfläche aufgegliedert — ist das Kriterium der Wirksamkeit eines Maschinenringes für den einzelnen Betrieb. Bei der durchschnittlichen Betriebsgröße in Süddeutschland werden sich erst bei einem Gesamtumsatz von 100 DM je ha/LN echte betriebswirtschaftliche Auswirkungen auf den einzelnen Betrieb ergeben. In norddeutschen Maschinenringen, in denen die Durchschnittsbetriebsgröße in der Partnerschaft oft jenseits der 40 ha liegt, können auch bei 50 DM Umsatz je ha/LN schon beachtliche betriebswirtschaftliche Auswirkungen erzielt werden.

Mit dem Vergleich dieser zwei Umsatzzahlen möchte ich sagen, daß auch der höchste Gesamt-Umsatz eines Maschinenringes für den einzelnen Betrieb nichts bedeutet, wenn dieser nur 30, 40 oder 50 Mark je ha/LN erreicht. Trotzdem bleibt die Leistung des Geschäftsführers ungeschmälert, weil hohe Gesamtumsätze nur durch pausenloses Organisieren erreicht werden, egal ob zwischen 1000 oder nur zwischen 300 Mitgliedern.

Umgekehrt hilft es aber wiederum einem Geschäftsführer nichts, wenn er in einem relativ kleinen Maschinenring zwar Umsatzzahlen von 100 und 120 Mark je ha/LN im Durchschnitt aller Betriebe erreicht und dabei verhungert.

Meine Vorstellungen im Jahre 1958 zielten darauf ab, daß sich Gründungsmitglieder eines Maschinenringes einen Geschäftsführer einfach leisten müssen. Über eine Flächenumlage wäre eine Mindestbezahlung des Managers zu garantieren, wobei diese Flächenumlage einer vorausbezahlten ca. 5 %igen Umsatzprovision entsprechen soll; wer diese Vorauszahlung nicht ausschöpft, hat eben einen verlorenen Zuschuß bezahlt; wer mehr umsetzt — als Auftraggeber wohlgemerkt! —, zahlt zum Jahresende für die darüber hinaus gegangene Umsatzleistung seine ca. 5 % nach.

Ferner ist bei Neuzugängen eine Beitrittsgebühr zu bezahlen, die bei Austritt nicht rückerstattet wird. Diese Beitrittsgebühr ist von Jahr zu Jahr zu steigern, damit nicht — wie so oft — die Pioniere die Zeche schon bezahlt haben, bis die bequemen Mit- und Nachläufer kommen.

Dadurch ist eine von Jahr zu Jahr steigende Provision für den Geschäftsführer zu erzielen und man braucht weder den Staat noch Patenonkel, um einen Maschinenring in Gang zu bringen. Diese Empfehlung gebe ich auch heute noch Maschinenring-Interessenten in aller Welt, die nicht so mit Zuschüssen verwöhnt werden wie bayerische Bauern.

Nun werden in Bayern neben hohen Zuschüssen glücklicherweise auch noch Leistungsprämien für die Manager bezahlt. Dr. Anton Grimm, der Geschäftsführer des Kuratoriums Bayerischer Maschinenringe, hat sich viel Mühe gegeben, eine leistungsgerechte Prämie durch einen besonderen Leistungsschlüssel zu errechnen. Doch nun meine Warnung:

Maschinenringe, die es nicht fertigbringen, neben den hohen Zuschüssen, die sie für die Personal- und Sachkosten ihrer Geschäftsführung vom Staat erhalten, die so errechnete Leistungsprämie dem Geschäftsführer ohne Zuschuß zu bezahlen, verdienen ihren Geschäftsführer nicht. Wenn auch noch für die Leistungsprämie Staatszuschüsse in Anspruch genommen werden, müssen sich die Bauern fragen lassen, ob es überhaupt noch Unternehmer unter ihnen gibt?

Auch hier muß ich wieder meine Anfangsüberlegungen aus dem Jahre 1959 in Erinnerung bringen:

> „In jeder Maschinenbank wird es dann zu einer kleineren oder größeren Krise kommen, wenn mit dem steigenden Einkommen des Geschäftsführers auch der Neid derer wächst, die es immer geben wird. Es wird dann entscheidend für den Weiterbestand der Maschinenbank sein, wer die Oberhand behält: die Vernunft oder der Neid. Hier will der Verfasser dem Heer der zukünftigen Geschäftsführer einen Satz ins Stammbuch schreiben: Es lohnt sich nicht, für Egoisten zu arbeiten! Es wird ein so großer Bedarf an guten Geschäftsführern entstehen, daß es sich im genannten Fall für den Geschäftsführer empfiehlt, in eine andere Maschinenbank überzuwechseln."
>
> („Mobilmachung..." Seite 64.)

So, wie nicht jeder, der heute hier seine Urkunde für die Teilnahme am 13. Grundlehrgang erhält, Geschäftsführer bleiben kann, weil er sich letztlich doch nicht dazu eignet, so möchte ich denen unter Ihnen, die sich besonders eignen und große Leistungen vollbringen werden, sagen: Verlassen Sie rechtzeitig einen Maschinenring, in dem man das Management nicht versteht. Das ist daran zu erkennen, daß man eine Provisions- bzw. Leistungsbezahlung entweder nicht anerkennt, sie von Jahr zu Jahr zu kürzen versucht oder vom Staat auch noch dafür Zuschüsse verlangt.

8. Probleme ohne Maschinenring

> „Der Leser wird sich die Frage stellen: wo hilft die Maschinenbank nun eigentlich nicht? Sie löst ja nach Meinung des Verfassers alle Probleme! Genau das wollte der Verfasser zum Ausdruck bringen!"
>
> („Mobilmachung..." Seite 80.)

Wegen dieses Satzes wurde ich seit 1959 am meisten angegriffen. Wenn ich aber heute zurückblicke auf diese letzten 15 Jahre und besonders auf die letzten 3 Jahre „Bayerischer Weg", so finde ich eigentlich keine echten Probleme, die im Maschinenring nicht gelöst werden könnten. Doch die Diskussion wird in der Öffentlichkeit immer noch von denen beherrscht, die es auch nach 15 Jahren Erfolg der Maschinenringe nicht der Mühe wert gefunden haben, mit Gleichgesinnten einen Ring zu gründen oder einem bestehenden beizutreten.

8.1 Die Preis-Kostenschere

Im September 1973 sagte mir nach einer Diskussion im Landfunk am Zentrallandwirtschaftsfest ein Bauer, der gegen den Maschinenring polemisiert hatte, daß er selbst kein Mitglied eines Maschinenringes sei. Er habe das überhaupt nicht nötig, denn er mache immerhin 800 000 Mark Umsatz im Jahr und er käme gut ohne Maschinenring aus. Auf meine Frage, was er dann in der Öffentlichkeit zu jammern und zu klagen habe, kam prompt seine Antwort: Weil uns die Maschinen und besonders die Reparaturkosten auffressen! Als ich ihm sagte, daß er es eben dann doch einmal mit der Mitgliedschaft in einem Maschinenring versuchen sollte, kam prompt die Antwort: da kann mir der Maschinenring auch nicht helfen.

Wenn ich dieses vor Zeugen geführte Gespräch hier wiedergebe, dann deshalb, weil es die immer noch vorherrschende Einstellung auch in unserem Lande wiedergibt: Man prahlt mit einer Unabhängigkeit, die man sich ob eines großen Umsatzes leisten könne und jammert, daß von Jahr zu Jahr immer weniger überbleibe. Als ob der Umsatz alleine überhaupt eine Bedeutung hätte.

Die Preis-Kostenschere wird gerade in Zeiten mit Inflationstrend immer mehr Betriebe gefährden. Das trifft aber nur für Nichtmitglieder von Maschinenringen zu. Wenn ein Maschinenringmitglied dieses Klagelied anstimmt, hat es die Möglichkeiten im Ring für seine individuellen Bedürfnisse noch nicht ausgeschöpft; das heißt, die Mobilisierung festliegender Gelder oder fehlgeleiteter Arbeitsstunden hat noch nicht stattgefunden. Das gilt nicht nur für die 90 % Bauern, die noch keinem Maschinenring angehören, sondern auch für viele Mitglieder im Maschinenring.

8.2 Bäuerinnenmangel

Die Bauern klagen über Bäuerinnenmangel; die Mädchen wollen nicht mehr so schwer arbeiten wie ihre Mütter, so daß viele Hoferben keine Frauen fänden.

Auch diese Klage darf es in einem Maschinenring nicht geben. Wer so klagt, hat entweder die Betriebsumstellung und kostensparende Rationalisierung seines Betriebes nicht vollzogen, oder der Betrieb ist in Fläche und Gebäuderaum so dimensioniert, daß er als Vollerwerbsbetrieb nicht weiterentwickelt und somit nicht gehalten werden kann. Also hat der Betriebsleiter eine Entscheidung zu fällen: Aufnahme eines Zuerwerbs oder eines außerlandwirtschaftlichen Haupterwerbs.

Maschinenringmitglieder, die Partnerschaft praktizieren, werden auch in der Frau nicht eine untertänige Arbeitskraft, sondern eine Partnerin sehen. Bei dieser Einstellung bekommt jeder eine Frau.

8.3 Freie Berufswahl

Besonders tragisch wird die Situation dann, wenn Kinder, meist als Hoferben ausersehen, durch Autoritätsmißbrauch der Eltern gehindert wurden, rechtzeitig einen anderen Beruf zu erlernen. Es ist durchaus das Recht des Vaters, sich zu entscheiden Vollerwerbslandwirt zu bleiben, auch wenn er weniger verdient. Er hat aber nicht das Recht, Kindern eine solche Entscheidung aufzuzwingen. Es gibt unzählige Möglichkeiten für Kinder, die einen anderen Beruf rechtzeitig gelernt haben, nach Übernahme des elterlichen Betriebes diesen extensiv im Nebenerwerb — ohne Schinderei für sich, die Frau und die Kinder — weiterzuführen.

Auch Bauernkinder haben ein Recht auf freie Berufswahl.

8.4 Arbeitszeit und Einkommen

Alle arbeiten immer weniger und verdienen immer mehr Geld; nur der Bauer muß länger und härter arbeiten und erhält immer weniger.

Wer überzeugt ist, im außerlandwirtschaftlichen Bereich leichter mit immer weniger Arbeit immer mehr Geld zu verdienen, kann sich im Maschinenring jederzeit Zugang zum außerlandwirtschaftlichen Einkommen verschaffen, ohne seinen Betrieb aufgeben zu müssen. Aus einem gut geführten Nebenerwerbsbetrieb kann man sich mühelos ein Zusatzeinkommen verschaffen, das andere nicht haben. Wenn ein Maschinenringmitglied solche Klagen anstimmt, hat es eben noch nicht begriffen, daß der Maschinenring mehr Probleme zu lösen vermag als nur das der Produktionskostensenkung. Es liegt an ihm, die Chancen der Partnerschaft voll auszuschöpfen.

8.5 Der Ein-Mann-Betrieb

Mir wird sogar oft vorgeworfen, ich hätte den Ein-Mann-Betrieb propagiert und nun sähe man ja, was dabei herausgekommen sei. Richtig ist, daß ich schon 1958 die logische Entwicklung zum Ein-Mann-Betrieb sah und begründete:

> „Die Landwirtschaft läuft Gefahr, zwischen Landflucht und Mechanisierungskosten zerrieben zu werden. Der Durchschnittsbetrieb der Bundesrepublik kann, bei wahrscheinlich sinkenden Agrarpreisen, in Zukunft nur existieren, wenn es ihm gelingt, den Mechanisierungsgrad eines ‚1-Mann-Betriebs' zu erreichen ... durch Einzelmechanisierung kann der Durchschnittsbetrieb unmöglich vollmechanisiert werden ..."
> („Mobilmachung ..." Seite 82.)

Gerade weil der einzelne Betrieb die Vollmechanisierung nicht zu erreichen vermochte, entwickelte ich ja das System „Maschinenring"! Dadurch ist der Besitzer eines Ein-Mann-Betriebes nicht mehr allein, sondern in die Partnerschaft mit all ihren Möglichkeiten eingebettet. Aber auch ein Maschinenring kann nicht mehr Einkommen erwirtschaften helfen, als bei rationellen Arbeitsmethoden aus einem Betrieb eben herauszuholen ist. Er kann weder die Böden verbessern noch die Flächen mehren, noch die Gebäude sprengen.

8.6 Bauer ohne Urlaub

Und das führt zu einem typischen weiteren Mißverständnis: ein Bauer kann eben auch in einem Maschinenring nicht Urlaub machen, weil ja die Vertretung Geld kostet.

Ein Landwirt mit einem Ein-Mann-Betrieb ist ein armer Mensch; er darf auch nicht krank sein.

Auch diese Behauptungen haben im hauptberuflich gemanagten Maschinenring noch nie gestimmt. Sie werden auch durch dauernde Wiederholung nicht richtig.

Wenn ein Unternehmen, wie es ein landwirtschaftlicher Betrieb sein soll, nicht so viel Gewinn abwirft, daß man sich eine Urlaubsvertretung oder Arbeitsaushilfe — was die Kassen ja nicht zahlen! — leisten kann, ist es eben kein selbständiges Unternehmen mehr. Ein Unternehmen muß auch die Kosten für einen Urlaub abwerfen. Wenn ein Landwirt klagt, daß Arbeitnehmer nicht nur ihr Gehalt während des Urlaubes weiterbekommen, sondern dazu auch noch Urlaubsgeld, muß man ihn fragen: Warum wirst Du dann nicht Arbeitnehmer, obwohl Du den landwirtschaftlichen Betrieb beibehalten kannst?

III. Die deutsche Alternative zum Mansholtplan

Grundsatzreferat zur Verabschiedung der Teilnehmer am 1. Grundlehrgang für Maschinenring-Geschäftsführer, 22. 5. 1969, Hildesheim.

Jeder agrarpolitischen — nationalstaatlichen oder internationalen — Initiative muß in Zukunft die Erkenntnis zu Grunde liegen: immer weniger werden immer mehr produzieren. Da auf fast der Hälfte der Fläche*) in der Europäischen Wirtschaftsgemeinschaft (der Sechs) — genau 47 % — eine weitere Industrialisierung und Stärkung des ländlichen Raumes mit gewerblichen Arbeitsplätzen kaum oder nur sehr langsam möglich ist, haben die Überlegungen, die im EWG-Memorandum (Mansholtplan) vom 10. 12. 1968 angestellt wurden, für diese „Agrarzone" ihre Berechtigung. Auf eine einfache Formel gebracht ist dies die Absicht des Mansholtplanes.

1. Der Mansholtplan

Das Einkommen der in der Landwirtschaft Tätigen kann nur durch Schaffung von modernen Produktionseinheiten (PE) an das der übrigen Wirtschaft herangeführt werden. Eine PE ist also ein technisierungswürdiger Bestand, in den man mittels Vollmechanisierung so viel an Leistung produziert, daß man sich die Technik auch wirklich leisten kann; d. h. das aufgewendete Kapital muß verzinst und

---

*) Helmut Schmidt †: „Die Lage der Landwirtschaft in den Regionen der EWG", Ifo-Institut für Wirtschaftsforschung, München, Sept. 1968.

amortisiert werden. Da moderne PE's aber wiederum Ein-Mann-Betriebe sind, sollen diese sich zu Modernen landwirtschaftlichen Unternehmen (MLU) zusammenschließen, damit sich ihre Inhaber gegenseitig Sonntags-, Krankheits- und Urlaubsvertretungen ermöglichen können (Sozialpartnerschaft). Alle in der Landwirtschaft Beschäftigten, die nicht die Chance haben, in solchen PE's bzw. MLU's tätig sein zu können, sollen über Sozialhilfen, Preisdruck und Verweigerung von Investitionshilfen (ab 1975) bzw. Ersatz der Agrarförderung durch Ausbildungs- und Umschulungsbeihilfen in andere Berufe und so zu einem menschenwürdigen Einkommen gebracht werden.

Auf 47 % der EWG-Fläche, auf der die Bevölkerungsdichte eine weitere Verbesserung der Wirtschaftsstruktur nicht ermöglicht, wird somit der „Mansholtplan" die einzige, aber sehr teure Lösung sein, zumindest das Einkommen der in immer weniger und immer größer werdenden Vollerwerbsbetrieben Beschäftigten kräftig anzuheben.

Laut Agrarbericht 1969 haben nur rund 215 000 der deutschen Vollerwerbsbetriebe mit 475 000 Vollarbeitskräften den außerlandwirtschaftlichen Vergleichslohn erreicht. Da es sich nur bei diesen Betrieben um echt entwicklungsfähige handeln dürfte und die deutsche Landwirtschaft nur knapp 20 % der landwirtschaftlichen Nutzfläche der Europäischen Wirtschaftsgemeinschaft bewirtschaftet, würden nach den jetzigen technischen Möglichkeiten nur noch eine Million Vollerwerbsbetriebe in der ganzen EWG mit rund 2½ Millionen Menschen in der Lage sein, aus agrarischer Produktion ein den übrigen Wirtschaftszweigen vergleichbares Einkommen zu erzielen. Und hier liegt der eigentliche fachliche Irrtum des Mansholtplanes: Nicht 5 Millionen von den derzeit 10 Millionen Erwerbstätigen in der Landwirtschaft müßten abwandern, damit die wirklichen Vollerwerbsbetriebe ein entsprechendes Einkommen erwirtschaften können, sondern 7¹/₂ Millionen. Das setzt aber voraus, daß diese 7¹/₂ Millionen wirklich die agrarische Produktion aufgeben. Da sie das nicht tun werden und schon gar nicht in dem Zeitraum, in dem sich die vorhandenen Vollerwerbsbetriebe weiterentwickeln sollen, werden sie weder die Fläche noch das Marktvolumen für die verbleibenden Betriebe freigeben. Der Mansholtplan, so gut er auch gemeint war, geht somit an der europäischen Wirklichkeit vorbei und ist deshalb nicht realisierbar.

2. Die deutsche Alternative

Die deutsche Alternative zum Mansholtplan, „die Partnerschaft der Voll-, Zu- und Nebenerwerbsbetriebe" geht davon aus, daß das größte Areal der Bundesrepublik Deutschland zu den 53 % der EWG-Fläche gehört, die eine genügende Bevölkerungsdichte zur weiteren Schaffung außerlandwirtschaftlicher Arbeitsplätze aufweist. Die Ifo-Untersuchung nennt sie Industriezonen I und II. Zu den zu dünn besiedelten Räumen der EWG (Agrarzonen) gehören — im Vergleich auf Regierungsbezirksebene — in der BRD nur Stade, Trier, Oberpfalz und Niederbayern. Die Bundesregierung ist der Meinung, daß es ihr gelingen kann und muß, durch aktive Wirtschaftspolitik und gezielten Einsatz von Steuermitteln, diese Räume an den wirtschaftlichen Aufstieg in den Nachbargebieten anzubinden.

Erst wenn Arbeitsplätze so geschaffen werden, daß jeder von der Heimstätte seines bäuerlichen Betriebes aus einen Arbeitsplatz erreichen kann, ist es möglich, die „Partnerschaft zwischen Voll-, Zu- und Nebenerwerbsbetrieben" als Alternative zum Mansholtplan zu verwirklichen.

Doch diese Partnerschaft bedarf eines Fundaments, eines Organisationsinstruments! Nach dem derzeitigen Stand unseres Wissens und Könnens kann das nur ein hauptberuflich geführter Großmaschinenring sein. Wer also von der deutschen Alternative zum Mansholtplan spricht, braucht einen Maschinenring und wer den Maschinenring will, muß ihn so organisieren und fördern, daß er die Leistungen zur Realisierung der deutschen Alternative auch zu erbringen vermag.

Beide, Mansholtplan und deutsche Alternative, gehen davon aus, daß ein Vollerwerbsbetrieb eine PE darstellen muß. Der wesentliche Unterschied zum Mansholtplan besteht darin, daß kein Druck mehr auf die Betriebsinhaber zur Berufsentscheidung ausgeübt zu werden braucht, weil diese ihre Betriebe zu Produktionseinheiten genauso kostengünstig — bzw. besser — entwickeln können, wenn sie sich der Partnerschaft der Zu- und Nebenerwerbsbetriebe versichern. Alle drei Betriebskategorien können sich gegenseitig im MR produktionskostensenkende Dienstleistungen erweisen, die jeder für sich alleine zu erbringen nicht in der Lage wäre.

Die deutsche Alternative erfuhr bisher vielerlei Widerstand: In vielen ländlichen Regionen wurde die Verbesserung der Wirtschaftsstruktur zu spät, zu wenig durchdacht und inkonsequent vorangetrieben. Die Landwirtschaftsberatung in fast allen Bundesländern, egal ob Kammer- oder staatliche Beratung, mündete immer in Investitionsberatung mit viel Steuermitteln; viele Förderungsmaßnahmen konkurrierten mit der Entwicklung der Partnerschaftskonzeption; namhafte Berufsvertreter hatten Angst, bei der Realisierung der Partnerschaft eine nachlassende Subventionsbereitschaft bei den Politikern auszulösen.

So hemmend sich diese unterschwelligen Widerstände auch ausgewirkt haben mögen, so waren es letztlich doch zwei Hemmnisse, die der Entwicklung der Partnerschaft besonders hinderlich im Wege standen:

2.1 Der Mangel an gut ausgebildeten Geschäftsführern!

Mit einzelnen Autodidakten (= Geschäftsführer, die sich ihr Wissen selbst aneigneten) kann man zwar Wunder erleben, aber keine großräumige Konzeption entwickeln. Mit diesem Lehrgang ist ein Wendepunkt der agrarpolitischen und agrarwirtschaftlichen Entwicklung der deutschen Landwirtschaft erreicht: offensives Handeln statt Defensive und Selbstmitleid. Ich bin fest überzeugt, daß unsere deutsche Landwirtschaft voll konkurrenzfähig sein wird, wenn jeder Bauer — sei er Voll-, Zu- oder Nebenerwerbslandwirt — in die Situation versetzt wird, sich einem hauptamtlich geführten Maschinenring anschließen zu können; aber er muß nicht!

2.2 Der kapitalvergeudende „Feierabendbauer"!

Neben dem „Geschäftsführer" als dem dynamischen Organisator wird die eigentliche Antriebskraft für eine funktionierende Partnerschaft im Maschinenring der Arbeitsaufträge gebende, weil nach Gewinn und Arbeitsentlastung strebende Nebenerwerbslandwirt sein. So lange sich Voll- und Feierabendbetriebe als Feinde und Konkurrenten gegenüberstehen und nicht als unabdingbar aufeinander angewiesene Partner, ist die deutsche Alternative eine Utopie. Wer als Geschäftsführer die Funktion des Nebenerwerbslandwirts in der Partnerschaft nicht verstanden hat, wird scheitern.

So wie der „Nebenerwerbslandwirt das Bindeglied zwischen Industrie und Landwirtschaft" werden muß (siehe Kapitel IV), ist der „Zuerwerbslandwirt als Schweißnaht zwischen Voll- und Nebenerwerbslandwirt" zu begreifen (siehe V.). Wo hauptberufliche Betriebs- und Dorfhelferinnen notwendig werden, fehlt entweder der hauptberufliche Maschinenring-Manager oder die Agrarförderung läuft einer sinnvollen Partnerschaft noch zuwider (siehe VI.).

Ein Beispiel soll das deutlich machen. Solange Maschinenkäufe bezuschußt werden, kann — und konnte — sich ein Maschinenring in seiner produktionskostensenkenden Wirkung für alle nicht voll entfalten. (Solche Förderungen gibt es sogar 1974 noch!) Solange überdimensionale Förderungen — gemessen an denen für den Geschäftsführer eines MR — für den Betriebshilfsdienst gegeben werden, kann die Mobilisierung des Zuerwerbslandwirtes für die Sozialpartnerschaft auch dem besten Geschäftsführer nicht gelingen; im Gegenteil! Er wird förmlich gezwungen, seinen Betrieben Betriebshelfer und Dorfhelferinnen nach den entsprechend billigeren, weil bezuschußten Sätzen zu vermitteln. Der Besitzer eines Übergangsbetriebes, der Zuerwerbslandwirt, wird so (auch das geschieht noch 1974) um Zuerwerbsmöglichkeit im Teilzeiteinsatz betrogen.

3. Aufgaben der Landwirtschaftsberatung

Wenn ein gut ausgebildeter Geschäftsführer diese überbetriebliche Arbeits- und Sozialpartnerschaft richtig organisieren will, ist es nötig, daß die Landwirtschaftsberatung ihre Beratungsaufgabe, den Landwirt vor Fehlinvestitionen zu bewahren, ernst nimmt und erfüllt. Genauso widersinnig wie es war, daß sich Voll- und Nebenerwerbslandwirte — mit dem Bindeglied Zuerwerbslandwirt — als Partner nicht erkannten, wäre es, wenn sich Landwirtschaftsberater und Geschäftsführer nicht bewußt würden, daß sie nur als Partner in der Lage sein werden, ihre gemeinsame Aufgabe zu erfüllen. Wer den anderen als unliebsamen Konkurrenten sieht — womöglich sogar fürchtet und desavoiert — beweist nur, daß er nicht in der Lage ist, seine eigene Aufgabe zu erfüllen.

Aufgabe des Geschäftsführers ist es, die Partnerschaft so zu organisieren, daß mit dem niedrigst möglichen Kosten- und Zeitaufwand in der Produktion alle drei Betriebskategorien arbeiten können. Er schafft somit die Voraussetzung zum Wachsen der Erkenntnis bei den Betriebsinhabern, ob die Betriebsorganisation in Ordnung ist, oder, ob ein Übergang vom Voll- zum Zuerwerbsbetrieb (Zuerwerb auch in der Sozialpartnerschaft!), oder vom Zu- zum Nebenerwerbsbetrieb erforderlich wird.

Dabei ist es Aufgabe des Landwirtschaftsberaters, die Betriebsanpassung (= Umstellung) planen und realisieren zu helfen, bzw. die Betriebe beim Übergang von der einen zur anderen Betriebskategorie betriebswirtschaftlich zu betreuen. Wo derartige betriebswirtschaftliche Beratung und Betreuung auf der Basis der Möglichkeiten der Arbeits- und Sozialpartnerschaft eines Maschinenringes vorgenommen wird, kann — und darf es — zu keinen Fehlinvestitionen kommen. Jede Übergangsbetreuung wird, wenn sie zu einem ökonomischen Ergebnis führen soll — wo nicht, hat sie zu unterbleiben! — somit einen Trend zur Extensivierung bringen. Und hier wird sich die deutsche Alternative den Tendenzen des EWG-Memorandums als besonders überlegen erweisen.

Die Bewältigung der Agrarüberschüsse, sowohl im Abbau schon vorhandener, wie bei Milch, Weichweizen und Zucker, als auch in der Vermeidung potentiell neuer, wie bei Eiern, Schweine- und Geflügelfleisch, wird im Maschinenring wie nirgendwo sonst gelingen. Es kann sogar — ohne Investitionen! — die Marktleistung von Produktionen, die sich steigender Nachfrage erfreuen, wie bei Rindfleisch und Futtergetreide, gerade durch Extensivierung der Betriebe gesteigert werden.

Sowohl das EWG-Memorandum wie auch die deutsche Alternative gehen davon aus, daß das Einkommen der Landwirte nur zu erhöhen ist, wenn die diese Bestrebungen mehr und mehr behindernden Überschüsse abgebaut werden. Jeder agrarpolitische Lösungsversuch, der diesen Zusammenhang ignoriert, ist zum Scheitern verurteilt.

Im Maschinenring werden beide Ziele am besten verwirklicht, wenn Berater und Geschäftsführer eine Symbiose eingehen. Vorrangiger Nutznießer ist dabei der einzelne Landwirt; denn jeder Inhaber eines Betriebes aller drei Kategorien strebt nichts anderes an als die Wirtschaftlichkeit seines Unternehmens. Die Verwirklichung der zwei agrarpolitischen EWG-Ziele ergibt sich zwangsläufig aus dem Streben aller Betriebe im Maschinenring nach Gewinn.

Soll das aber gelingen, sind die Berater eines Gebietes, in dem nun hauptberufliche und ausgebildete Geschäftsführer tätig werden, ebenfalls in Kursen auf ihre neue Partnerschaftsaufgabe vorzubereiten. Wenn der Bund neben der Förderung für die Geschäftsführerausbildung die entsprechenden Zuschüsse auch dafür gibt, werden die Länder bzw. Kammern nicht zaudern, diese Chance zu nutzen (Anmerkung

1974: der Bund gibt die Mittel inzwischen, doch Länder und Kammern machen nur vereinzelt Gebrauch).

Daß die Beratung modernisiert, das heißt, den neu gestellten Aufgaben in Organisation und Ausbildung angepaßt werden muß, ist ein offenes Geheimnis. Dazu zwingt nicht erst die politische Möglichkeit, der Konzeption der EWG-Kommission eine deutsche Alternative entgegenzustellen.

Die vorrangige, aber bis heute nicht gelöste betriebswirtschaftliche Beratungsaufgabe besteht seit der Erreichung der Vollbeschäftigung in den Jahren 1957/58 — mit dem dadurch ausgelösten Zwang, abwandernde Arbeitskräfte durch Mechanisierung ersetzen zu müssen — darin, eine wirtschaftliche Vollmechanisierung des einzelnen Betriebes zu erreichen (siehe XII/8 und 9). Durch die — zufällig — gleichzeitig begonnene Bildung der Europäischen Wirtschaftsgemeinschaft wurde der Blick für die Bewältigung dieser Aufgabe getrübt. Nur wenige Berater erkannten, daß die Vollmechanisierung des deutschen Einzelbetriebes im Hochpreisland Bundesrepublik nicht zu weiteren Steigerungen der ohnehin schon weit überhöhten Produktionskosten führen durfte. Vollmechanisierung zu erreichen ist kein Kunststück. Sie aber wirtschaftlich zu gestalten, heißt seit 1. 1. 1958 (dem juristischen Beginn der EWG), nach der Liberalisierung des Agrarmarktes mit den durch den EWG-Preis gedeckten Kosten auszukommen. Nur wer Rationalisieren nicht mit Investieren verwechselt, hat „seinen" kostendeckenden Preis.

Wenn die betriebswirtschaftliche und produktionstechnische Beratung des Einzelbetriebes nicht mit der Arbeit eines Maschinenring-Geschäftsführers synchronisiert wird, können weder die Landwirtschaftsberater noch die Maschinenringe ihre optimale Wirkung entfalten.

Daß sich für die süddeutschen Bundesländer mit staatlicher Landwirtschaftsberatung die Aufgabe der Reform anders stellt als für die Länder mit Landwirtschaftskammern, versteht sich von selbst. Es liegt bei den Kammern zu beweisen, wer anpassungsfreudiger und anpassungsfähiger ist.

4. Einzelbetriebliche Förderung

Die zukünftige Agrarpolitik muß davon ausgehen, daß die Förderungsmittel zur Betriebsanpassung — also zur Schaffung eines vollmechanisierten landwirtschaftlichen Arbeitsplatzes — nicht höher sein dürfen als für einen neuen außerlandwirtschaftlichen Arbeitsplatz im schwachstrukturierten ländlichen Bereich notwendig sind*). Mit jeder PE die entsteht — und nur solche in der Entstehung zu fördern, ist heute sinnvoll und ab 1975 EWG-konform —, werden mindestens 10 Landwirten die bisherigen Verdienstchancen genommen bzw. geschmälert. Würde also die Förderung der Betriebsanpassung in der Landwirtschaft, d. h. zur Vergrößerung der Bestände, nicht mit dem Programm zur Schaffung außerlandwirtschaftlicher Arbeitsplätze synchronisiert, entstünden noch mehr Überschüsse, noch mehr einzelbetriebliche Fehlinvestitionen und noch mehr soziale Spannungen im ländlichen Bereich.

Damit möchte ich sagen, daß ein Betrieb, der zum Beispiel nicht mit der vom Bundeswirtschaftsmini-

---

*) „Vorschläge zur Intensivierung und Koordinierung der regionalen Strukturpolitik", Bundesminister für Wirtschaft, 27. 11. 1968.

sterium genannten Förderungssumme zur Schaffung eines außerlandwirtschaftlichen Arbeitsplatzes von 16 500 Mark auskommt, eben eine PE in Zukunft nicht erreichen kann. Deshalb muß — und wird hoffentlich bald — die Basis jedweder betriebswirtschaftlichen Investitionsförderung eine Betriebsdiagnose sein. Weist diese Betriebsdiagnose aus, daß unverhältnismäßig hohe Förderungsmittel zur Betriebsanpassung — also zur Schaffung einer PE — notwendig wären, kann der Betrieb nicht als entwicklungsfähiger landwirtschaftlicher Vollerwerbsbetrieb bezeichnet werden. Da Betriebsneubauten und deren Förderung so ohnehin nicht mehr verantwortet werden können, gelten diese Zahlen auch für jede Art von Althofsanierung.

Die Landwirtschaftsberatung muß deshalb die Aufgabe zugewiesen bekommen — und alleine schon deswegen ist eine Reform der Beratungsstruktur unumgänglich —, Leitern von derartigen, nicht mehr förderungsfähigen Betrieben, die betriebswirtschaftliche und produktionstechnische Beratung beim Übergang zum Zu- oder Nebenerwerb zu geben.

Wie viele der derzeitigen Übergangsbetriebe von ihren jetzigen Betriebsleitern als Dauer-Zuerwerbsbetriebe gehalten werden können, hängt entscheidend von den Arbeits- (sprich Verdienst-)möglichkeiten im Rahmen des Maschinenringes ab. Diese wiederum wird entscheidend von der Zahl und der Qualität außerlandwirtschaftlicher Arbeitsplätze in der Region geprägt.

In der Vergangenheit wurde es von aktiven Geschäftsführern besonders unerträglich empfunden, daß im Rahmen eines Betriebsentwicklungsplanes Einzelbetriebe in einem Bereich, in dem es bereits einen gut funktionierenden Maschinenring gab, Beihilfen zum Ankauf von Landmaschinen erhielt. Hätte der

Betrieb die Partnerschaft im Maschinenring in Anspruch genommen, wären die meisten Maschinenkäufe nicht notwendig gewesen. Das ist auch einer der wesentlichen Gründe dafür, daß ich von Anfang an den großräumigen, hauptberuflich geführten Ring forderte, um flächendeckend die Alternative Partnerschaft jedem anbieten zu können. Hätte es keine Förderungsmittel für den Maschinenkauf gegeben, hätte es keine Rolle gespielt, einen Ring klein zu beginnen; er wäre dann automatisch in die immer größere Dimension hineingewachsen. So aber wurde die notwendige, systematische Vergrößerung durch Förderungsmittel blockiert (Anmerkung 1974: das gilt leider auch heute noch!).

Eine Bezuschussung der Käufe von Landmaschinen halte ich auch in Zukunft — in jedem Fall (!) — für ein Unglück; selbst in Gebieten mit mangelhafter technischer Grundausstattung. Das trifft besonders für Mittelgebirgslagen mit Grenzertragsböden zu. Dort sollte man schnellstens auf extensive Weide im Nebenerwerb übergehen (Kalbinnenaufzucht, Jungviehsömmerung, Koppelschafhaltung). Ist der Ackerbau aber wirtschaftlich gestaltbar, ist es Aufgabe des Geschäftsführers, den Ankauf teurerer Landmaschinen über die Preisliste zu stimulieren. Auch eine Finanzbeteiligung mehrerer Praktiker ist gelegentlich denkbar. Wo das nicht möglich ist, besteht eben kein wirklicher Bedarf. Hier müssen die Ministerien endlich Klarheit schaffen und die Sinnlosigkeit bisheriger, von Parlamentariern vertretener und verabschiedeter Förderungsmaßnahmen aufdecken.

Besonders zu beklagen ist, daß Neu- und Aussiedlungen von Landwirtschaftsbetrieben bis heute nicht nur immer noch gefördert werden, sondern daß die maschinentechnische Ausstattung eines solchen

Einzelbetriebes sogar in die Kosten- und Förderungsvoranschläge mit einbezogen wird. Wenn die Partnerschaft wirklich die deutsche Alternative sein soll, müssen die Gegebenheiten des Maschinenringes auch Basis für Betriebsdispositionen und Produktionskostenvoranschläge sein. Aber nur wenn Berater und Geschäftsführer zusammenarbeiten, sich also gegenseitig ergänzen, können derartige betriebswirtschaftliche Fehlentwicklungen und die daraus gezogenen agrarpolitischen Fehlentscheidungen verhindert werden.

IV. Der Nebenerwerbslandwirt als Bindeglied zwischen Industrie und Landwirtschaft

Grundsatzreferat zur Verabschiedung der Teilnehmer am 3. Bundeslehrgang für Maschinenring-Geschäftsführer, 27. 11. 1969, Hildesheim.

1. Definition der Betriebskategorien

Die meiste Energie wird bei Diskussionen in der Regel damit verbraucht, unter einer ungenauen Begriffsbezeichnung aneinander vorbei zu argumentieren. Wir Deutsche scheinen besonders dazu zu neigen und die Spaltung unseres Landes in Bundesrepublik und DDR bietet einen nahezu idealen Nährboden für unfruchtbares Mißverstehen. Man denke nur an LPG und Genossenschaft. Deshalb gestatten Sie mir, zu Beginn den Begriff „Nebenerwerbslandwirt" zu definieren.

1. 1 Der Vollerwerbslandwirt bezieht sein Einkommen ausschließlich aus landwirtschaftlichem Erwerb, das heißt aus Ackerbau oder Viehwirtschaft und meist aus einer Kombination beider. Der Vollerwerbsbetrieb nimmt an Zahl und Bedeutung laufend ab und stirbt als selbständige Einheit ohne Partnerschaft sicher aus. Einige hundert, vielleicht auch tausend Ausnahmen werden die Regel bestätigen.

1. 2 Der Zuerwerbslandwirt bezieht sein Einkommen vorrangig, zumindest zu über 50 %, aus landwirtschaftlicher Tätigkeit. Der Zuerwerb kann aus Einnahmen sowohl aus außerlandwirtschaftlicher Tätigkeit als auch aus der überbetrieblichen Partnerschaft

der landwirtschaftlichen Betriebe untereinander stammen. Somit ist nahezu jeder aktive Vollerwerbslandwirt im MR in Wirklichkeit Zuerwerbslandwirt.

1.3 Der Nebenerwerbslandwirt schließlich bezieht sein Haupteinkommen aus einer außerlandwirtschaftlichen Tätigkeit. Der landwirtschaftliche Betrieb wird also nebenbei geführt, und zwar derzeit in drei verschiedenen Erscheinungsformen, deren Verschiedenheit voneinander zu wenig gesehen und verstanden wird:

1.3.1 Der Feierabendbauer verbraucht sein Einkommen aus einem außerlandwirtschaftlichen Haupterwerb für die Landwirtschaft. Sein Betrieb ist meist eine Miniaturausgabe eines altmodischen, vielfältig organisierten Vollerwerbsbetriebes. Ihn umgibt noch ein Hauch von Autarkiedenken, Naturalwirtschaft und „billiger" Selbstversorgung. Meines Erachtens gehören 95 % aller Arbeitnehmer, die nebenbei noch Landwirtschaft betreiben, in diese Kategorie. Sie rekrutiert sich aus den „Häuslern" und „Frettern" von gestern, die als erste merkten, daß sie von ihren wenigen Tagwerken oder Hektaren Land alleine doch nicht leben können. Da sie kein Sozialprestige zu verlieren hatten, fanden sie als erste den Mut, einen außerlandwirtschaftlichen Arbeitsplatz anzunehmen, wo er sich bot.

In einer sinnlosen Eigenmechanisierung verbrauchten sie in den letzten Jahren das außerlandwirtschaftliche Haupteinkommen von einem, ja bis zu drei Familienmitgliedern, um in einem „Minderwertigkeitskomplexkompensationsmechanisierungsrausch" ihr ramponiertes Sozialprestige aufzupolieren. Das ist ihnen so überzeugend gelungen, daß prominente Agrarpolitiker der Bundesrepublik — vorrangig in Baden-Württemberg — in den letzten Jahren glaubten, das wäre gut so, man solle sie nur machen lassen, und es ginge doch niemand etwas an, was diese guten Leute mit ihrem Geld täten.

Wenn Landwirte in der ersten Wirtschaftskrise ausgestellt wurden, waren es diese Feierabendbauern; aber nicht aus sozialen Gründen, sondern weil sie neben den notorischen Blaumachern die meisten Fehlzeiten durch „Krankheiten", wie Heuschnupfen und dergleichen, aufzuweisen hatten. Wenn Mansholt von der Nebenerwerbslandwirtschaft spricht, meint er den bisher bekanntesten aus dieser Kategorie, den „Feierabendbauern". Und daß er den als aussterbendes Durchgangsstadium versteht, ist nur zu verständlich.

1.3.2 Der Hobbylandwirt repräsentiert sämtliche Sinnlosigkeiten des Feierabendbauern, unterscheidet sich von diesem aber dadurch, daß er sie bewußt und gerne begeht. Er könnte genausogut alte Autos sammeln. Auf jeden Fall ist er, wie alle Überzeugungstäter, dabei glücklich. Ich glaube nicht, daß auch nur 1 % der etwa 600 000 nebenbei Landwirtschaft treibenden Hobbylandwirte sind.

1.3.3 Der Nebenerwerbslandwirt, wie ich ihn verstehe, der Bindeglied zwischen Industrie und Landwirtschaft werden kann und soll, hat mit beiden nichts gemein, außer, daß er neben seinem außerlandwirtschaftlichen Haupterwerb Landwirtschaft betreibt. Er erwirtschaftet aus der Nebenerwerbslandwirtschaft als einziger Gewinn und erreicht so in Einkommens-Kombination Spitzenlohn oder überdurchschnittliches Einkommen. Er liegt also immer über dem Einkommen eines Arbeitnehmers gleicher Tätigkeit ohne Landwirtschaft. Doch das ist nur möglich, wenn er auf Eigenmechanisierung verzichtet und sich der Illusion begibt, daß man heute die Lebenshaltungskosten für die Ernährung durch Selbstversorgungslandwirtschaft senken kann.

Der richtige Nebenerwerbslandwirt dürfte aber auf jeden Fall soviel Freude an seiner Landwirtschaft haben, die ihm zur Einkommens-Kombination verhilft, wie der Hobbylandwirt, der bewußt Geld verpulvert. Doch was beim Hobby-Landwirt auf jeden Fall der Familie schadet, nutzt dieser beim Nebenerwerbslandwirt; denn er benötigt weder Frau noch Kinder im Arbeitsprozeß, im Gegenteil: das kombinierte Einkommen schafft die Basis für die richtige Ausbildung der Kinder und einen entsprechenden Wohnkomfort für die Familie.

Der Nebenerwerbslandwirt, von dem ich also spreche, ist, wie der Zu- und Vollerwerbsbetrieb in der Industriegesellschaft nur denkbar, wenn er in einer überbetrieblichen Partnerschaft der Außenmechanisierung eingebettet ist. Im Nebenerwerbsbetrieb wurden zuerst die Lehren der landwirtschaftlichen Betriebswirtschaft von gestern außer Kraft gesetzt, die besagten, daß mit sinkender Hektarzahl die Intensität des Betriebes zu steigern sei. Wie sonst nur der Vollerwerbsbetrieb — aber erst von 50 ha aufwärts — hat als einziger nur noch der Nebenerwerbsbetrieb die Chance zu extensivieren; bis zur Viehlosigkeit! Interessant ist nur die traurige Bilanz, daß die „Nebenerwerbsbetriebe", wie ich sie verstehe, im Gesamtbereich der drei Kategorien nur etwa 5 % ausmachen.

Auf jeden Fall steht jetzt schon fest, daß Feierabendbauern, Hobbylandwirte und mehr und mehr echte „Nebenerwerbslandwirte", die wirklich Einkommens-Kombination betreiben, schon morgen, wenn auch nicht nach der Zahl der Hektare, so doch nach der Zahl der Betriebe und somit der dahinterstehenden Familien die Landwirtschaft von morgen repräsentieren werden. Deshalb habe ich in diesem Beitrag Aspekte wie Preis-, Handels- und Sozialpolitik außer acht zu lassen und mich nur mit diesem deutschen, derzeit noch vorrangig süddeutschem Phänomen des Nebenerwerbslandwirtes zu beschäftigen.

2. Nebenerwerbslandwirte zwischen den Fronten

In unseren Bauernverbänden konnte man bisher nicht erfragen (1969!), wie viele Mitglieder jeweils aus dem Bereich der Vollerwerbs-, Zuerwerbs- oder Nebenerwerbslandwirtschaft kommen und schon gar nicht, wie viele Feierabendbauern oder Hobbylandwirte sind. In seinem Pressedienst vom 25. März 1968 gibt der Bayerische Bauernverband seine Mitgliederzahl mit 229 316 an. Die Agrarstatistik weist aber über 386 000 Betriebe mit über 0,5 ha aus. Wo sind die 157 000, die zum Großteil Feierabendbetriebe haben? Das sollte allen zu denken geben, die bisher nur Lippenbekenntnisse und Beteuerungen für den Nebenerwerbslandwirt gefunden haben: er ist heimatlos.

Nur im Saarland gibt es bisher einen — den Einzigen! — „Landesverband der Landwirte im Nebenberuf, Saarland e. V.". Bis vor kurzem ignoriert oder gar bekämpft von allen Institutionen, entwickelte er sich, seit seiner Gründung im Juni 1964, von 14 Gründungsmitgliedern auf die stattliche Zahl von über 1700 Mitgliedern. Was hinter diesen Zahlen steht, begreift man aber erst, wenn man weiß, daß der Saarländische Bauernverband auch nur über 7000 Mitglieder verfügt. Noch bedeutungsvoller aber ist, daß er trotz des neuen Verbandes keines seiner Mitglieder verloren hat.

Damit ist bewiesen, daß die Neubildung dieses „Verbandes der Landwirte im Nebenberuf" fast ausschließlich Menschen erfaßt, die zwischen Industrie und Landwirtschaft, zwischen Gewerkschaft und Bauernverband ohne Interessenvertretung stehen.

Viele Gespräche in den letzten Monaten bestärken mich deshalb in der Überzeugung, daß in allen Bundesländern solche Verbände für Landwirte im Nebenberuf gegründet werden müssen. Die Bauernverbände ihrerseits sollten alles tun, die Gründung dieser Schwesterverbände zu forcieren und zu unterstützen, weil sie dadurch, wie das Saarland zeigt, ihre eigene politische und wirtschaftliche Potenz in der Repräsentation der Landwirtschaft von morgen stärken.

Da ich aber Realist bin, weiß ich, daß sich bei jeder Neugründung eines solchen Verbandes die gleichen Kämpfe abspielen werden, wie an der Saar. Die meisten Repräsentanten der Agrarpolitik, deren liebste Kinder Aussiedlung und Betriebsaufstockung bisher waren, müssen ja darauf warten, daß diese Nebenerwerbslandwirte so schnell wie möglich verschwinden; denn woher soll sonst das Land für ihre Politik kommen? Und wenn man in Brüssel heute über deutsche Nebenerwerbslandwirtschaft und deren Partnerschaftsfunktionen nicht sprechen kann, dann einfach deswegen, weil die deutschen Repräsentanten die Nebenerwerbslandwirtschaft entweder in ihrer möglichen modernen Form selbst noch nicht verstanden haben oder verstehen wollen. Wen wundert es da, wenn wir in Brüssel keine gute Figur machen? Wer Betriebe aufstocken will, muß den Franzosen nachlaufen, wer aber die MANSHOLTSCHEN Visionen außer Kraft setzen will, muß etwas anderes, dynamisches entwickeln und dagegensetzen. Was noch nicht einmal theoretisch mit Erfolg zu Ende gedacht werden kann, sollte man praktisch gar nicht erst versuchen.

Die Gesundschrumpfung (sprich Betriebsaufstockung) ist schon rein theoretisch Selbstmord. Die Partnerschaft der Voll-, Zu- und Nebenerwerbsbetriebe aber könnte in Theorie und Praxis zu Ende gedacht und geführt werden. Sie verträgt und verdaut sämtliche Unwägbarkeiten, wie gelegentliche Wirtschaftskrisen und deren Auswirkungen bis hin zur evtl. einmal möglichen Stillung des Hungers in der Welt: von der derzeitigen Problematik des Überflusses also bis hin zur erstmals von ROBERT MALTHUS beschworenen Mangelsituation, die vielleicht schon bald schauerliche Wirklichkeit wird.

Hier ist die Hauptaufgabe für nationalstaatliche Agrarpolitik, weil die Basis für Nebenerwerbslandwirtschaft eben wirklich die Industrie am Lande ist. Da sie sowohl in Frankreich als auch in Italien fehlt, habe ich volles Verständnis, wenn Dr. MANSHOLT von der Nebenerwerbslandwirtschaft und der mit ihr möglichen Partnerschaft bisher nichts hält. Ob die Benelux-Länder morgen unsere Agrarpolitik der Partnerschaft übernehmen — weil sie wie wir die Voraussetzungen dafür hätten — hängt davon ab, wie es uns gelingt, sie zu organisieren, zu formieren und zu repräsentieren.

3. Der Vollerwerbsbetrieb am Ende

3.1 Überhöhte Kosten durch Außenmechanisierung

Der Vollerwerbsbetrieb versuchte unter der postulierten Ideologie vom bäuerlichen Familienbetrieb, nach allen Seiten zugeschlossen wie ein Vierkanthof mit Walmdach, eine eigenständige Betriebsführung mit Eigenmechanisierung. Erst jetzt dämmert langsam die Notwendigkeit zur Spezialisierung, weil nur so die Vollmechanisierung erreichbar ist. Wenn der Kapitaleinsatz pro Arbeitskraft in der Landwirtschaft (wie der Grüne Bericht 1968 ausweist) in zehn Jahren von 28 000 auf 78 000 Mark gestiegen ist und somit um etwa 100 % über dem Kapitaleinsatz pro AK in der übrigen Wirtschaft liegt (Zahlen für 1974: 136 000 DM Aktivkapital je Erwerbstätiger in der Landwirtschaft und nur 70 000 DM in Gewerbe und Industrie), so wird im marktwirtschaftlichen System des Westens, das auf dem Gewinnstreben der einzelnen Unternehmer basiert, kapitalintensive Landwirtschaft morgen nur betrieben werden, wenn sie die Chance bietet, überdurchschnittlichen Gewinn zu erzielen. Es genügt nicht mehr, wenn in der Landwirtschaft Tätige nur auf Armlänge an den Vergleichslohn der übrigen Erwerbstätigen herankommen; denn warum sollten sie dann so überdurchschnittlich investieren?

Überdurchschnittliches Einkommen oder Spitzenlohn zu erreichen, ist in der Industriegesellschaft nur durch Vollmechanisierung möglich. Da die Vollmechanisierung aber wirtschaftlich sein muß, also technisierungswürdige, große Flächen oder Viehbestände voraussetzt, müssen sich alle Betriebe spezialisieren und dabei natürlich noch mehr investieren. Wer den bäuerlichen Betrieben und ihren Menschen etwas anderes heute noch zu sagen wagt, tut das entweder, weil er die volkswirtschaftlichen Zusammenhänge nicht verstanden hat oder weil er bewußt aus irgendwelchen eigensüchtigen Erwägungen die Menschen weiter in die Irre zu führen gedenkt.

Die deutsche Landwirtschaft hat bis zur Stunde mechanisiert ohne spezialisiert zu sein. Die Spezialisierung konnte der Betrieb nicht als dringend notwendig erkennen, weil ihm in 20 000 Aussiedlerhöfen von der offiziellen Agrarwirtschaft das Gegenteil vorexerziert wurde. Den einzelnen Betriebsleiter muß ich von der Schuld für begangene Fehlinvestitionen deshalb freisprechen. Und jetzt, wo Kapital für die Spezialisierung in der Innenwirtschaft benötigt würde, sind wir verschuldet und übermechanisiert in der Außenwirtschaft, ohne selbst dort die unumgänglich notwendige Vollmechanisierung erreicht zu haben.

Auf deutschen Hektaren laufen 1969 doppelt so viele Maschinen wie in Holland und Belgien, dreimal so viel wie in Frankreich und viermal so viel wie in Italien; und das ist mehr als schlimm.

Das Gebot der Stunde und Aufgabe Nr. 1 einer Selbsthilfeorganisation ist und bleibt deshalb: Abbau der überhöhten Mechanisierungskosten bei gleichzeitiger Vollmechanisierung für alle.

Diesen scheinbaren Widerspruch in der Zielsetzung zu überwinden vermag heute nur noch der Maschinenring; denn Lohnunternehmen und Maschinengemeinschaften können nur Fehlinvestitionen bei Neuanschaffungen vermeiden. Sie können aber nicht bereits in Maschinen festliegendes Kapital wieder mobilisieren. Doch weder der Deutsche Bauernverband noch einer der Landesverbände hat sich bisher zu diesem der deutschen Landwirtschaft auf den Nägeln brennenden Problem bindend und zwingend geäußert.

Wohl hat sich Präsident Rehwinkel bei der 1. Bundestagung der Maschinenringe am 22. 1. 1965 in Kassel zu den Maschinenringen bekannt. Aber von den meisten Landespräsidenten werden die Maschinenringe bis heute überhaupt nicht verstanden, zum Teil einfach ignoriert.

Wer den Maschinenring, wie die AID-Broschüre Nr. 260, lediglich als eine der verschiedenen Möglichkeiten der überbetrieblichen Mechanisierung aufzählt, weiß überhaupt nicht, worum es heute geht.

Meines Erachtens hat kein deutscher Bauer das Recht, in Zukunft irgendwelche Agrarförderungen entgegenzunehmen, wenn er nicht nachweisen kann, daß er im Rahmen der überbetrieblichen Partnerschaft mit den niedrigstmöglichen Mechanisierungskosten arbeitet.

3.2 Baupreise verhindern Spezialisierung

Da die Mechanisierung der Spezialisierung leider vorausgegangen ist und ungeheuer viel Kapital im Versuch, den vielfältigen Betrieb voll zu mechanisieren, vergeudet wurde, fehlt nun den mittelbäuerlichen Betrieben das Geld, technisierungswürdige Tierbestände aufzubauen. In diesen Betrieben gibt es dafür auch keine verwendungsfähigen Restgebäude. Wer zu den derzeitigen deutschen Baupreisen aber baut, bekommt die überhöhte Stallmiete durch den EWG-Preis nicht verzinst. Wir werden die nicht bodengebundene Veredlung an die klimabegünstigten und somit billiger bauenden EWG-Konkurrenten verlieren, wenn es uns nicht gelingt, den deutschen Baupreis auf EWG-Niveau zu senken. Ob man nun den Untersuchungen des Ifo-Institutes für Wirtschaftsforschung München oder denen von Prof. Steffen, Bonn, glauben will, beide dokumentieren, daß unsere Baupreise um rund 100 % über EWG-Niveau liegen.

Sie um 50 % zu senken (meine Forderung seit 1963; nicht 1974!) ist nur möglich, wenn die Förderung so angesetzt wird, daß automatisch vier Wirkungen erzielt werden:

a) Es muß weniger gebaut werden, das heißt nur noch für den spezialisierten Betrieb.
b) Es muß billiger gebaut werden, das heißt kurzlebigere Gebäude, die in höchstens einer Generation abgeschrieben sind. Daß sich dabei vorrangig Holz anbietet, scheint denen entgangen zu sein, die dauernd beklagen, daß sein Preis dauernd sinkt, während die Baupreise unentwegt gestiegen sind!
c) Die für den Normenbau notwendigen Elemente sind zur Senkung der Lohnkosten in industrieller Vorfertigung zu produzieren (und wiederum eignet sich Holz am besten!).
d) Durch Montagebauweise ist die längst überfällige Baustellenrationalisierung, vielleicht auch im Deutschland der Organisatoren (!), noch zu erreichen.

Aufgabe Nr. 2 einer bäuerlichen Selbsthilfe muß deshalb die Senkung der Baukosten auf die Hälfte sein. Es geht um Milliarden-Beträge, die hier im Feuer sind!

Weder vom Berufsverband, noch von Agrarpolitikern, noch von Ministerien sind, außer zaghaften Ansätzen in Düsseldorf und außer Verplemperung einiger Millionen Mark im Windhundverfahren, bisher ernst zu nehmende Anstrengungen in dieser

Richtung gemacht worden. Worauf will man denn eigentlich noch warten? Wenn die Investitionsbeihilfe wirklich wirken soll, darf kein Betrieb mehr gefördert werden, der sich nicht der billigsten Bauelemente bedient. Daß diese preiswert bereitgestellt werden können, ist mit gezielten staatlichen Förderungsmitteln leicht zu erzwingen. Wie das möglich ist, hat die Münchner Runde mit mir längst erarbeitet. Es würde hier zu weit führen, auf Details einzugehen. Wer in Zukunft Zuschüsse für Maschinenkäufe oder Bauten gibt, ohne diese beiden Forderungen zu berücksichtigen, schädigt die Betriebe mehr als er sie fördert. Oder: um wieviel besser stünde die deutsche Landwirtschaft da, wenn nicht durch die Förderung der Aussiedlerhöfe und des Maschinenkaufes diese heute bestehenden Wettbewerbsverzerrungen erst entstanden wären?

3.3 *Landwirtschaft im Nebenerwerb als Ausweg*

Die dritte Erkenntnis im Bereich der Vollerwerbsbetriebe, deren Zahl (laut Grüner Bericht 1968) mit 35,1 % aller landwirtschaftlicher Betriebe oder 492 000 angegeben worden ist — laut Weinschenck/Meinhold aber jetzt schon unter 200 000 liegen dürfte —, lautet, daß nur ein Bruchteil davon in der Lage sein wird, das Klassenziel zu erreichen. Die technisierungswürdigen Tierbestände werden sich in der EWG schneller durchsetzen als wir fürchten. Nur, wo wir es nicht schaffen, werden uns die Länder mit billigeren Löhnen und günstigeren Produktionsvoraussetzungen unseren Marktanteil abnehmen.

Rein theoretisch würden in Zukunft 100 000 technisierungswürdige Kuhbestände — also mit mehr als 40 Kühen — genügen, die heutige Milchmenge zu liefern. Auch 25 000 Schweinemäster mit je 1000 Stück im Jahr, 25 000 Zuchtsauenhalter, 12 000 Legehennenbetriebe mit nur je 6000 Hennen und ein halbes Tausend Hähnchenmastbetriebe würden den heutigen Bedarf decken.

Der größte Teil der heutigen Vollerwerbsbetriebe wird also über die Zwischenstation Zuerwerb zum Nebenerwerbsbetrieb werden, ob uns das gefällt oder nicht. Daß diese Betriebe nicht abgestockt werden müssen, wie irrtümlicherweise immer wieder gefordert wird, setzt allerdings voraus, daß die Partnerschaft nicht nur gefordert, sondern praktiziert wird. Die Aufgabe Nr. 3 einer bäuerlichen Selbsthilfe ist deshalb die Mitwirkung in einer „konzertierten Aktion" bei der Schaffung außerlandwirtschaftlicher Arbeitszentren am Land.

3.4 Arbeitsplätze am Land als Voraussetzung

Durch Mobilisierung verdeckter Arbeitsloser — sprich fehlgeleiteter Arbeitskräfte in bäuerlichen Kümmerexistenzen — im Maschinenring sind Arbeitszentren am Land erst machbar. Es wird mir oft vorgeworfen, daß mein Konzept der Partnerschaft der Voll-, Zu- und Nebenerwerbsbetriebe von der Schaffung außerlandwirtschaftlicher Arbeitsplätze abhängt, und das wäre eben der Pferdefuß!

Jede agrarpolitische Lösung, von der Gesundschrumpfung bis zur Partnerschaft, ist von der gleichzeitigen Schaffung neuer Arbeitsplätze abhängig.

Wenn aber schon außerlandwirtschaftliche Arbeitsplätze notwendig sind, warum sie dann nicht am Land schaffen? Das ist durch steuer-, tarif- und finanzpolitische Maßnahmen möglich und notwendig, bevor die Gastarbeiterzahl auf 2,5 Millionen steigt, während unsere potentiellen Nebenerwerbslandwirte immer noch auf Verdienstmöglichkeiten warten, um ihr Vermögen erhalten zu können. Dazu ist erforderlich, daß wieder einmal, wie schon so oft von Rehwinkel beklagt, einseitig und vorrangig die Industrie gefördert wird: Industrie aufs Land zu unseren Bauern; aber nicht in jedes Dorf — wie oft verlangt wird — sondern Schaffung von gewerblichen und industriellen Zentren in jedem Landkreis.

Es ist mir unbegreiflich, daß der Ball, den Präsident Rehwinkel auf der Grünen Woche 1968 in Berlin spielte, als er meine Frage in der Pressekonferenz akzeptierte, die Schaffung außerlandwirtschaftlicher Arbeitsplätze in Zukunft als vorrangige „agrarpolitische Aufgabe" zu sehen, von niemandem aufgenommen wurde. Für mindestens 300 000 Betriebsinhaber und deren Familienmitglieder — das sind etwa eine Million — brauchen wir demnach noch außerlandwirtschaftliche Arbeitsplätze am Land (Stand 1969!). Ist unsere Industrie und Wirtschaft blind, daß sie diese Chance nicht sieht?

Um Mißverständnissen vorzubeugen, möchte ich wiederholen: alle, die den Vergleichslohn nicht einzuholen in der Lage sind, werden abwandern, ob wir es wollen oder nicht. Die Frage ist nur, verlassen sie mit der Landwirtschaft auch den Landkreis, oder bleiben sie und werden in der bisher gepflegten Isolierung Feierabendbauern, oder stärken sie als Nebenerwerbslandwirte in der Partnerschaft die wirtschaftliche und politische Potenz der Landwirtschaft und des Landes. Seit Jahren bin ich der Meinung, daß die in der Partnerschaft durch Einkommens-Kombination gestärkte Finanzkraft des Nebenerwerbsbetriebes uns bei den bevorstehenden Investitionen der horizontalen und vertikalen Integration unentbehrlich sein wird.

Wem die potentiellen Arbeitskraftreserven zu bombastisch erscheinen, möchte ich folgende Rechnung vorführen. 1968 hatten wir immerhin noch 1,4 Millionen Betriebe mit rund 13 Millionen ha/LN. Nimmt man den derzeit rationell geführten Großbetrieb, der mit 2 AK je 100 ha LN auskommt, so würde das bedeuten, daß nach den Kriterien der derzeit möglichen Mechanisierung, sprich Schaffung von vollmechanisierten Arbeitsplätzen in der Landwirtschaft, 260 000 Voll-AK genügen würden — und genügen werden müssen! Das ist wohlgemerkt nach dem Stand von 1968. Dazu 200 000 AK für technisierungswürdige Tierhaltung sind 460 000 AK. Und morgen?

Ohne Partnerschaft kommen alljährlich immer wieder neue, jetzt noch gesunde Vollerwerbsbetriebe in die Krise, Not und Elend. Im Rahmen der Partnerschaft kann jährlich eine beliebige Zahl zum Zuerwerbsbetrieb und aus dieser Kategorie wieder in die Nebenerwerbssituation gleiten, ohne große Aufregung, ohne Erschütterung, ohne Demonstration und Rebellion. Allerdings geht das nur, wenn wirklich regiert, konzentriert und industrialisiert wird!

4. Der Zuerwerbsbetrieb vor der Entscheidung

Der Zuerwerbsbetrieb (laut Grüner Bericht 1968) im Anteil mit 22,3 % oder 312 400 Betrieben ausgewiesen, mit 16,5 % der LN, drängt vorrangig mit seinen Betriebsinhabern und Familienarbeitskräften auf den Arbeitsmarkt. Da die Zuerwerbsmöglichkeiten derzeit oft noch auf Gelegenheitsarbeit beruhen oder in Gewerben sich bieten, die ihrerseits am Aussterben sind, oder zumindest Strukturkrisen durchlaufen, ist fast für alle derzeitigen Zuerwerbsbetriebe in absehbarer Zeit ein fester Arbeitsplatz notwendig.

Nur eine verschwindend kleine Zahl der Inhaber von Zuerwerbsbetrieben wird sich zum Vollerwerbsbetrieb entwickeln können.

Laut Professor Meimberg sind nun einmal rund 250 000 Mark zur Schaffung eines vollmechanisierten Arbeitsplatzes in der Tierhaltung aufzuwenden, ob für Kühe (4000 Mark Bauaufwand und 2000 Mark Mechanisierungskosten je Kuh ist 240 000 Mark) oder für 6000 Hühner (die Investitionskosten 40 Mark pro Henne = 240 000 Mark) oder für 500 Mastschweine (350 Mark Bauaufwand und 150 Mark Mechanisierungskosten, ist 250 000 Mark). Diese Kapitalien können die Zuerwerbsbetriebe nicht aufbringen, und wenn sie sie hätten, würde der Markt ihnen keine Chance bieten, da ja ein Bruchteil der derzeitigen Vollerwerbsbetriebe — wie schon erwähnt — genügen würde, um die absetzbare Marktleistung zu erbringen. (Für das Jahr 1974 muß man diese Investitionssummen schon doppelt so hoch ansetzen.)

An der Behandlung des Zuerwerbsbetriebes wird sich politische Verantwortung oder Verantwortungslosigkeit innerhalb der Agrarpolitik der nächsten Jahre messen lassen. Bekennt man sich nämlich zu den Prinzipien des marktwirtschaftlichen, auf das Gewinnstreben des einzelnen Unternehmers abgestellten Wirtschaftssystems des Westens, dann darf man einen Zuerwerbsbetrieb nicht zu Investitionen animieren, die auch nicht einmal den Hauch einer Gewinnchance bringen. Hier würde durch Förderung nur Eigentumsminderung erreicht.

Die Agrarpolitik hat dafür zu sorgen, daß eine Betriebsdiagnose gerade in allen Zuerwerbsbetrieben gemacht wird. Ergibt diese Betriebsdiagnose, daß eine Entwicklung zum zukunftsträchtigen, überdurchschnittliches Einkommen erzielenden Vollerwerbsbetrieb unmöglich ist, sollten die Gesamtkosten für die Betriebsdiagnose aus der Agrarförderung übernommen werden. Durch Umschulungsbeihilfen sind diese Betriebsleiter so zu schulen, daß sie, wenn ihnen ein außerlandwirtschaftlicher Arbeitsplatz als Alternative geboten wird, diesen auch annehmen können. Es dürfen keine Zuschüsse mehr für Investitionen gegeben werden, wenn nicht eine Betriebsdiagnose mit klarer Aussage über die Entwicklungsrichtung des Betriebes vorliegt.

Dabei sollte im Übergang die Möglichkeit einer Betriebsvereinfachung ohne Investitionen im Zuerwerbsbetrieb nicht übersehen werden. Nur wenige haben bisher erkannt, daß das die kurzfristig wirkungsvollste Maßnahme sein kann, wenn dadurch möglichst viel Zeit für Zuerwerb im Rahmen der überbetrieblichen Partnerschaft frei wird. Dabei ist der Zuerwerbslandwirt als Bindeglied zwischen Voll- und Nebenerwerbsbetrieb (siehe dort) — wenn er zum Beispiel mit Maschinen des Vollerwerbsbetriebes Flächen des Nebenerwerbslandwirtes bearbeitet — genauso interessant und wichtig, wie der Nebenerwerbslandwirt als Bindeglied zwischen Industrie und Landwirtschaft.

Hier bin ich beim Zentralpunkt der Überlegungen für eine neue Agrarpolitik angelangt, die sich als Teil der Gesellschaftspolitik verstehen muß, wenn sie Erfolg haben soll. Bisher kam die Industrie u. a. oft deswegen nicht aufs Land, weil die Verantwortlichen der Agrarpolitik, gestützt auf wissenschaftliche Gutachten, nur die im Erbgang tröpfchenweise freiwerdenden Arbeitskräfte glaubten „vorsichtig" anbieten zu können. Und da lohnte sich eben die Schaffung neuer Arbeitsplätze nicht.

Ich aber behaupte, wenn durch Zusammenwirken aller Ressorts schwerpunktmäßig in einem Gebiet Raumordnung, betriebswirtschaftliche Unterweisung für zukünftige Nebenerwerbslandwirte (Hollfeld, Roding!), Umschulung und Industrieansiedlung betrieben werden, sind genauso viel Arbeitskräfte aus der Landwirtschaft freizusetzen wie z. B. bei einer Zechenstillegung; wenn! Und dieses „wenn" interessierte niemanden bisher! Wenn durch einen hauptberuflich geführten und im Anlauf staatlich geförderten Maschinenring die derzeit technisch mögliche Endrationalisierung geboten wird. Geht eine große Aktion „Betriebsdiagnose", bei allen Betrieben gestartet, mit diesem Schwerpunktprogramm parallel, drängt sofort ein Teil nicht nur der Zuerwerbslandwirte, sondern auch der Vollerwerbslandwirte auf den Arbeitsmarkt. Der verbleibende Teil bringt — wie vorher erwähnt — immer noch die erforderliche Schlagkraft im Maschinenring.

Aufgabe der Wirtschaftspolitik ist es, als Partner der Agrarpolitik dafür zu sorgen, daß nicht zu hohe Förderungssummen zur Schaffung technisierungswürdiger Vieheinheiten — ob im Einzelbetrieb oder sonstwie — die entsprechende Förderung neuer außerlandwirtschaftlicher Arbeitsplätze unmöglich machen. Vorrangige gemeinsame Aufgabe ist nun wirklich die wirtschaftliche Entwicklung des ländlichen Raumes. In der Landwirtschaft braucht man die zwanzigfache Förderungssumme für einen Arbeitsplatz, und trotzdem ist das Einkommen nicht gesichert.

Nirgendwo sonst wie in der schier ausweglosen Situation des Zuerwerbsbetriebes wird die überragende Bedeutung einer funktionierenden, großräumigen, überbetrieblichen Partnerschaft deutlich. Aber gerade diese Betriebskategorie wurde bisher am wenigsten verstanden.

5. Nebenerwerbslandwirte ohne MR sind Feierabendbauern

Der Nebenerwerbslandwirt — also nicht der Feierabendbauer und nicht der Hobbylandwirt —, den ich als Bindeglied zwischen Industrie und Landwirtschaft sehe, hat vorrangig drei Ansprüche an die Agrarpolitik bzw. Agrarförderung zu stellen, wenn er dieses Bindeglied wirklich sein soll.

a) Er braucht die hauptberuflich gemanagte überbetriebliche Partnerschaft im Interesse der Voll- und Zuerwerbsbetriebe! Wird sie ihm nicht geboten, mechanisiert er sich selbst, weil er bereits das nötige Geld verdient, um sich Dummheiten wirklich leisten zu können, wie die 95 % Feierabendbauern in dieser Kategorie beweisen. Nur im Rahmen der Partnerschaft kann er sich ohne Eigenmechanisierung eine Extensivierung des Ackerbaues wie ein durchrationalisierter Großbetrieb erlauben und dabei wirklich Gewinn, also Einkommens-Kombination erzielen, zum Vorteil der Voll- und Zuerwerbsbetriebe.

b) Dazu braucht er eine Beratung, die ihn zur sinnvollen Nebenerwerbstätigkeit führt, wozu sich vorrangig Kurse eignen, wie sie auf Betreiben des Landfunks im Bayerischen Rundfunk in Hollfeld und Roding probiert wurden. Meine Forderung — ich stellte sie bereits, eingebettet in die mit der Münchner Runde erarbeiteten Vorschläge zur Reform der landwirtschaftlichen Beratung*) — lautet daher nach wie vor: an jeder Landwirtschaftsschule muß jeden Winter mindestens ein solcher Kurs laufen. Ferner braucht er

---

*) Reform der landwirtschaftlichen Beratung", 2. Landfunk-Klausurtagung (Bayer. Rundfunk), 16./17. 1. 1968.

Spezialberater, die ihn betreuen, sowohl ackerbautechnisch (z. B. durch Zusammenstellung entsprechender Fruchtfolgen, wenn er im viehlosen Betrieb seine gesamte Fläche im jährlichen Wechsel mit nur einer Kultur bebaut) als auch durch Bewahrung vor sinnlosen Investitionen für unrentable Tierbestände.

c) Der Nebenerwerbsbetrieb muß in die Betreuung zur Erzeugung von Qualitätsprodukten im Rahmen eines Erzeugerringes selbstverständlich einbezogen werden. Nur wenn er allein bleibt (= Feierabendbauer), stört er wirklich den Markt. Arbeitet er aber innerhalb der Erzeugerringe und erfüllt er die Qualitätsnormen der Vertragslandwirtschaft, deren Notwendigkeit endlich doch auch die Agrarpolitiker einsehen müßten, stört er nicht nur nicht, sondern bringt sogar das so dringend benötigte Kapital. Wer auf den Nebenerwerbslandwirt schießt, soll sich genau überlegen, ob er sich nicht selbst trifft; wenn auch erst morgen!

5.1 Direktabsatz als Chance für den Nebenerwerbsbetrieb

Bei dieser Gelegenheit möchte ich auf die Chance eines möglichen Direktabsatzes über den neuen Arbeitspartner Nebenerwerbslandwirt verweisen. Daß der mittelständische Lebensmittelhandel ebenso am Aussterben ist wie der zoologische Garten am Bauernhof, ist kein Geheimnis mehr. Daß 10 % unserer Haushaltungen heute bereits Tiefgefriertruhen haben, ohne sie wirtschaftlich füllen zu können, scheint sich noch nicht herumgesprochen zu haben. Das erfordert allerdings wieder, daß die Nebenerwerbslandwirte beraten werden und sich organisieren, um die entsprechenden Initiativen entwickeln zu können. Ich könnte mir vorstellen, daß Nebenerwerbslandwirte Arbeitskollegen günstig mit größeren Partien von Waren beliefern, die nur sie herstellen, wie z. B. Hausmacherwurst, ohne Voll- und Zuerwerbslandwirte zu stören und daß sich daraus bei den Arbeitskollegen mehr entwickeln könnte als nur das Gefühl, im Nebenerwerbslandwirt eine günstige Bezugsquelle zu haben. Vielleicht kommt es so zu einer ganz neuen Art von Kameradschaft mit den Arbeitskollegen?

Warum, so frage ich Sie, sollen nur Direktoren Jagdgesellschaften geben oder zum „Lammbraten am Spieß" einladen können? Wäre das nicht Sache der Landwirte im Nebenberuf, ihre Arbeitskollegen aus Stadt und Fabrik herauszuholen und ihnen Landleben zu bieten?

Ich kann das Gerede von mehr Public Relations für die Landwirtschaft nicht mehr hören. Warum sollen sich die übrigen Menschen mehr mit den Sorgen der Bauern beschäftigen, als die Bauern das mit den Sorgen der anderen zu tun willens sind? Die Liebe geht durch den Magen, heißt ein altes Sprichwort. Warum geben wir ihm nicht einen neuen Inhalt, in einer neuen Gesellschaft, in einem größeren Bereich?

Ich möchte nicht in Verdacht geraten, über ein eventuell mögliches winziges Detail in romantische Schwärmerei zu verfallen. Aber jeder von uns weiß, daß das Leben mehr bieten muß als nur Arbeit, und hier wollte ich ein kleines Guckloch von der Landwirtschaft von morgen zur übrigen Gesellschaft gebohrt haben.

5.2 Keine Frauen- und Kindersklaverei im Nebenerwerbsbetrieb

Immer wieder erlebe ich, wenn ich mich bemüht habe, den Unterschied zwischen Nebenerwerbs-, Feierabend- und Hobbylandwirtschaft darzustellen, daß hinterher einer kommt und sagt: das ist alles schön und gut, aber man darf nicht übersehen, daß die Hauptlast der Nebenerwerbslandwirtschaft schließlich doch an der Frau hängenbleibt. Sie sprechen vom Nebenerwerb und meinen den Feierabendbauern.

Es ist nicht nur theoretisch, sondern auch praktisch möglich, daß der Nebenerwerbslandwirt seinen außerlandwirtschaftlichen Hauptberuf ganztägig ausübt und nur vor oder nach der Arbeit telefonisch beim Geschäftsführer eines Maschinenrings sämtliche Arbeiten bestellt, vom Pflügen bis zum Abfahren des Mähdruschgetreides in das Lagerhaus der Genossenschaft oder des Landwarenhandels! Wenn er nur Getreidebau betriebe und dabei rund 1400 Mark Roheinnahmen pro Hektar erzielt, sind davon maximal 500 Mark für überbetriebliche Partnerschaft im Jahr erforderlich. (Der Durchschnitt unserer mittelbäuerlichen, gut mechanisierten Familienbetriebe liegt bei 700 bis 1000 Mark Mechanisierungskosten pro Hektar LN und Jahr). Rechnet er 200 Mark Düngeaufwand, 50 Mark für Saatgutwechsel und 50 Mark Aufwand für Spritzmittel dazu, ergibt sich ein Gesamtaufwand von 800 Mark.

Es blieben ihm also in der extensivsten Form der Nebenerwerbslandwirtschaft, ohne Henne und Kuh, in reiner Getreidefruchtfolge 600 Mark Reingewinn pro Hektar und Jahr auf mittleren Böden.

Hier wird oft gesagt: Wer will denn schon beim Nebenerwerbslandwirt arbeiten, bei den kleinen Flächen, auf denen jeweils dann auch noch verschiedene Kulturen stehen? Es hat sich immer noch nicht herumgesprochen, daß dann, wenn der Nebenerwerbsbetrieb rindviehlos geführt wird, weder Zwang noch Grund für die bisherige Feldeinteilung besteht. Warum soll er nun die Fruchtfolge noch nebeneinander stellen, wenn er sie hintereinander legen kann? Jedes Jahr nur eine Frucht auf der gesamten Ackerfläche gewährleistet die gleiche Fruchtfolge; nur die Flächen zur Bearbeitung werden größer, und die Möglichkeit, Zwischenfruchtbau und Gründüngung zu betreiben, ist endlich wieder gegeben. Und das alles ohne Frauen- und Kinderarbeit.

Wer auch noch Restgebäude verwerten will, kann das tun. Mutterkuhhaltung, Schweinemast, Kalbinnenaufzucht, Rindermast und besonders die Koppelschafhaltung bieten viele Möglichkeiten, Altgebäude arbeitsextensiv zu nutzen. Wer allerdings Zuchtsauen oder Milchvieh halten will, muß wissen, daß das wiederum nur mit Frauen- und Kinderarbeit geht und meist mit Verlust; wobei wir wieder beim Feierabendbauern gelandet sind. Leider läßt sich ein Teil unserer Frauen einfach nicht aus dieser schweren Arbeit herausholen, obwohl das Haus und die Kindererziehung gerade genug Arbeit böten.

Wenn Nebenerwerbslandwirtschaft wirklich in der von mir beschriebenen, arbeitsextensiven Form betrieben wird, ist der Arbeitsplatz auch gesichert. Denn niemand hat einen Grund, bei einer Wirtschaftskrise ausgerechnet diesen Nebenerwerbslandwirt als ersten auszustellen. Wie sollte er auch? Bei Umfragen, die ich habe machen lassen, hat sich nämlich herausgestellt, daß die Personalbüros in Gewerbe und Industrie überhaupt keine Angaben darüber besitzen, wer wieviel Hektar hat. Wo 1966 Ausstellungen vorgekommen sind, so einfach deswegen, weil der „Feierabendbauer", wie schon erwähnt, einfach zu oft gefehlt hat.

Ich habe nichts gegen Gastarbeiter. Ich habe auch nichts gegen die kaufmännische Kalkulation von Industrieunternehmen. Ich habe aber etwas gegen politische Führungskräfte, die „Führen" mit „sich treiben lassen" verwechseln, die von konzertierter Aktion sprechen und übersehen, daß wir allein in Bayern einige zigtausend Arbeitslose haben; weitere zigtausende versteckte Arbeitslose sind in unseren mittel- und kleinbäuerlichen Betrieben zu finden. Wer jetzt wieder zuläßt, daß weitere Fremdarbeiter kommen, ohne den Menschen am Land durch Arbeitsplätze den sozialen Anschluß ermöglicht zu haben, darf sich nicht wundern, wenn die dabei entstehenden sozialen Spannungen von nationalistischen Rattenfängern chauvinistisch mißbraucht werden. Und aus der einen Million werden sehr schnell zwei und drei Millionen Gastarbeiter geworden sein, wenn wir nicht endlich darangehen, das Land zu mobilisieren. Wieviel Fremdarbeiter später kommen werden, ist dann ungefährlich.

Noch haben die ländlichen Abgeordneten in den Parlamenten die Mehrheit. Was hindert sie, eine entsprechende Gesamtkonzeption legal, also durch Gesetz, zu erzwingen?

Die harten Tatsachen lauten nun einfach, daß immer weniger Menschen benötigt werden, um die Nahrungsmittel zu erzeugen, die der Konsument abnehmen kann. Jetzt heißt es, klar zu ermitteln, wo die Arbeitskraftreserven für die zweite und dritte Wirtschaftswunderwelle stecken, um in Generalstabsarbeit, in Verbindung mit einer Bundesraumplanung, die man akzeptieren muß, die neuen Investitionen durch geschickte Tarif-, Energie- und Förderungspolitik dort hinzulenken.

Aber auch andere Aspekte sollten gesehen werden. So heißt es z. B., daß die Wirtschaft hinter den Kulissen mithelfen soll — angeblich, wie ich betonen möchte —, daß die Einführung des 9. Volksschuljahres immer wieder verschoben wird, wegen des dadurch verursachten Lehrlingsausfalles. Allein im Bezirk der Industrie- und Handelskammer Passau haben wir aber mindestens 40 000 (!) Lehrstellen zu wenig. Warum soll man nicht Lehrlinge in den Gebieten mobilisieren, wo die Jugend Lehrstellen sucht, sie aber bisher nicht geboten bekam?

Ich werde den Verdacht nicht mehr los, daß die, von denen die Landwirtschaft bisher Schelte bekommen hat, nicht annähernd die Wendigkeit besitzen, wie ein Teil unserer Bauern sie längst hat. Zumindest scheinen Ideen- und Phantasielosigkeit nicht nur auf die Agrarpolitik beschränkt zu sein.

Zum Schluß sei noch ausdrücklich betont, daß für die Agrarpolitik von morgen jegliche Förderung der Bodenbewegung nicht nur uninteressant, sondern für die Gesellschaftsstruktur sogar schädlich ist. Damit soll nicht gesagt sein, daß Bodenbewegung verboten oder unmöglich gemacht werden soll. Wer verkaufen möchte, wird in Zukunft verkaufen, auch ohne Förderung, und wer verpachten möchte, wird sich auch davon nicht abhalten lassen. In der Partnerschaft der Voll-, Zu- und Nebenerwerbsbetriebe wird das alles aber uninteressant werden, da das alles von selber läuft oder gar nicht. Ackerbau kann ich in der überbetrieblichen Partnerschaft, ohne Gebäude oder Maschinen, rationell betreiben, vom Getreide- bis zum Zuckerrübenbau. Grünlandnutzung bedarf der arbeitsteiligen Tierhaltung mit Voll- und Zuerwerbsbetrieben.

Zusammenfassung

1. Eine Agrarpolitik, die nicht davon ausgeht, daß die Rationalisierung und Produktionssteigerung in der Landwirtschaft immer schneller gehen wird als es möglich ist, den Absatz zu steigern, führt nur dazu, daß die Menschen in der Landwirtschaft sich immer noch weiter vom Vergleichslohn entfernen.

2. Das vorrangige agrarpolitische Problem besteht somit nicht darin, die landwirtschaftlichen Betriebe weiter zu rationalisieren, sondern für die aus der Landwirtschaft abwandernden Menschen Arbeitsplätze am Land zu schaffen.

3. In der überbetrieblichen Partnerschaft eines Maschinenringes können über einen hauptberuflichen Geschäftsführer auf einem möglichst großen Areal beliebig viele Menschen zur Industrieansiedlung in kürzester Zeit freigesetzt werden, ohne daß diese ihren Betrieb aufzugeben brauchen.

4. Die überbetriebliche Partnerschaft in der Landwirtschaft kann aber nur in dem Maße funktionieren, wie freisetzbare Arbeitsstunden in außerlandwirtschaftlicher Tätigkeit produktiver eingesetzt werden können.

5. Der echte „Nebenerwerbslandwirt" wird somit an Zahl und Bedeutung nicht nur für „die Landwirtschaft", sondern in der zukünftigen Wirtschafts- und Gesellschaftsstruktur auch für Gewerbe und Industrie zunehmen. Ich wage sogar zu behaupten, daß sich beide, nämlich Industrie und Landwirtschaft, nur gesund weiter entwickeln werden, wenn der Nebenerwerbslandwirt wirklich „das Bindeglied" geworden ist.

6. Ein permanent arbeitendes Gremium, bestehend aus Vertretern der Ministerien für Landwirtschaft, Wirtschaft, Soziales und Finanzen, hätte jährlich Schwerpunktprogramme zur systematischen Durchdringung des Landes mit der notwendigen Zahl an Arbeitsplätzen zu betreiben. Beide Bauernverbände sollten ihrerseits permanent dort mitarbeiten.

7. Der in Bayern sicher irgendwann entstehende Verband der Landwirte im Nebenerwerb müßte auch Mitglieder aufnehmen, die noch keine festen Arbeitsplätze haben, um sich als Interessenvertretung darum bemühen zu können, da die Bauernverbände in ihrer derzeitigen Zusammensetzung dabei sicher überfordert sind.

8. Nur wenn sich die Agrarpolitik als Teil der Gesellschaftspolitik von morgen versteht und wenn sie nicht mehr danach fragt, wie viele Betriebe letztlich Voll-, Zu- und Nebenerwerbsbetriebe sein werden, kann sie ihren neuen Weg finden.

V. Der Zuerwerbslandwirt als Bindeglied zwischen Voll- und Nebenerwerbsbetrieb

Grundsatzreferat zur Verabschiedung der Teilnehmer am 2. Bundeslehrgang für Maschinenring-Geschäftsführer, 25. 9. 1969, Hildesheim.

Einleitung

Alle Angaben in den Agrarberichten über die Zahl der Voll-, Zu- und Nebenerwerbsbetriebe in der deutschen Landwirtschaft sind bis 1974 mit Vorsicht zu genießen. Die Definition der Betriebskategorien (siehe IV, 1) sagt nämlich nichts über die wahre Situation in den Betrieben aus.

Der Zuerwerbslandwirt bezieht z. B. zwar sein Einkommen vorrangig, also zu über 50 %, aus landwirtschaftlicher Tätigkeit. Wie hoch das Gesamteinkommen aber ist, weiß niemand. Ein Zuerwerbslandwirt verdient somit oft wesentlich weniger als ein Nebenerwerbslandwirt, wenn er entweder nur deshalb Zuerwerbslandwirt ist, weil er keinen außerlandwirtschaftlichen Arbeitsplatz für den Haupterwerb gefunden hat oder finden wollte. Er bezeichnet sich als Zuerwerbslandwirt; sein Betrieb ist aber alles andere als entwicklungsfähig.

Ähnlich sieht es bei den meisten Feierabendbauern aus. Sie werden zwar als Nebenerwerbslandwirte bezeichnet, in Wirklichkeit ist ihr Betriebseinkommen nur so miserabel, daß selbst eine relativ unterbezahlte Hilfsarbeitertätigkeit schon mehr als 50 % des Gesamteinkommens erbringt. Die Einordnung in die jeweilige Betriebskategorie wurde nicht nach exakten Kriterien vorgenommen, sondern nach dem Selbstverständnis des Landwirts. Wenn der Landwirt sein Anwesen als Nebenerwerbsbetrieb bezeichnet, wird dieses auch so katalogisiert. Wenn er sich einbildet Vollerwerbslandwirt zu sein, dann ebenfalls. Doch was verbirgt sich hinter den Zahlen und was ist der Zuerwerbslandwirt wirklich?

1. Der Zuerwerbslandwirt, das Sorgenkind

Die größten Mißverständnisse um den Maschinenring wurden durch den Streit um den haupt- oder nebenberuflichen Geschäftsführer deutlich. Besonders uneinsichtige Funktionäre in Baden-Württemberg versuchen heute noch, diese fundamentale Meinungsverschiedenheit als „Ideologiestreit" abzutun. In Wirklichkeit ist es der Streit zwischen denen, die wissen was der Maschinenring soll und ihn 100 %ig realisieren wollen und anderen, die den Maschinenring nur zu einer von vielen möglichen Spielarten des überbetrieblichen Maschineneinsatzes degradieren wollen, weil sie entweder seine Bedeutung zu gut oder überhaupt nicht begriffen haben.

Die Gegner des hauptberuflichen Geschäftsführers, besser gesagt, die Partei, die der Meinung ist, daß ein hauptberuflicher Geschäftsführer überflüssig sei, sieht den Maschinenring als Selbsthilfeorganisation von Vollerwerbsbetrieben, die alle Vollerwerbsbetriebe bleiben wollen und sollen.

Meine Initiative zur Entwicklung eines Organisationsinstrumentes für alle Betriebskategorien basiert aber auf der Erkenntnis, daß die Zahl der Vollerwerbsbetriebe immer kleiner werden wird; nicht weil ich es so will, sondern weil es so ist. Das kann mit Zahlen leicht bewiesen werden.

Jedes Jahr werden andere Landwirte erkennen, daß das landwirtschaftliche Haupteinkommen nicht mehr reicht und sie außerlandwirtschaftliche Arbeitsplätze brauchen. Würde ein Kleinmaschinenring ohne Geschäftsführer bestehen, würden jedes Jahr Arbeitsdispositionen über den Haufen geworfen und bestehende Mechanisierungsketten gefährdet, obwohl sie festgefügt schienen. Es gibt sogar Wissenschaftler, die der Meinung waren, die Devise des Maschinenrings „Jeder kann — keiner muß" könne nicht aufrechterhalten werden; denn wenn sich Arbeitsketten mit Gliedern aus verschiedenen Betrieben gebildet hätten, müßten eben die Betriebsinhaber zur Arbeitsleistung verpflichtet werden.

Diese Einstellung stimmt für den Kleinring und ein Kleinring taugt nichts; denn jedes Jahr werden nicht nur Besitzer von Vollerwerbsbetrieben zu der Erkenntnis kommen, daß sie Zuerwerb brauchen, sondern vorhandene Zuerwerbslandwirte aus den verschiedensten Gründen mit dem bisher oft nur gelegentlich gegebenen Zuerwerb nicht mehr zufrieden sein und wirklich auf einen außerlandwirtschaftlichen Haupterwerb umsteigen, sobald er sich nur bietet. Und die Arbeitskette in einem Kleinring bricht!

Im Agrarbericht 1969 wird der Anteil der Vollerwerbsbetriebe mit 35 %, der der Zuerwerbsbetriebe mit 22 % und der der Nebenerwerbsbetriebe mit 43 % angegeben. Dabei entsteht der Eindruck, als ob sich das Verhältnis der drei Betriebskategorien zueinander seit 1965 nicht verändert hätte. In Wirklichkeit hat sich die Gesamtzahl der Betriebe in diesen drei Jahren um 74 800 verringert:

	1965	1968	Anteil %
Vollerwerbsbetriebe	511 800	487 000	35 %
Zuerwerbsbetriebe	322 900	295 600	22 %
Nebenerwerbsbetriebe	616 900	594 200	43 %
	1 451 600	1 376 800	

Unterstellt man — was der Wahrheit sehr nahe kommt —, daß die Zuerwerbslandwirte ihre Betriebe für Vollerwerbsbetriebe halten, so sind in diesen letzten drei Jahren 52 100 Voll- und Zuerwerbsbetriebe aus der Statistik verschwunden.

Demgegenüber haben die Nebenerwerbsbetriebe nur um 22 700 abgenommen. Das heißt, daß wesentlich mehr Vollerwerbsbetriebe zu Zuerwerbsbetrieben und von diesen wieder wesentlich mehr Nebenerwerbsbetriebe geworden sind als Nebenerwerbsbetriebe aufgegeben haben.

Nimmt man die Betriebe, wie im Agrarbericht 1974 geschehen, bis ein Hektar aus der Agrarstatistik weg — die bisherige Statistik führte alle Betriebe ab 0,5 Hektar auf —, so wären 1965 statt 1 451 600 nur 1 252 400 Betriebe in allen drei Kategorien zu verzeichnen gewesen. Die veränderte Statistik 1965 und 1973 sieht dann so aus:

	1965	%	1973	%
Vollerwerbsbetriebe	511 800	= 41 %	415 300	= 43 %
Zuerwerbsbetriebe	322 900	= 26 %	171 500	= 18 %
Nebenerwerbsbetriebe	417 700	= 33 %	381 000	= 39 %
	1 252 400		967 800	

Die Abnahme in den einzelnen Betriebskategorien betrug somit:

Vollerwerbsbetriebe	96 500
Zuerwerbsbetriebe	151 400
Nebenerwerbsbetriebe	36 700

Durch die Herausnahme der „Betriebe" unter 1 ha hatte man zwar gegenüber der Statistik 1968 die Nebenerwerbsbetriebe von 43 % auf 33 % Anteil gedrückt, dafür aber umso deutlicher gemacht, wie schnell sich dieser Anteil, auch ohne Zwergbetriebe bis 1 ha, wieder zugunsten der Nebenerwerbsbetriebe verschiebt. Ergebnis: Je mehr der Anteil der Nebenerwerbslandwirte steigt, umso wichtiger wird die Funktion und die Chance für den Zuerwerbslandwirt im Maschinenring. Er ist die echte veränderbare Gruppe in der Statistik und im agrarischen Geschehen. Darum ist der Zuerwerbslandwirt und die Mobilisierung seiner Funktion zwischen Voll- und Nebenerwerbsbetrieben besonders wichtig.

2. Die Chance des Zuerwerbslandwirtes heißt: Spezialisieren statt Investieren

Wenn in beredten Worten immer wieder das Los der armen Bauern beklagt wird, kann es sich also nur um das Schicksal von Familien aus dem Bereich der Zuerwerbslandwirtschaft handeln. Bei dieser Art Landwirtschaft handelt es sich um Übergangsbetriebe, die mit dem Haupterwerb aus der Landwirtschaft längst nicht mehr auskommen, deren Betriebsinhaber aber — wie schon erwähnt — aus den verschiedensten Gründen keinen neuen Weg zu finden vermochten oder wollten. Genau genommen vermag dieser Betriebskategorie außer der Partnerschaft der Voll-, Zu- und Nebenerwerbsbetriebe im Großmaschinenring derzeit niemand zu helfen! Kein agrarwirtschaftliches oder agrarpolitisches Konzept liegt vor. Manchmal habe ich das Gefühl, daß die Ratlosigkeit dieser Betriebskategorie agrarpolitisch eine ähnliche Funktion zu erfüllen hat wie die „gepflegten" Flüchtlingslager im Vorderen Orient.

Was sind die Hauptkriterien des Zuerwerbsbetriebes? Aus Kapitalmangel ist er nur teilmechanisiert und braucht deshalb auch noch mehr Menschen als bei rationellem Einsatz der Technik in einem bäuerlichen Betrieb heute notwendig wären. Da Kapitalmangel in der Regel auch Bargeldmangel bedeutet, kann er sich Lohnarbeitskräfte nicht leisten; also werden besonders die Frauen der Zuerwerbslandwirte übermäßig belastet und die Kinder — mehr als ihrer Entwicklung gut tut — mit in die Arbeiten des täglichen Betriebsablaufes einbezogen. Der Menschenüberbesatz ist also nur ein scheinbarer, weil Menschen zur Arbeit herangezogen werden, die dafür keine Entlohnung bekommen.

Die mangelhafte Mechanisierung verhinderte wiederum jedwede Spezialisierung; denn wenn teure Technik nicht einsetzbar ist, kann auch der Sinn eines spezialisierten Tierbestandes nicht begriffen werden. Die Arbeitsüberlastung im deutschen Übergangsbetrieb, der fälschlicherweise Zuerwerbsbetrieb genannt wird, ist also nichts anderes als die Folge einer antiquierten, also veralterten, Betriebsverfassung.

Was aber noch viel schlimmer ist kann man besonders in süddeutschen Betrieben beobachten: Angst vor der Freizeit! Auch ohne Vollmechanisierung würde aufgrund der handwerklichen Geschicklichkeit vieler Landwirte eine Spezialisierung z. B. auf Schweinemast oder Zuchtsauenhaltung ohne großen Kapitalaufwand in vorhandenen Altgebäuden möglich sein. Einige hundert Betriebsleiter haben das überzeugend bewiesen. Wenn diese Art der Betriebsführung trotzdem keine Nachahmung findet, dann deshalb, weil die überwiegende Zahl der Menschen in dieser Betriebskategorie ohne schwere Arbeit nicht leben kann. Man kann sich das Leben ohne Mühe und Plage von früh bis spät schlechterdings nicht vorstellen und diejenigen, die sich so ein Leben zu führen getrauen, werden der Faulheit, der Liederlichkeit oder zumindest unbäuerlicher Handlungsweise bezichtigt; und derartige Dinge sind ja vor der 3. Bauernbefreiung immer noch ein Verbrechen!

In aller Regel kann man behaupten: Die im Zuerwerbsbetrieb arbeitsüberlastete Familie des Betriebsleiters könnte bei kapitalextensiver Spezialisierung auf eine Tierart das gleiche Einkommen mit einem Bruchteil des bisherigen Arbeitsaufwandes erzielen, wenn außer als nur bei den Kindern das Bedürfnis nach echter Arbeitszeitreduzierung überhaupt bestünde. Diese Spezialisierung auf eine Tierhaltung brächte zwar das gleiche Einkommen als bisher, würde aber noch nicht einmal den Betriebsleiter als Ein-Mann-Betrieb voll auslasten und genau das wären die so entstehenden freien Arbeitskapazitäten für die Partnerschaft, die den Zuerwerbslandwirt zum Bindeglied zwischen Voll- und Nebenerwerbsbetrieb machen können und in vielen Maschinenringen bereits machen.

Für den Zuerwerbsbetrieb gilt es also, haargenau die gleiche Konsequenz zu ziehen wie für den Vollerwerbsbetrieb: Kapitalextensive totale Spezialisierung. Der Unterschied besteht nur darin, daß der Vollerwerbsbetrieb über den so erzielten technisierbaren Tierbestand eine ungeheuer intensive Produktivität erreicht, wogegen der Zuerwerbslandwirt so möglichst viel Arbeitsstunden zur Verwertung im überbetrieblichen Einsatz freisetzen soll.

Und hier taucht ein weiteres Hindernis für die Verbesserung der Lebensbedingungen im Bereich der Übergangsbetriebe auf: der mißbrauchte Begriff von der Freiheit, die man nicht aufgeben möchte. Wer seinen Betrieb spezialisiert, unterstellt sich natürlich dem Diktat eines straffen Betriebsablaufes. Und wer als Zuerwerbslandwirt die dadurch freiwerdende Arbeitszeit betriebswirtschaftlich als kalkulierbare Einnahme „Zuerwerb" auf die Einnahmenseite buchen will, muß dann auch willens sein, diese Arbeit zu leisten. Und wenn er dann dazu nicht fähig ist?

„Wollen hätten wir schon mögen, aber trauen haben wir uns nicht gedurft" sagte Karl Valentin als Humorist. Nach dieser Devise entschuldigen sich nicht nur viele Zuerwerbslandwirte, sondern auch viele Agrarpolitiker vor sich selber, wenn sie statt sinnvoller Empfehlungen und Orientierungshilfen Übergangsbeihilfen und Subventionen geben.

3. Zuerwerb im Maschinenring

Hat sich der Besitzer eines Vollerwerbsbetriebes einmal entschieden, sich steigendes Einkommen nicht über risikoreiche Investitionen zur inneren Aufstockung, sondern durch Zuerwerb in der Partnerschaft zu holen, darf besonders der Manager keine Fehler machen. Die momentan im Zuerwerbsbetrieb vorhandenen Maschinen wurden ja für den Einzelbetrieb gekauft und besitzen nur begrenzt die Schlagkraft für den überbetrieblichen Einsatz. Es wäre nun verkehrt, wenn der Manager seinem Zuerwerbslandwirt gleich empfehlen würde, sich eine entsprechende Großmaschine zu kaufen; denn das wäre ja wieder eine risikoreiche Investitionsempfehlung. Erst muß der Betriebsleiter wissen, ob er mit seiner Maschine überhaupt umgehen kann, ja ob er sich überhaupt für überbetriebliche technische Einsätze eignet.

Der Vollerwerbslandwirt ist ohnehin gezwungen, immer größere Maschinen nachzukaufen. Diese eignen sich zwar immer besser für den überbetrieblichen Einsatz, nur der Betriebsleiter, der in der Regel in einer intensiven Tierhaltung engagiert ist, findet oft nicht die Zeit, diese Maschine — wie es Prinzip im Maschinenring ist — selbst in Einsatz zu fahren. Hier ist es Aufgabe des Managers, die freie Arbeitskapazität eines — bzw. vieler! — Zuerwerbslandwirte mit der technischen Überkapazität der Vollerwerbslandwirte zusammenzubringen.

Es kann nicht Aufgabe des Geschäftsführers sein, einen Zuerwerbslandwirt auf die Maschine eines anderen zu setzen; damit würde er seine Kompetenzen überschreiten. Wohl aber ist es seine Aufgabe, die Inhaber von Vollerwerbsbetrieben darauf aufmerksam zu machen, daß und wo freie Arbeitskapazitäten bei Zuerwerbslandwirten zur Verfügung stünden. Wenn der Vollerwerbslandwirt solche Einsatzmöglichkeiten nicht nützt, obwohl seine Maschine frei ist, weil er kein Vertrauen zu einem fremden Bedienungsmann hat, ist das seine Sache. Meist geht es aber nur darum, das Vertrauen in das technische Können zum Partner Zuerwerbslandwirt herzustellen. Und das sollte der Manager jeweils „versuchsweise" managen. Im übrigen gibt es landtechnische Kurse an den Deula-Schulen des KTBL und hier läge es wieder beim Manager, Zuerwerbslandwirte auf diese Schulungskurse aufmerksam zu machen. Doch der Zuerwerb in einem Übergangsbetrieb soll für die Eltern, nicht aber für die Kinder sein.

3.1 Die Söhne eines Zuerwerbslandwirtes tun gut daran, einen außerlandwirtschaftlichen Beruf zu lernen. Es ist keine Lösung für die Probleme eines Zuerwerbslandwirtes, seinen angeblichen Hofnachfolger nun mit den Maschinen von Vollerwerbslandwirten zum Einsatz zu schicken; denn damit versäumt er nur seine Berufsausbildung. Es ist auch keine Lösung für den Zuerwerbslandwirt, sich nun eine große Maschine zu kaufen und diese vom Sohn überbetrieblich fahren zu lassen. Wenn ein Betrieb jetzt bereits auf Zuerwerb angewiesen ist, handelt es sich um einen nichtentwicklungsfähigen Betrieb. Er sollte also bei der Betriebsübergabe zum extensiven Nebenerwerbsbetrieb gemacht werden. Hat der Sohn so viel Zeit frei, daß er mit einer extra dafür gekauften Maschine besonders viele Einsätze fahren kann, wäre er ja bereits auf dem Weg zu einem Lohnunternehmer. Also muß man ihm sagen, daß jetzt eine Berufsentscheidung für ihn fällig wird: entweder landwirtschaftlicher Lohnunternehmer zu werden, der sich vielleicht aus dem derzeitigen Zuerwerbsbetrieb seines Vaters heraus entwickeln kann oder einen außerlandwirtschaftlichen Beruf zu lernen, und sich seinen Betrieb dann später von anderen Zuerwerbslandwirten mit den Maschinen von Vollerwerbsbetrieben — oder deren eigenen — bewirtschaften zu lassen.

3.2 Die gleiche Empfehlung muß man auch Bauerntöchtern geben. Mag sein, daß sie sich im überbetrieblichen Teilzeiteinsatz als Dorfhelferin besonders bewähren und an dieser Arbeit auch Spaß haben. Doch man muß den Mädchen sagen, daß sie diesen Beruf dann richtig erlernen sollen! Wenn sie nur als unausgelastete Arbeitskraft im elterlichen Betrieb immer wieder für Teilzeiteinsätze zur Verfügung stehen, gilt für sie das gleiche wie für ihre Brüder: sie verpassen ihre eigentliche Berufsausbildung und machen später denen Vorwürfe, die sie fehlgeleitet haben.

Beim sinnvollen Zuerwerb darf es also nicht um weitere Investitionen in der Eigenmechanisierung gehen, sondern um die Nutzung unausgelasteter Maschinenkapazitäten bei Berufskollegen. In der Eigenmechanisierung soll der Zuerwerbslandwirt nicht weiter gehen als zum Erwerb der Schwerpunktmaschine, die er ohnehin im eigenen Betrieb bräuchte; nur die dann überdimensioniert.

4. Schritt für Schritt zum Zuerwerb

In dem Maße nun, in dem sich ein Besitzer eines Übergangsbetriebes in der Partnerschaft bewährt — d. h. wenn bei Auftragserteilungen immer mehr der Wunsch nach dieser bestimmten Person geäußert wird — in dem Maße muß dann auch die Betriebsberatung einem solchen Zuerwerbslandwirt bei der Betriebsvereinfachung zur Seite stehen.

Es ist sinnlos, dem Besitzer eines Übergangsbetriebes die Betriebsvereinfachung zu empfehlen in der Hoffnung, in der überbetrieblichen Partnerschaft eine bessere Auslastung seiner freiwerdenden Arbeitsstunden zu finden; denn oft stellt sich dann heraus, daß sich dieser Landwirt für überbetriebliche Einsätze nicht eignet. Wer sich für Partnerschaftszuerwerb nicht eignet, muß gleich den nächsten Schritt zur Betriebsvereinfachung auf extensiven Nebenerwerb und zur Umschulung auf außerlandwirtschaftlichen Haupterwerb tun.

Zeigt sich aber durch steigende Nachfrage nach einem Landwirt dessen spezielle Eignung für diese Art des Zuerwerbes, muß die Landwirtschaftsberatung so schnell wie möglich auf arbeitsextensive und kapitalsparende Betriebsumstellung drängen, damit wirklich auch die Zeit für überbetriebliche Einsätze, die Einkommen bringen soll, freigemacht werden kann.

Schlußbemerkung

Im Hochpreisland Bundesrepublik Deutschland hat nur ein gewisser Teil der heute noch gesunden Vollerwerbsbetriebe eine Chance, durch systematische Betriebsentwicklung den Anschluß an die Einkommensgestaltung außerhalb der Landwirtschaft zu halten. Die Inhaber von Übergangsbetrieben haben nur zwei Alternativen:

> wenn sie jung genug sind umzuschulen und den Betrieb auf Nebenerwerb umzustellen;
> wenn sie schon älter sind, den Betrieb so zu vereinfachen, daß die in ihm geleisteten Stunden wirklich produktiv sind und möglichst viele frei werden für den Zuerwerb.

Ohne Partnerschaft von Voll-, Zu- und Nebenerwerbsbetrieben ist dieser Zuerwerb nur gelegentlich im außerlandwirtschaftlichen Bereich zu holen, was nur selten zu einer kalkulierbaren Einkommenskombination führt. Wo aber ein gemanagter Maschinenring steht, bietet er gerade älteren Zuerwerbslandwirten die einmalige Chance, ihre Betriebe zu halten und in der überbetrieblichen Partnerschaft steigendes Einkommen erwirtschaften zu können.

Ein Manager sollte also sein besonderes Augenmerk auf die Mobilisierung fehlgeleiteter Arbeitsstunden im leider immer noch vielfältig organisierten Übergangsbetrieb lenken.

Die betriebswirtschaftliche Umorganisation des Übergangsbetriebes ist aber nicht seine Sache, sondern die des Landwirtschaftsberaters. Einkommenskombination also auch — und besonders (!) — für den Zuerwerbsbetrieb in der Partnerschaft.

VI. Der Betriebshelfer im Maschinenring

Grundsatzreferat zur Verabschiedung der Teilnehmer am 12. Grundlehrgang für Maschinenring-Geschäftsführer, 16. 11. 1972, Niederaltaich (Niederbayern).

1. Der Betriebshelfer

Die Funktion des Betriebshelfers und Organisationen für seinen Einsatz sind in der Bundesrepublik erst seit 1964 bekannt.

a) Er ist als Betriebs-Aushilfskraft überall dort für Vollerwerbsbetriebe verstanden worden, wo man die Partnerschaft von Voll-, Zu- und Nebenerwerbsbetrieben im Maschinenring entweder nicht kannte oder noch nicht praktizierte.

b) Er wird nach mehr caritativen Gesichtspunkten in Notfällen überall dort eingesetzt, wo der Betrieb nicht in der Lage ist, Aushilfskräfte bei Krankheits- oder Unglücksfällen aus eigener Kraft zu bezahlen. Die Kuratorien, die sich in verschiedenen Ländern bildeten, wurden daher meist von den Kirchen initiiert.

c) Da auch der Staat nicht umhin konnte, für den mehr caritativen Einsatz von Betriebshelfern Zuschüsse zu bezahlen, kamen auch die als reine betriebswirtschaftliche Aushilfsdienste für Vollerwerbsbetriebe gegründeten Betriebshilfsdienste schließlich in den Genuß staatlicher Zuschüsse.

2. Der Maschinenring

Diese organisierte Nachbarschaftshilfe als Basis einer Partnerschaft von Voll-, Zu- und Nebenerwerbsbetrieben wurde schon 1958, also sechs Jahre vor den ersten Betriebshilferingen gegründet. Da der Maschinenring von vielen nur als Instrument zur überbetrieblichen Mechanisierung von Vollerwerbsbetrieben verstanden wurde, erachtete man einen hauptberuflichen Geschäftsführer für überflüssig. In Wirklichkeit war der Maschinenring von Anfang an als Maschinen- und Betriebshilfering zu verstehen. Doch diese Funktion kann er nur erfüllen, wenn ein hauptberuflich tätiger Geschäftsführer (Agrarmanager) vorhanden ist. Diese Behauptung ist leicht durch ein Zitat aus meiner ersten Publikation für den Maschinenring zu beweisen*):

a) „Durch die ‚Maschinenbank' wird das Landarbeiterproblem gemildert, vielleicht sogar gelöst; der Kleinlandwirt erhält steigendes Arbeitseinkommen mit steigender Beschäftigung."
Damit war gemeint, daß durch Teilzeit-Einsatz von Arbeitskräften die gefährlichen Arbeitsspitzen im zukünftigen Ein-Mann-Betrieb zum gegenseitigen Vorteil von Voll- und Zuerwerbsbetrieben gebrochen werden können.

b) „Die ‚Maschinenbank' macht die für eine Industrieansiedlung notwendigen Arbeitskräfte in ihrem Raume frei."
Das ist aber nur möglich, wenn Zuerwerbslandwirte im Teilzeit-Einsatz bereit sind, Maschinen von Vollerwerbsbetrieben auch auf den Flächen zukünftiger Nebenerwerbsbetriebe (das sind keine Feierabendbauern!) zu fahren. Wird diese Arbeitspartnerschaft nicht mobilisiert, werden nicht die extensiv geführten Nebenerwerbsbetriebe (im

---

*) „Mobilmachung der Landwirtschaft — die Maschinenbank", BLV-Verlag, November 1959, Seite 84.

MR), sondern intensiv produzierende, weil zur Amortisation von Eigenmechanisierung gezwungene Feierabendbetriebe zunehmen.
c) Diese „Freistellung von Arbeitskräften" zur Umschulung bzw. zum Brechen von Arbeitsspitzen war von Anfang an der Ansatz für den Betriebshilfsdienst und für die Lösung der deutschen Agrarstrukturprobleme ohne Betriebsaufstockung und ohne Kooperation im Sinne von Betriebsvoll- oder -teilfusionen (s. IX: „Maschinenring, Kooperation, Kolchos?"). Ohne Agrarmanager aber bleibt der Maschinenring eine nachbarschaftliche Maschinenvermittlung ohne sozialen und arbeitswirtschaftlichen Effekt. Wer auf einen hauptberuflich geführten Maschinenring verzichtet, muß eine eigene Organisation zur Vermittlung der viel aufwendigeren hauptberuflich tätigen Betriebshelfer oder eine Kooperation (MLU = Mod. landw. Unternehmen, laut Mansholts Vorschlag) gründen.

3. Der Betriebshelfer im Maschinenring

als eigenständiger Beruf paßt somit nicht in das Partnerschaftskonzept. Wenn es heute dennoch hauptberufliche Betriebshelfer in Maschinenringen gibt, so hat das drei Gründe:
a) Der Maschinenring wurde erst im Rahmen eines Betriebshilfsdienstes gegründet (Westfalen-Lippe), weil der Staat zwar Zuschüsse für den Betriebshilfsdienst, nicht aber zur Organisation der überbetrieblichen Partnerschaft „Maschinenring" gab. Also bediente man sich der Förderungsmittel, um den Geschäftsführer eines Maschinenringes als „Super"-Betriebshelfer anstellen zu können.

b) Der Maschinenring mußte jahrelang ohne hauptberuflichen Geschäftsführer arbeiten, so daß die Teilzeit-Betriebsaushilfe ohne Maschinen zwischen den Mitgliedsbetrieben nicht organisiert werden konnte.
c) Es gibt immer noch Maschinenringe, deren Mitglieder sich alle als Vollerwerbslandwirte fühlen. Da sie sich noch wenig spezialisiert haben, erschwert eine scheinbare Überbeschäftigung auch der Arbeitskräfte in den Übergangsbetrieben die Betriebsaushilfe. Hier liegt die Schuld meist bei der Landwirtschaftsberatung bzw. beim agrarpolitischen Investitions-Förderungssystem und seinen Durchführungsbestimmungen.

4. Neue Situation durch Gesetz

Durch die 1972 eingeführte Krankenversicherungspflicht für Landwirte hat der Gesetzgeber neue Auflagen erteilt:

a) Die Alters- und Krankenkassen sind durch Gesetz verpflichtet, für Arbeitnehmer und Unternehmer in „Sozialpflichtfällen", u. a. bei stationärer Krankenbehandlung, eine Ersatzkraft zu stellen. Bisher war das nicht zwingend vorgeschrieben bzw. Betriebsinhaber oder deren Ehefrauen konnten auch ein Ersatzgeld in Anspruch nehmen, so daß man meist auf einen Betriebshelfer zu Gunsten des Ersatzgeldes verzichtete.
b) Alters- und Krankenkassen, in deren Gebieten keine hauptberuflich geführten — also funktionierende — Maschinenringe vorhanden sind, glauben nun, eigene, hauptberufliche Betriebshelfer anstellen zu müssen. Sie sehen nur den Auftrag des Gesetzgebers bei Sozialpflichtfällen, aber

nicht die Situation der Betriebe im sozialkritischen Bereich, sowohl in finanzieller als auch in personeller Hinsicht. Es bleiben Deckungslücken personeller und finanzieller Art. (Siehe: XI/3 und XII/8 und 9.)

c) Bauernverbände, die sich bisher weder um den Maschinenring noch um den Betriebsaushilfsdienst kümmerten, sehen nun eine „Zuerwerbsmöglichkeit" durch Einstellung und Vermittlung hauptberuflich tätiger Betriebshelfer und Dorfhelferinnen, die ja Alters- und Krankenkassen zu zahlen haben. Woher sollten sie, aufgrund ihres bisherigen Verhaltens auch wissen, daß hauptberuflich tätige Agrarmanager im Maschinenring durch Vermittlung von Teilzeitbetriebs- und -dorfhelferinnen den Gesetzesauftrag viel besser und wirtschaftlicher erfüllen können? Daß das sowohl im Interesse der Alters- und Krankenkassen als auch der zukünftigen Zuerwerbsbetriebe läge, da die Kassen sonst höhere Kosten und die Besitzer von Übergangsbetrieben keine Zuerwerbs-Chance bekommen, scheint sie nicht zu stören.

d) Mit der Begründung, die Maschinenringe wären nicht flächendeckend, geht man daran, durch einen mehrfachen Einsatz an Mitteln (Steuer- und Betriebsbeiträge) flächendeckende Betriebshilfsdienste aufzubauen statt sich um die Gründung flächendeckender Maschinenringe zu kümmern.

e) Wo Maschinen- und Betriebshilfsdienste — wie in Nordrhein-Westfalen — aber existieren, wendet man ein, daß diese ja den Betriebshelfer nur den Mitgliedsbetrieben zur Verfügung stellen, der Gesetzesauftrag aber für alle landwirtschaftlichen Betriebe erfüllt werden müsse. Als ob es nicht einfacher wäre, die Dienstleistung Maschinenring allen zur Verfügung zu stellen, statt neben dem MR eine neue teuere eigene Organisation aufzubauen.

5. Der Teilzeit-Betriebshelfer im Maschinenring

a) Der Maschinenring ist eine bäuerliche Selbsthilfe-Einrichtung, um den Mitgliedern wirtschaftliche Vorteile zu verschaffen. Er vermittelt auch in Zukunft, wie seit 1958 (!), Maschinen, um Betriebe vor Fehlinvestitionen zu bewahren und Teilzeitkräfte, wo der Einsatz hauptberuflicher Lohnarbeitskräfte als unökonomisch und der von Frauen und Kindern als unerwünscht erkannt worden ist. Das gilt nicht nur für die Überführung des Gesindebetriebes in den Familienbetrieb, sondern auch als Hilfe zur Betriebsextensivierung bei Aufnahme eines außerlandwirtschaftlichen Haupterwerbes.
Deshalb kann der Manager im MR auch Teilarbeitskräfte vermitteln, wo ein hauptberuflicher Betriebshelfer oder eine hauptberufliche Dorfhelferin nicht vorhanden sind oder im Einsatz zu teuer wären. Teurer ist hauptberufliche Sozialhilfe immer, auch wenn sie die Alters- und Krankenkassen bezahlen. Da auch sie ihren Aufwand über Beitragssätze oder Staatssubventionen wieder hereinholen müssen, zahlt letztlich immer der Einzelbetrieb die gesamte Zeche.

b) Der Geschäftsführer eines Maschinenringes ist kein Sozialhelfer, sondern ein vom Erfolg seiner Vermittlertätigkeit lebender Agrarmanager. Sein Einkommen steigt mit sinkenden Betriebskosten des Mitgliedsbetriebes. Das Dienstleistungsangebot „Partnerschaft im Maschinenring" besteht aber auch gegenüber den Alters- und Krankenkassen. Doch auch für sie gilt die Devise „Jeder kann — keiner muß". Was noch viele Betriebe ohne Partnerschaft tun — in der einzelbetrieblichen Mechanisierung Geld zu vergeuden — sollte der Staat nicht auch noch sogenannten Selbsthilfe-Organisationen ermöglichen: Vergeudung von Beiträgen und Steuermitteln.

c) Wo hauptberufliche Betriebshelfer und Dorfhelferinnen nicht oder zu wenig vorhanden sind, werden die Alters- und Krankenkassen — ob sie wollen oder nicht — sich des Agrarmanagers im Maschinenring zur Vermittlung von Teilzeitkräften bedienen müssen, wenn sie ihren gesetzlichen Auftrag erfüllen wollen. So, wie viele Einzelbetriebe erst durch Not zum Maschinenring fanden, werden auch manche Alters- und Krankenkassen ohne den Maschinenring in Not geraten. (Außer der Staat honoriert ihre Unvernunft, wie er das leider im einzelbetrieblichen Förderungsprogramm bei 80 % der Maschineninvestitionen auch noch tut.)

6. Warum nur Teilzeitbetriebshelfer?

In der überwiegenden Zahl unserer Betriebe ist nur noch der Betriebsinhaber als Vollarbeitskraft vorhanden. Fällt er durch Unfall, stationäre Krankenbehandlung oder Rehabilitationskur aus, oder möchte er Urlaub machen, benötigt der Betrieb eine Ersatzkraft.

a) Kommt ein Betriebshelfer in einen isolierten Vollerwerbsbetrieb, ersetzt er dort die einzige Arbeitskraft im Ein-Mann-Betrieb. Da eine Vollmechanisierung bei der Mehrzahl unserer Betriebe weder in der Außen- noch in der Innenmechanisierung möglich ist, muß auch der Betriebshelfer einen Teil seiner Arbeitszeit mit unwirtschaftlicher Handarbeit vergeuden. Die Uneinsichtigkeit des sich keiner Partnerschaft bedienenden Betriebsinhabers zwingt somit auch den vermittelten Betriebshelfer, sinnlose Arbeiten zu verrichten.

b) Kommt der Betriebshelfer in den Mitgliedsbetrieb eines Maschinenringes, so ist dieser Betrieb nur teilmechanisiert. Die Aufgabe des Betriebshelfers besteht also nicht in erster Linie darin, in der Handarbeitsstufe Arbeiten zu verrichten, sondern Aufträge über den Agrarmanager zu erteilen oder entgegenzunehmen. Dazu braucht man im Maschinenring keinen Betriebshelfer; denn auch vom Krankenzimmer aus kann ein Maschinenringmitglied telefonisch seine Aufträge erteilen. Statt einen meist überflüssigen Betriebshelfer ganztägig in so einem Betrieb zu bezahlen, ist es viel vernünftiger, die wirklich anfallenden Arbeitsstunden überbetrieblicher Teilzeit-Einsätze den Alters- und Krankenkassen zu berechnen (siehe XII. 9).

c) In arbeitsarmen Zeiten, besonders im Winter, wäre es für die meist nur stundenweise anfallende Stallarbeit unsinnig, hauptberufliche Betriebshelfer zu vermitteln. Die Betriebsinhaber werden aber darauf bestehen müssen, wenn ihnen die Möglichkeit der Teilzeitbetriebsaushilfe nicht geboten wird.

d) Wo sich Alters- und Krankenkassen des Maschinenrings in der Vermittlung von Teilzeitbetriebshelfern auch für Nichtmaschinenring-Betriebe — durch zusätzliche Gebühren — bedienen, vermitteln sie mit jedem Teilzeit-Aushilfeeinsatz ökonomische Verhaltensweise. Viele Betriebsinhaber haben sich bisher mangels unternehmerischer Fähigkeit gegen jedwede Partnerschaft abgeschlossen. Diese Chance sollten besonders die offiziellen Vertreter der Landwirtschaft erkennen und nutzen.

e) Wenn neben den Maschinenringen eigene Kuratorien für Betriebshelfer- und Dorfhelferinneneinsatz aus caritativen Initiativen entstanden sind, sollten sich die Alters- und Krankenkassen der dort vorhandenen hauptberuflichen Kräfte bedienen. Es ist aber ein unerträglicher Zustand, daß der Einsatz dieser Kräfte staatlich subventioniert wird, wenn die gleichen Sätze nicht auch dem Teilzeit-Einsatz zugestanden werden. Besser wäre es, beide nicht zu subventionieren!

In Kombination mit den Teilzeitkräften der Maschinenringe eingesetzt, reichen die vorhandenen hauptberuflich tätigen Betriebshelfer und Dorfhelferinnen der caritativen Kuratorien dann aus, wenn bei jedem Einsatz überlegt wird, ob eine hauptberufliche Aushilfskraft überhaupt erforderlich ist. Da es sich in der überwiegenden Zahl der Fälle nicht um sozialpflichtige Einsätze handelt, wird die Vermittlung von Teilzeitkräften über die Partnerschaft der Voll-, Zu- und Nebenerwerbsbetriebe im MR für alle Beteiligten günstiger sein. (Einschaltung 1974: Der Geschäftsbereich des Kuratoriums Bayerischer Maschinenringe für das Jahr 1973 weist aus, daß von den vermittelten 785 000 (!) Teilzeit-Einsatzstunden nur rund 40 % sozialpflichtig waren. Wie kann man angesichts solcher Zahlen überhaupt noch darüber diskutieren, was wichtiger ist: hauptberuflich geführte Maschinenringe oder die Organisation des Einsatzes hauptberuflicher Betriebshelfer und Dorfhelferinnen?)

7. Schlußbetrachtung

1. Die Partnerschaft im gemanagten Maschinenring setzt sich deshalb durch, weil sie — ohne Alternative! — in der Lage ist, allen Betrieben bei der Senkung der Betriebskosten durch die Vermittlung von Maschinen und Arbeitskräften im Teilzeiteinsatz zu helfen. Heute weiß jeder, der rechnen kann, daß, wenn gut organisierte Maschinenringe rechtzeitig im ganzen Bundesgebiet gegründet worden wären, mit der Hälfte des Aufwandes die deutsche Landwirtschaft einen besseren Mechanisierungsgrad erreicht hätte, als er derzeit anzutreffen ist.

2. Da zu erwarten war, daß sich ein beträchtlicher Prozentsatz der Betriebsleiter der Maschinenring-Idee ohne zwingende Not nicht bedienen würde, war auch abzusehen, wohin die Masse der Betriebe der Mechanisierungsrausch führt:
In eine existenzgefährdende Übermechanisierung. Diese kann heute nur noch durch gemanagte Partnerschaft abgebaut werden.

3. Von 1949 bis 1971 sind fast 800 000 Betriebe aus der Agrarstatistik verschwunden. Doch weitere 500 000 Feierabendbauern betreiben ihre Landwirtschaft — ohne Maschinenring — isoliert neben den Vollerwerbsbetrieben und nehmen diesen nicht nur Markt- sondern auch Verdienstchancen.

4. Von den derzeit rund 600 000 Voll- und Zuerwerbsbetrieben sind heute noch nicht einmal 20 % in der Lage, ein dem außerlandwirtschaftlichen Bereich gemäßes „Vergleichs-Einkommen" zu erwirtschaften. Mindestens weitere 500 000 Betriebsinhaber stehen somit über kurz oder lang vor

der Notwendigkeit, ebenfalls auf einen außerlandwirtschaftlichen Erwerb umzuschulen oder eine Zuerwerbsmöglichkeit finden zu müssen. Vor diese Überlegungen sehen sich die Inhaber immer größerer Betriebe gestellt.

5. Die Teilzeitbeschäftigung als Betriebshelfer oder Dorfhelferin kann ideale Zuerwerbsmöglichkeiten im landwirtschaftlichen Bereich für Männer und Frauen aus der Kategorie der Übergangsbetriebe bieten. Je größer der Betrieb, um so schwerer wird es dem Betriebsinhaber fallen, vom Vollerwerb gleich auf außerlandwirtschaftlichen Haupterwerb umzusteigen. Werden aber keine Zuerwerbsmöglichkeiten geboten, nimmt die Verarmung der zwischen gesunden Vollerwerbsbetrieben und Feierabendbauern stehenden Übergangsbetriebe schnell zu.

6. Erst funktionierende Partnerschaft in allen Bereichen ermöglicht es auch Feierabendbauern, in ihren Mini-Vollerwerbsbetrieben ihre defizitäre Eigenmechanisierung zugunsten der Voll (= Maschinen)- und Zuerwerbslandwirte (= Arbeitskraft) aufzugeben. Der dann rasch folgende Schritt zum wirklichen — weil extensiv geführten — Nebenerwerbsbetrieb bringt auch noch eine Marktentlastung für Voll- und Zuerwerbsbetriebe.

7. Deshalb kann nur folgende Organisation optimale Hilfen für alle bringen: Die bestehenden Kuratorien für Betriebshilfsdienst und Dorfhelferinneneinsatz vermitteln in enger Zusammenarbeit mit den Maschinenringen für landwirtschaftliche Alters- und Krankenkassen hauptberufliche Kräfte.

8. Die Maschinenringe vermitteln, ebenfalls in enger Zusammenarbeit mit diesen Institutionen, Teil-

zeitbetriebshelfer und -dorfhelferinnen. Bei besonderer Bewährung gewisser Bauern und Bäuerinnen im Teilzeiteinsatz sollte der Maschinenring-Geschäftsführer diesen Personen empfehlen, sich von den Kuratorien für Betriebshelfer und Dorfhelferinnen auf den Hauptberuf „Betriebshelfer bzw. Dorfhelferin" umschulen und anstellen zu lassen. Das gilt besonders für ledige, als Hoferben ausersehene Söhne und Töchter aus der Kategorie der Übergangsbetriebe. Sie brauchen einen Beruf, weil heutige Zuerwerbsbetriebe der Eltern für sie nur noch als Nebenerwerbsbetriebe interessant sein werden.

9. So wie es nicht mehr zu verantworten war, für Maschinengenossenschaften, Maschinengemeinschaften und Lohnunternehmen noch Zuschüsse zu geben, als die Maschinenringe von mir vorrangig deshalb entwickelt worden waren, um die schon erreichte Übermechanisierung abzubauen, wäre es heute unverantwortlich, die Zahl der hauptberuflich tätigen Betriebshelfer und Dorfhelferinnen über den vorhandenen Bestand hinaus zu vermehren. Die unter 7. und 8. ausgesprochene Empfehlung zur Umschulung soll lediglich dazu dienen, den derzeitigen Bestand aufrecht zu erhalten, der sonst durch Heiraten laufend schwindet.

VII. Der Agrarmanager und seine Aufgaben

Zusammenfassung der Grundsatzreferate zur Verabschiedung der Teilnehmer an Grundlehrgängen für Maschinenring-Geschäftsführer:

„Der Agrarmanager vor neuen Aufgaben"
(5. Lehrgang, 14. 5. 1970, Hildesheim).

„Das grüne Management — der Maschinenring-Geschäftsführer ist der erste Agrarmanager, andere werden folgen"
(8. Lehrgang, 1. 4. 1971, Hildesheim).

1. Was ist ein Manager?

Der Manager ist ein Bestandteil des wirtschaftlichen Systems der freien Marktwirtschaft. Wo der einzelne Unternehmer in seinem Streben nach Gewinn zu schwach ist, schließt er sich mit Gleichgesinnten zusammen, um sich im Verbund die wirtschaftlichen Vorteile zu sichern, die er alleine zu erlangen nicht in der Lage war.

Soll dieser Verbund oder dieses Unternehmen optimale Erfolge für alle erzielen, bedarf es einer Führungskraft, die aus eigenem Antrieb und im eigenen Interesse handelt. Managen heißt laut Duden, „leiten, zustandebringen, geschickt bewerkstelligen, eine Sache deichseln". Wenn das System der freien Marktwirtschaft auf dem Gewinnstreben des einzelnen Unternehmers basiert, kann also ein Unternehmen nur optimal geführt werden, wenn der Leiter seinerseits am Gewinn beteiligt ist.

Der Manager ist also ein „Aus-Eigennutz-für-andere-Handelnder", ein „Auf-der-Lauer-Liegender" oder ein „Tag-und-Nacht-Aufpasser".

2. Wozu ein Agrarmanager?

Wäre die Landwirtschaft gesund, bräuchte sie keine Manager; denn dann wäre es ihr ja gelungen, am allgemeinen wirtschaftlichen Aufschwung entsprechend teilzunehmen. Obwohl die Landwirtschaft in der sog. Grünen Front durchorganisiert ist, wie selten ein anderer Berufsstand, ist sie mit dem marktwirtschaftlichen System bisher nicht zurechtgekommen. Der Hauptgrund dafür dürfte darin liegen, daß den landwirtschaftlichen Führungskräften für besondere Aktivität nicht nur kein Anreiz geboten wird, sondern sich diese sogar schädlich auf deren eigenes Unternehmen auswirkt.

Das „Ehrenamt" prägte den landwirtschaftlichen Führungsstil und die ehrenamtlichen Führungskräfte haben sich nach der 2. Bauernbefreiung besondere Verdienste um die Landwirtschaft erworben. Das ländliche Genossenschaftswesen und alle bäuerlichen Selbsthilfeaktivitäten des letzten Jahrhunderts wären ohne den Idealismus und die Selbstlosigkeit ehrenamtlicher Führungskräfte in den Anfängen steckengeblieben. Doch wer waren diese Führungskräfte? In der Regel Großagrarier und somit Besitzer von Gesindebetrieben, die eben Zeit hatten. In Wirklichkeit engagierten sich die Lehrer und die Pfarrer in den Dörfern. Sie hatten überhaupt nichts von ihrer Aktivität außer Ärger. Aber so wie die Kirche zwar im Dorf stehengeblieben ist, die Seelsorge aber aus Pfarrermangel großräumig organisiert werden mußte, und so wie der Lehrer nicht mehr willens ist, den Dorfmuli zu machen, sondern seinen Dienst in einer Zentralschule tut, so hat sich auch das bäuerliche Ehrenamt überlebt. Diejenigen, die es heute noch gerne annehmen, sind in der Regel überhaupt nicht befähigt, die Probleme zu begreifen, die es zu bewältigen gilt und die guten Betriebswirte sind so in ihrem Einmann-Betrieb eingespannt, daß sie durch ein Ehrenamt und den dafür notwendigen Zeitaufwand mehr verlieren, als sie durch die sog. Aufwandsentschädigungen ersetzt bekommen. Bestünde im Genossenschaftswesen nicht die hierarchische Beförderungsleiter bis hin zum Aufsichtsratsmitglied einer Hauptgenossenschaft, wäre es um den individuellen Anreiz Leistungen zu vollbringen schlecht bestellt.

Das gilt auch für die Festbezahlung hauptberuflicher Kräfte. In aller Stille ist man auch im Genossenschaftswesen zur Leistungssteigerung durch Provisionsbezahlung übergegangen: dort, wo sie für die bäuerlichen Betriebe besonders schädlich ist, beim Verkauf nämlich von Landmaschinen. Deshalb muß sich die Landwirtschaft aus dieser verkarsteten und veralterten Struktur durch ein neues Management befreien, wie es die hauptberufliche Führung eines Maschinenringes mit Provisionsbeteiligung oder Leistungsprämien darstellt. Und deswegen erfuhr dieses Management auch soviel Widerstand!

3. Aufgaben für den Agrarmanager

Wenn das Agrarmanagement einen Sinn haben soll, muß es die Probleme bewältigen, die im derzeitigen System landwirtschaftlicher berufsständischer Vertretungen und Organisationen nicht gelöst werden konnten. Grob gesprochen sind das 3 zentrale Probleme:

3.1 Produktionskostensenkung

Der deutsche Landwirt gehört im Rahmen der Europäischen Gemeinschaft zu den vom Klima benachteiligten Agrarproduzenten. Rund 200 Winterfütterungstage zwingen ihn zur Stallhaltung in teuren Gebäuden. Vollbeschäftigung und stürmische Lohnsteigerungen im außerlandwirtschaftlichen Bereich zwingen wiederum zu einem hohen Mechanisierungsaufwand in der Stall-Tierhaltung. Beide Ursachen zusammen führten zur größten Wettbewerbsverzerrung, unter der die deutsche Landwirtschaft leidet: zu hohe Kostenbelastung in der Produktion. Nur in ganz besonders günstigen Fällen werden durch die vom EG-Agrarministerrat festgelegten Preisen die Kosten gedeckt.

Deutschen Landwirten ihren Besitz zu erhalten — kleinstrukturierte Landwirtschaft heißt breit gestreutes Eigentum! — und dennoch das Einkommen zu mehren, ist nach den Spielregeln und Hilfen der konventionellen Agrarpolitik unmöglich (siehe Kapitel III).

Das EWG-Memorandum vom Dezember 1968 (Mansholt-Plan) brachte keine Revolution, sondern die Evolution nationalstaatlich betriebener Agrarpolitik, die immer weniger, immer größer werdende Betriebe in eine immer hoffnungslosere Sackgasse führt.

Die Partnerschaft der Voll-, Zu- und Nebenerwerbsbetriebe im gemanagten Maschinenring leitet die geistige Revolution ein und verschafft jedem, der guten Willens und zur unternehmerischen Leistung fähig ist, ungeahnte Chancen der Einkommenskombination. Die Revolution besteht darin, daß man nicht mehr in Hofeinheiten denkt, sondern in Menschenschicksalen. Nicht der Vollerwerbsbetrieb braucht eine Lösung, weil eben nicht alle Betriebe Vollerwerbsbetrieb bleiben können, sondern das Denkverhalten derer, die Landwirtschaft betreiben, muß so revolutioniert werden, daß sie ihre Chancen zu erkennen vermögen: Wenn es im Vollerwerbsbetrieb nicht mehr reicht, Zuerwerb in der Partnerschaft; wenn der Zuerwerbsbereich mit Menschen überbesetzt ist, Umschulung auf außerlandwirtschaftlichen Haupterwerb und Extensivierung der landwirtschaftlichen Betriebe im Nebenerwerb.

Ein Agrarmanager, der in Partnerschaft mit der Landwirtschaftsberatung Maschinen- und Arbeitsstunden vermittelt, öffnet allen 3 Betriebskategorien den Weg zur Produktionskostensenkung auf EWG-Niveau und darunter und zur Einkommenssteigerung durch Einkommenskombination.

3.2 Besser verkaufen

Der Landwirt in aller Welt — nicht nur in Deutschland — ist zum Spielball marktbeherrschender Konzerne geworden. Das ist nicht die Schuld der Konzerne, sondern ein Versäumnis der Landwirtschaft, die in der Mehrheit auch heute die Notwendigkeit von Marktzusammenschlüssen noch nicht erkannt hat. Erzeugerringe zur Vermeidung von Verlusten in Tierhaltung und Fütterung, zur Verbesserung der Qualität pflanzlicher Produkte durch sachgerechte Düngung und Pflanzenschutz sind klassische Aufgaben für die Landwirtschaftsberatung. Erzeugergemeinschaften, die zersplitterte Angebote kleinstrukturierter Betriebe erfassen und den Verkauf über eine Hand organisieren wollen, bedürfen eines Managers. So wie die ersten Maschinenring-Geschäftsführer zur Bewältigung ihrer Aufgaben (siehe 3.1) in den ersten Jahren nur mit meiner Veröffentlichung: „Mobilmachung der Landwirtschaft" aus dem Jahre 1959 ausgerüstet, sich alles selber erarbeiten mußten, so quälen sich heute auch in Erzeugergemeinschaften nicht gelernte Fachkräfte um die Organisation dieses neuen Verkaufsinstruments für agrarische Produkte.

Um Mißverständnisse zu vermeiden: Nicht der Maschinenring-Geschäftsführer soll sich um Erzeugergemeinschaften kümmern, sondern die Erzeugergemeinschaften brauchen ein ähnliches eigenes Management wie die Maschinenringe. Aber auch dort gilt der Grundsatz, Provisionsbeteiligung für den Manager oder Erfolgsprämien, wenn er wirklich Managerleistungen vollbringen soll. Natürlich sei nicht verschwiegen, daß Handel und Genossenschaften einiges getan haben, um neue Artikel auf den Markt zu bringen, die Verpackung zu verbessern, die Werbung zu intensivieren; aber Produktforschung treiben sie fast alle nicht.

Es sei auch nicht verschwiegen, daß nicht erst seit es eine Zentrale Marketinggesellschaft der Deutschen Agrarwirtschaft (CMA) gibt, deutsche Exporteure den Export von Spezialitäten betreiben; dieser Export konnte aber durch die Aktivität der CMA aktiviert werden.

Wenn ein Absatzmanagement Erfolg haben soll, muß nicht nur die spezialisierte Produktion — nicht nur von Regionen, sondern von ganzen Ländern — von wenigen Managern vertrieben werden, sondern dieses Management muß auch die Möglichkeit haben, bei absehbaren Marktschwächen die Produktion zu stimulieren, d. h. zu reduzieren. Solange das nicht möglich ist, und so lange man sich sogar scheut, den Mitgliedern von Erzeugergemeinschaften, für die es hohe Marktleistungen zu erbringen gilt, harte Konditionen aufzuerlegen, werden alle sog. Marktoffensiven verpuffen.

Eine Erzeugergemeinschaft die glaubt, ihre vorrangige Aufgabe sei es, dem deutschen Bauern den Marktanteil zu erhalten oder zu mehren, ist falsch programmiert. Die Aufgabe einer Erzeugergemeinschaft ist es, den Mitgliedern die Bedingungen für Produktion und Lieferung zu benennen, die Voraussetzung sind, um entsprechende Preise aushandeln zu können. Es ist uninteressant, welchen Marktanteil der deutsche Bauer an einem Produkt hat. Wichtig ist, welchen Marktanteil die Erzeugergemeinschaft vom deutschen Marktanteil in der Hand hat, um gute Preise erzielen zu können. Statt alle Betriebe in Erzeugergemeinschaften organisieren zu wollen, wäre es besser, den Betriebsleitern zu sagen, welche Erzeugung sich für welche Betriebe wann nicht mehr rentiert und was die Voraussetzungen für den Beitritt zur Erzeugergemeinschaft sein müssen, wenn die Preise stimmen sollen. Es ist höchste Zeit, daß auch eine Managerausbildung für das Management Erzeugergemeinschaft in Angriff genommen wird.

3.3 Ökonomische Landschaftsgestaltung

Je schwieriger die Produktionsbedingungen zur Erzeugung von Nahrungsmitteln werden, um so schöner ist meist die Landschaft. Wo die Ökonomie der Nahrungsmittelproduktion aufhört, beginnt das Geschäft mit der Landschaft. Das vermag man nur zu erkennen, wenn man sich über die Entwicklung der außerlandwirtschaftlichen Gesellschaft und der dadurch entstehenden Kaufkraft Klarheit verschafft. Nur so kann man von den Bedürfnissen der Freizeit- und Erholungsgesellschaft profitieren (siehe IX/3: Maschinenring, Kooperation, Kolchos?).

Die Landwirtschaft sollte sich heute nicht darüber beklagen, daß ein längst vorhandenes Freizeit-Management unter marktwirtschaftlicher Ausbeutung des Massentourismus in atemberaubender Geldgier ganze

Landschaften zerstört. Die Landwirtschaft sollte sich fragen, warum sie selbst diese Entwicklung nicht gesehen hat? Wo ist die Betriebswirtschaft, die Landbewirtschaftung für den ständig steigenden Erholungskonsum in ihre Überlegungen und Empfehlungen mit einbezogen hat?

Die Antwort ist sehr einfach: weil die Landwirtschaft das Wissen, wie man es macht — das knowhow — nicht hat, und niemand die Notwendigkeit sah, ihr rechtzeitig ein berufsständisches Management dafür zur Verfügung zu stellen, läuft derzeit alles an der Landwirtschaft vorbei. Wer ein Freizeitzentrum plant, um mit ihm Geld zu machen, braucht dafür ein Management. Wer ein Hotel baut, wird mit ihm nur Gewinn erzielen, wenn er es gekonnt leitet. Wer Hotelketten baut, stellt für jedes einzelne Hotel einen Manager an: das ist eine Lebensstellung. Nur der einzelne Landwirt steht hilflos da, wenn die Hektaraufkäufer zu ihm kommen, und ist letztlich auch noch froh, Flächen verkaufen zu können, um damit Schulden für die sinnlose Eigenmechanisierung seiner agrarischen Produktion abdecken zu können. Land wäre genug da! Geld wäre in den ländlichen Kreditgenossenschaften ebenfalls genug da! Aber das Management fehlt!

So kann es immer wieder passieren, daß z. B. — wie auf der Winkelmoosalm in der Gemeinde Reit im Winkel — die Bauern zwar rechtzeitig erkannten, daß Skilifte auf einer Alm bei schneesicherer Lage mehr Geld zu bringen vermögen, als Milchproduktion. Statt sich aber einen Manager anzustellen, kaufte sich jeder für seinen kleinen Skilift eine eigene Skipistenraupe, von denen keine unter 80 000 Mark kostet. Vier Raupen statt einer! Nur weil die Organisation fehlt. Übermechanisierung in der Landwirtschaft auch auf den Skipisten. Es ist höchste Zeit, daß Agrarmanager zur ökonomischen Landschaftsgestaltung so schnell wie möglich ausgebildet und bei Bedarf angeboten werden. Die ländlichen Kreditinstitute wären aufgerufen, bahnbrechend voranzugehen.

Da sich aber nichts rührt, müssen neue bäuerliche Selbsthilfeorganisationen mit neuem Management entstehen und dann wird das Zusammenspiel mit den Maschinenring möglich sein.

3.4 Management für Betriebsfusionen

Obwohl ich nie einen Zweifel daran gelassen habe, daß Kooperationen (s. IX.) nicht geeignet sein werden, irgendein Problem der deutschen Landwirtschaft zu lösen, werden doch immer wieder neue Betriebseinheiten durch Teil- oder Vollfusion verschiedener Betriebe entstehen. Auch dort braucht man ein neues Management. Derzeit ist es so, daß eines der Kooperationsmitglieder als Initiator einer solchen Kooperation aufgrund seiner bisherigen Betriebsleiterfunktion das Management für mehrere Betriebe übernimmt. Warum schult man ihn nicht?

4. Der Agrarmanager im Maschinenring

Von den vier eben aufgezeigten Bereichen, in denen die Landwirtschaft eines Managements bedarf, wenn sie im Wirtschaftssystem der freien Marktwirtschaft bestehen möchte, steht derzeit nur der hauptberufliche Geschäftsführer eines Maschinenrings als Agrarmanager Nr. 1 der Landwirtschaft zur Verfügung. Seine Aufgabe ist vermitteln, vermitteln und wieder vermitteln, und zwar Maschinen und Arbeitsstunden. In rund 160 hauptberuflich geführten Maschinenringen (1974) hat dieser Agrarmanager bewiesen, daß er die Produktionskostensenkung in einem von den Gegnern nicht für möglich gehaltenen Maße fertigbringt:

4.1 Senkung der Mechanisierungskosten auf EG-Niveau und darunter

Der Maschinenring Flottwedel bei Celle weist nach, daß er in den ersten 10 Jahren seines Bestehens den Maschinen-Neuwert je ha/LN von 2000 auf 1500 DM gesenkt hat, während in der Landwirtschaft außerhalb der Maschinenringe in allen Bundesländern im Schnitt aller Betriebe der Maschinen-Neuwert in der gleichen Zeit von 2000 auf 4000 DM je ha/LN gestiegen ist. Dieser Maschinenring, der längst zu den Umsatz-Millionären gehört, — der jährliche Umsatz liegt über einer Million DM — hat in den ersten 10 Jahren seines Bestehens von 1961 bis 1971 3,0 Millionen Mark umgesetzt. Der Aufwand für die Geschäftsführung in diesen 10 Jahren war 300 000 Mark. Die ersparten Investitionen bei den 300 Mitgliedsbetrieben kann im gleichen Zeitraum mit 20 Millionen Mark errechnet werden. Von der Wissenschaft, die sich in säuerlichem Bemühen abquält, nachzurechnen, daß Maschinenringe dem Einzelnen doch Vorteile zu bringen vermögen — wenn ihrer Meinung nach auch nicht sehr gravierende! — werden derartige Zahlen ignoriert.

Es kann aber nicht Aufgabe von Unternehmern sein (= Landwirte in Maschinenringen) andere Unternehmer zu missionieren. Dazu sind wir Publizisten, die Landwirtschaftsberater und die berufsständischen Organisationen da. Fest steht, wie Flottwedel beweist, daß 1 Mark Aufwand 10 Mark Umsatz und 65 Mark Ersparnis zu ermöglichen vermag, wenn man diesen Aufwand für ein unabhängiges Management investiert (siehe auch XII/9).

4.2 Sozialökonomische Beratung unterstützen

Wie mehrfach betont, ist der Maschinenring eine Gemeinschaft zur Vermeidung von Investitionen, was dadurch zum Ausdruck kommt, daß das Mitglied eines Maschinenrings dann vom Voll- auf Zuerwerb umsteigen kann, wenn die notwendigen Investitionen zu risikoreich erscheinen oder vom Zu- auf außerlandwirtschaftlichen Haupterwerb, wenn wegen Menschen-Überbesatzes die Verdienstmöglichkeiten in der Partnerschaft zu gering werden.

Nicht der Agrarmanager im Maschinenring soll aber diese sozialökonomische Beratung vornehmen. Aber sozialökonomische Beratung ist letztlich nur möglich, wenn im Rahmen eines Maschinenrings echte Alternativen zur Führung eines Voll- und Zuerwerbsbetriebes geboten werden können.

4.2.1 Der Maschinenringmanager merkt als erster, wenn in einem Betrieb etwas nicht stimmt:

wenn Vollerwerbsbetriebe zwar schlagkräftige Maschinen besitzen, der Betriebsleiter aber keine Zeit hat, sie zum Einsatz zu fahren;

wenn Zuerwerbslandwirte, die sich zwar für Teilzeiteinsatz als Betriebshelfer oder zur Bedienung von Großmaschinen der Vollerwerbsbetriebe eignen würden, keine Zeit haben, weil sie in einem vielfältig organisierten Betrieb sich quälen, aber nichts verdienen;

wenn Nebenerwerbslandwirte — derzeit noch Zuerwerbslandwirte — ihren Weg zur Umschulung nicht finden, weil sie ein arbeitsintensiver Betriebszweig, wie z. B. die Milchviehhaltung, daran hindert;

wenn Feierabendbauern zwar ihren außerlandwirtschaftlichen Arbeitsplatz gefunden haben, ihren Betrieb aber immer noch als Mini-Vollerwerbsbetrieb auf Kosten der Frauen und Kinder weiterführen. In all diesen Fällen sollte der Maschinenring-Manager im Einverständnis mit dem Betriebsleiter die Offizialberatung bitten, den Betrieb aufzusuchen.

4.2.2 Aufgabe des Landwirtschaftsberaters ist es, eine Betriebsdiagnose zu erstellen; das ist noch kein Betriebsentwicklungsplan! Er hat dem Betriebsleiter aufzuzeigen, was er falsch macht und wie der Betrieb organisiert werden könnte, um ihn sozial (menschlich) und ökonomisch (wirtschaftlich) zu gestalten.

Diese Betriebsdiagnosen sollten in süddeutschen Betrieben nicht die staatlichen Berater, sondern die Siedlungsgesellschaften mit ihren bewährten Arbeitskräften erstellen. Ergibt die Betriebsdiagnose, daß der Betrieb im Haupterwerb nicht entwicklungsfähig ist, sollten die Kosten für die Gesamtbetriebsdiagnose vom Staat übernommen und der Gesellschaft eine zusätzliche Prämie bezahlt werden. Bisher führten nämlich Betriebsdiagnosen zwangsläufig zu Betriebsentwicklungsplänen, weil die Betreuergesellschaft ja nur dann zu einem Geld kommt, wenn im Rahmen des Betriebsentwicklungsplanes Investitionen vorgenommen werden, für die es dann die entsprechende Betreuerprovision gibt. Hier steckt der Kardinalfehler, der vom früheren Investitionsprogramm (Höcherl) auch in das einzelbetriebliche Förderungsprogramm (Ertl) übernommen wurde. Nicht jeder Berater vermag über seinen Schatten zu springen. Eine Diagnose „nicht mehr entwicklungsfähig" bringen viele nicht fertig.

4.2.3 Ist ein Vollerwerbsbetrieb entwicklungsfähig und wird ein Betriebsentwicklungsplan ausgearbeitet, müssen nun vom Berater die Möglichkeiten der überbetrieblichen Partnerschaft im Maschinenring in diesen Betriebsentwicklungsplan mit einbezogen werden; das geschieht derzeit (1974) nur ganz selten!

Handelt es sich um einen Übergangsbetrieb, ist wiederum in Verbindung mit dem Maschinenring-Manager zu klären, ob sich der Betriebsinhaber für die Zuerwerbsmöglichkeiten in der Partnerschaft eignet, so daß eventuell eine Betriebsspezialisierung auf Einkommenskombination über Partnerschaftszuerwerb vorgenommen werden kann.

Bei der Empfehlung zur Berufsumschulung für Voll- und Zuerwerbslandwirte sollte auch sofort ein Plan zur Vereinfachung des landwirtschaftlichen Nebenerwerbsbetriebes erarbeitet werden. Auch hier sind die Möglichkeiten im Rahmen der Partnerschaft wieder voll in die betriebswirtschaftlichen Überlegungen mit einzubeziehen.

4.2.4 In Regionen mit absolutem Grünland in unseren Mittelgebirgs- und Alpenlagen ist es auch Aufgabe des Maschinenring-Managers, die Bauern auf die Möglichkeiten der ökonomischen Landschaftsgestaltung immer dort zu verweisen, wo die Ökonomie der agrarischen Produktion am Ende ist (siehe Kapitel VIII.). Er soll sich aber hüten, selbst das Management für Freizeit- und Erholungszentren zu übernehmen. Wenn es sich herausstellt, daß er sich dafür mehr eignet, als für die Geschäftsführung eines Maschinenringes kann er das tun; doch dann muß er offiziell umsteigen! Es wird viele Maschinenring-Manager geben, die mit der Entwicklung des Freizeitgeschäftes derartige Funktionen übernehmen, aber die bisherige dann aufgeben!

Hier liegt wieder ein großes Mißverständnis in der öffentlichen Debatte: nie habe ich die Empfehlung gegeben, daß der Agrarmanager als Geschäftsführer eines Maschinenringes all diese Funktionen erfüllen soll. Da er aber derzeit der einzige Agrarmanager der deutschen Landwirtschaft ist, sind wir leider darauf angewiesen, daß er Initiativen in Richtung notwendiger neuer Managements entfaltet. Er muß sich aber davor hüten, neue Managerfunktionen zu übernehmen, außer er wechselt bewußt von einem Management zum anderen. Ein Manager, der versucht, verschiedene Funktionen zu integrieren, wird bei allen scheitern, so wie die ehrenamtlichen Kräfte vor ihm.

4.3 *Der Agrarmanager im Maschinenring hat zu vermitteln, zu vermitteln und nichts als zu vermitteln!*

Der Berater hat in Verbindung mit den Möglichkeiten, die der Manager zu vermitteln vermag, seine Beratungsaufgabe neu zu orientieren und dementsprechend zu beraten; und nichts als zu beraten! Viele Maschinenringe funktionieren heute deshalb nicht optimal, weil einer dieser beiden das funktionelle Zusammenspiel noch nicht begriffen hat oder noch nicht beherrscht. Wenn ein Maschinenring überdurchschnittliche Erfolge erbringt, dann immer, weil ein überdurchschnittlicher Landwirtschaftsberater die Möglichkeit dieses neuen Managements für seine Beratertätigkeit voll ausschöpft und umgekehrt.

5. Die Bezahlung des Managers

Voller Neid schauen die Bauern der deutschen Bundesländer auf die Förderung, die der Freistaat Bayern seinen Maschinenringen angedeihen läßt. In Artikel 6 seines „Partnerschaftsgesetzes" (Gesetz zur

Förderung der bayerischen Landwirtschaft vom 27. 10. 1970, inkraft seit 1. 1. 1971) Absatz 5, garantiert Bayern den Maschinenringen 80 % der Personal- und 50 % der Geschäftskosten für das hauptberufliche Management.

Die degressive Startförderung hauptberuflich geführter Maschinenringe (siehe Vorwort) wurde inzwischen eingestellt, weil sich die Bundesländer über die Bedingungen einer derartigen Förderung im Rahmen der „Gemeinschaftsaufgaben" nicht einigen konnten.

In Wirklichkeit stellt jede Förderung von Maschinenringen den landwirtschaftlichen Unternehmern ein Armutszeugnis aus. Das sei besonders den Freunden der Maschinenring-Idee in den Ländern gesagt, die glauben, solange ihre Regierungen keine Förderungen geben, können Maschinenringe nicht aufgebaut werden. Nichts ist einfacher, als der Aufbau eines Maschinenrings, wenn man wirkliche Unternehmer vor sich hat. Entscheidend ist, daß vom ersten Tag an ein hauptberuflicher Manager zur Verfügung steht, und daß dessen Bezahlung vom ersten Tag an nicht nur gesichert ist, sondern so gestaltet wird, daß er einen persönlichen, finanziellen Erfolg seiner Arbeit sieht. Die finanzielle Absicherung des Agrarmanagers bei der Gründung von Maschinenringen muß auf 3 Füßen stehen:

5.1 Beitrittsgebühr

Eine Beitrittsgebühr als verlorener Zuschuß bei Aufnahme eines Mitgliedes in den Maschinenring sollte die erste Stütze der Bezahlung eines hauptberuflichen Managers sein. Diese Beitrittsgebühr darf nicht als Rücklage für den Ring zweckentfremdet werden; ein Ring braucht keine Rücklagen! Ob nun die Beitrittsgebühr pro Betrieb als eine Summe oder pro Hektar oder in einer Kombination aus Betriebs- und Hektarbeitrag erhoben wird, ist sekundär. Wichtig ist nur: jedes Mitglied muß wissen, daß die Beitrittsgebühr bei Austritt verfällt. Und was noch wichtiger ist: ein einmal ausgetretenes Mitglied sollte bei Wiedereintritt — und sie kommen alle wieder, wenn sie nicht inzwischen aufgeben mußten! — die dann geltende Beitrittsgebühr doppelt bezahlen müssen.

Die Beitrittsgebühr ist von Jahr zu Jahr zu steigern. Es ist nicht einzusehen, warum immer die Gründungsmitglieder mehr zu zahlen haben als die Nachläufer, die bei ihrem Beitritt voll von der inzwischen funktionierenden Partnerschaft profitieren.

5.2 Vermittlungsprovision

Die Vermittlungsprovision muß die Hauptstütze für die Bezahlung des Agrarmanagers sein. Bei Gründung der ersten Maschinenbank in Buchhofen im Jahre 1958 habe ich eine 5 %ige Umsatz-Vermittlungsprovision vorgeschlagen. Über diese Provision, sowohl über die Art dieser Bezahlung, als auch über ihre Höhe wurde bisher am meisten gestritten. Und doch hat sich gezeigt, daß gut eingespielte Ringe mit ca. 5 % Umsatzprovision am besten fahren. Man kann die Art der Bezahlung modifizieren. Aber wehe dem Ring, der sie nicht dynamisch gestaltet.

5.3 Jahresbeitrag

Der Jahresbeitrag als drittes Bein der finanziellen Absicherung des Managers ist besonders für die Länder wichtig, in denen es keine staatliche Förderung für die Entwicklung von Maschinenringen gibt. Doch der Jahresbeitrag darf die Vermittlungs-Umsatzprovision nicht ersetzen, sondern er muß sie stützen. Ähnlich wie die Beitrittsgebühr kann er ebenfalls aus einer Kombination von Betriebs- und Flächenbeitrag festgelegt werden.

Ein Beispiel: 100 Bauern, die durchschnittlich 20 ha besitzen, gründen einen Maschinenring. Sie sichern die Bezahlung eines hauptberuflichen Managers wie folgt:

Beitrittsgebühr: 10 000 DM (100 DM pro Mitglied)
Jahresbeitrag: 5 000 DM (50 DM je Betrieb)
Flächenumlage: 10 000 DM (5 DM je ha/LN)
Finanzierung für den Manager 25 000 DM

Das soll nur ein Berechnungsbeispiel sein; um das, was ein Manager teurer oder billiger ist, verändert man diese Sätze.

Der Jahresbeitrag ist nur dann richtig, wenn er als eine Art vorausbezahlte Umsatzprovision funktioniert.

Beispiel: Ein 20-Hektar-Betrieb zahlt als Jahresbeitrag — über Betriebsbeitrag und Flächenumlage (siehe oben) — 150 Mark. Soll der Geschäftsführer eine 5 %ige Umsatzprovision erhalten — als Beispiel! —, so würden einem 20-Hektar-Betrieb bei Inanspruchnahme von überbetrieblicher Leistung mit einem Verrechnungswert von insgesamt 3000 Mark pro Jahr keine Gebühren nachberechnet. Die 150 Mark Jahresbeitrag entsprächen einer 5 %igen Umsatzprovision für den Manager. Schöpft ein Mitglied diesen Beitrag als Auftraggeber nicht aus, bekommt es keine Rückvergütung. Überschreitet es diese Summe durch Inanspruchnahme des Maschinenringes um z. B. 1000 Mark, was einer Gesamtleistung für in

Auftrag gegebene Arbeiten von 4000 DM entspräche, würden zum Jahresende für 1000 Mark 5 % Umsatzprovision oder 50 Mark nachberechnet.

Bei einem solchen Bezahlungsmodus könnte die garantierte Jahressumme von z. B. 25 000 Mark für den Manager nicht unterschritten werden. Um die Beträge aber, um die durch Überschreiten der Aufträge gegenüber der vorausbezahlten Provision die Einnahmen des Geschäftsführers steigen, sollte jährlich die Jahresbezahlung des Geschäftsführers erhöht werden. Würden also 20 Mitglieder je 50 Mark zusätzlich zum Jahresende zu bezahlen haben, müßte die Basisberechnung für die Bezahlung des Managers im nächsten Jahr auf 26 000 Mark festgesetzt werden.

Natürlich sollte sich herumgesprochen haben, daß alle Bezahlungen im Abbuchungsverfahren am sichersten geleistet werden. Zu den Aufnahmebedingungen muß also auch eine Abbuchungsvollmacht für die Geschäftsführung gehören.

So gesehen, bräuchte ein Ring bei seiner Gründung überhaupt keine staatliche Förderung; denn jeder Landwirt, der einem Maschinenring beitritt, spart in jedem Jahr mehrere tausend Mark, die er sonst für Maschineninvestitionen auszugeben hätte. Es ist unbegreiflich, warum ein Landwirt mit lockerer Hand 20 000 Mark für eine Maschine auszugeben bereit ist, bei der Anstellung eines Managers aber glaubt, auf staatliche Hilfe warten zu müssen, obwohl er noch nicht einmal den Bruchteil der Zinsen für die gesparten Investitionen zum Kauf von Maschinen in der Eigenmechanisierung dafür aufwenden müßte. Landwirte, die keine Unternehmer sind, sehen nicht die Leistungen, die ein Manager für den Betrieb zu erbringen vermag, sondern nur die Kosten, die er verursacht. Sie gehören nicht in einen Maschinenring.

6. Weiterentwicklung des Ringes

Jedes Jahr sinkt automatisch die Kostenbelastung für die Mitglieder eines Maschinenringes. Neuzugänge bringen erhöhte Beitrittsgebühren, vermehren die Gesamtfläche des Maschinenringes, so daß die Umlage durch steigende Hektarzahlen geteilt insgesamt sinkt, zumindest aber nicht steigt. Wichtig ist nur, daß der Bezahlungsautomatismus für den Geschäftsführer so festgelegt ist, daß er nicht von Jahr zu Jahr manipuliert werden kann. 1973 hat immerhin ein Dutzend Maschinenringe bereits eine Million Mark Umsatz pro Jahr überschritten. Wir wissen heute, daß durch Entlastung des Managers über die Elektronische Datenverarbeitung und Einsatz von einer Teilzeit-Schreibkraft auch 2 Millionen Mark Umsatz pro Jahr durch einen Manager möglich sind.

Ich erinnere an das Jahr 1962, als in einer sog. wissenschaftlichen Denkschrift des KTL dem Bundesministerium für Ernährung, Landwirtschaft und Forsten der Beweis geliefert wurde, daß ein Maschinenring, wenn er funktionieren sollte, auf einen hauptberuflichen Geschäftsführer angewiesen sei, dieser aber mindestens 200 000 Mark Umsatz erreichen müßte, wenn sich seine Tätigkeit über eine 5 %oige Umsatzprovision tragen soll. Da 200 000 Mark Umsatz aber durch einen Manager nicht erreicht werden können, schloß man messerscharf, wäre diese recht gute Idee „leider" — oder Gott sei Dank? — nicht realisierbar. Da meine Gegendarstellung nicht ernst genommen wurde, erfüllt mich die derzeitige Umsatzentwicklung vieler Maschinenringe mit besonderer Genugtuung. Der Durchschnittsumsatz der 88 bayerischen Maschinenringe lag 1973 mit 454 047 DM weit über dem von den Wissenschaftlern damals für möglich gehaltenen Jahresumsatz; und das im dritten Jahr nach der Einführung des hauptberuflichen Managements! Dieses „Gutachten" der KTL-Außenstelle Stuttgart hat der deutschen Landwirtschaft einen Schaden zugefügt, der in die Milliarden Mark geht. Diese Fehlbeurteilung war nur möglich, weil man nur die Kosten des Managers nicht aber die durch ihn — und nur durch ihn! — erst erreichbaren Leistungen sah.

Wenn es des Beiweises noch bedurft hätte, daß die Landwirtschaft — und speziell die deutsche, die in einem Hochpreisland zu produzieren und mit Niedrigpreisländern zu konkurrieren hat — ein Management braucht, so haben die rund 160 tätigen Agrarmanager in Großraum-Maschinenringen bis 1974 diesen Beweis überzeugend geliefert. Es ist aber nicht die Aufgabe eines Maschinenring-Managers für die weitere Gründung von Maschinenringen Zeit und Nerven zu opfern! Das ist die Aufgabe der berufsständischen Organisationen, die verpflichtet sind, ihren Mitgliedern diese Möglichkeit der Betriebskostensenkung aufzuzeigen, um sie so im internationalen Wettbewerb konkurrenzfähig zu machen.

7. Der Agrarmanager als Berater

Hier hat es wohl die meisten Mißverständnisse im norddeutschen Raum gegeben. Um einen Förderungsmodus im Bereich der Kammern zu finden, sollte der Maschinenring-Manager den Status eines „Beraters" erhalten.

Natürlich berät der Agrarmanager im Maschinenring. Die ganze Beratung hat aber letztlich seiner Vermittlungstätigkeit zu dienen.

7.1 Beratung beim Kauf von Maschinen

Die wichtigste Beraterfunktion hat der Maschinenringmanager naturgemäß in der landtechnischen Ausstattung der Betriebe zu erfüllen. Gerade die elektronische Datenverarbeitung bietet einmalige Vergleiche der Leistungsfähigkeit der verschiedenen Fabrikate und Typen unter den verschiedenen Einsatzbedingungen. Es ist geradezu selbstverständlich, daß der Manager auf Befragen eines Mitgliedes die Maschine zum Kauf empfiehlt, die sich im überbetrieblichen Einsatz unter den Gegebenheiten des jeweiligen Maschinenringes — das kann von Maschinenring zu Maschinenring stark schwanken — am besten bewährt hat. Der Manager darf aber nicht in den Fehler verfallen, Mitgliedern Großtechnik zum Ankauf zu empfehlen, nur weil diese auf dem Markt erschienen ist, wenn die Nachfrage nach diesen teuren Maschinen aufgrund des immer noch nicht abgebauten technischen Überbesatzes bei den Mitgliedern noch nicht garantiert ist.

Es wird heute oft behauptet, der Maschinenring käme dann in eine Krise, wenn die Maschinen so teuer werden, daß sie die Kaufkraft des einzelnen Mitgliedes übersteigen. Welcher Unsinn! Entweder es sind echte Mechanisierungslücken aufgetreten, dann kann der Maschinenring-Manager einem kaufwilligen Mitglied die Abschreibung einer derartigen Maschine, ganz egal wie teuer sie ist, in kürzester Zeit garantieren und somit lohnt es sich auch, so eine Maschine — notfalls auf Kreditbasis — zu kaufen. Natürlich müssen die Kosten der oft stark schwankenden Tageszinsen in die Stundenberechnung beim Einsatz so einer Maschine mit einbezogen werden. Es muß aber dringend davor gewarnt werden, teure Maschinen mit Fremdkapitaleinsatz zum Kauf zu empfehlen, wenn sie dann letztlich nicht gefragt werden.

Die Behauptung, daß in solchen Fällen eben dann Lohnunternehmer solche Maschinen kaufen müßten, geht von der irrigen Annahme aus, daß Landwirte nicht rechnen können. Denn entweder lohnt sich der Einsatz dieser Maschine, dann kauft er sie; oder er lohnt sich nicht, dann ist ein Lohnunternehmer ein schlechter Unternehmer, wenn er in dieses Abenteuer einsteigt. Nur wenige Maschinenringe im norddeutschen Raum sind heute wirklich bereit in die Phase der gelegentlichen Verknappung technischer Kapazitäten eingetreten. Von dieser Situation habe ich vom ersten Tag an der Gründung der Idee geträumt; denn erst dann vermag sich ein Maschinenring voll zu entfalten und ökonomisch weiterzuentwickeln. Derzeit ist es leider immer noch so, daß Überkapazitäten an Technik und Menschen den Kauf rationeller Großraumtechnik zum Risiko machen.

Den Maschinenringen helfen auch keine wissenschaftlichen Planspiele über den idealen Mechanisierungsgrad einer Region. Durch permanente Vermittlungstätigkeit werden immer mehr Betriebe auf den Nachkauf der Technik verzichten und immer mehr Spezialisten in immer größere Mechanisierungsdimensionen vorstoßen. Die Maschinenringarbeit führt empirisch, also durch Erfahrung, immer mehr an die ideale technische Ausstattung der Betriebe einer ganzen Region heran. Doch „diese ideale Mechanisierung" ist nicht zu erzwingen, weil die Unvernunft Einzelner dies nicht zuläßt. Und gezwungen darf — und kann glücklicherweise — im Maschinenring niemand werden. Wen es beglückt, sich eine Maschine zu kaufen, obwohl Überkapazitäten im Ring vorhanden sind, kann im Maschinenring nicht behindert werden. Er darf sich nur dann auch nicht beklagen, wenn seine Maschine zu wenig ausgelastet wird. Die Beratung des Agrar-Managers in der technischen Weiterentwicklung ergibt sich also aus dem Vertrauen seiner Mitglieder in sein Wissen, sein Können und seine Persönlichkeit; kurz, in seine Fähigkeit, zu vermitteln.

7.2 Landtechnische Beratung im weitesten Sinne

Der Maschinenring-Manager wird auch zum exzellenten Berater der Landtechnik im weitesten Sinne. Die lose Düngerausbringung, die Harnstoffspritzung, der Pflanzenschutz, der Einheitssortenbau, die Einstellung der Geräte auf Reihenabstand, der rechtzeitige Einsatz der Technik von der Saatbeetbereitung bis zum Schnittzeitpunkt wird der Maschinenring-Manager, aufgrund der unzähligen Telefonate, die er mit allen Mitgliedern zu führen hat, wie kein anderer beherrschen. Doch all diese Beratungsfunktionen dienen letztlich der Intensivierung des überbetrieblichen Austausches an Technik und Arbeitskapazitäten.

Immer weniger, immer leistungsfähiger werdende Maschinen, immer mehr technisches Können der einen Mitglieder und immer mehr Verzicht auf eigene Technik und Arbeitserledigung der anderen führt zu immer höheren Umsätzen, zu immer größeren Leistungen und zu immer besserer Arbeitsqualität. Die Hauptaufgabe des Maschinenring-Managers ist und bleibt durch Vermittlung freier Maschinen- und Arbeitskapazitäten den Mitgliedern immer höheren Gewinn durch Verminderung der Produktionskosten und Eröffnung zusätzlicher Einnahmen durch Einkommenskombination in der Partnerschaft zu ermöglichen.

VIII. Der Maschinenring — Basis der Landschaftserhaltung

Grundsatzreferat zur Verabschiedung der Teilnehmer am 9. Grundlehrgang für Maschinenring-Geschäftsführer, 7. 10. 1971, Herrsching.

1. Landwirtschaft zwischen Ökonomie und Ökologie

Während die deutsche Agrarpolitik immer noch bemüht ist, entsprechend dem Landwirtschaftsgesetz aus dem Jahre 1955 das Einkommen der Landwirtschaft an das vergleichbarer Berufsgruppen heranzuführen, beginnt auf den sogenannten Grenzertrags- oder Marginalböden, die in der Regel in landschaftlich schönen Gebieten liegen, das Geschäft mit der Erholungslandschaft. Den Landwirten bleibt bisher, von wenigen Ausnahmen abgesehen, als einziger Anteil an diesem Geschäft der Erlös aus dem Verkauf ihrer Grundstücke; das Geschäft machen andere! Das hat drei Gründe:

1.1 Das Geschäft mit der Erholungslandschaft ist meist noch kapitalintensiver als das Gewerbe Landwirtschaft. Gerade in den landschaftlich schönen Regionen mit relativ ertragsarmen Grünland wirtschaften die Futterbaubetriebe, die am weitesten vom Vergleichslohn entfernt sind. Selbst wenn man ihnen Land zur Pacht oder zum Kauf anböte, scheitern derartige Betriebe am Investitionsaufwand der Folgelasten zur Erstellung von Neugebäuden, um technisierungswürdige Tierhaltung betreiben zu können.

1.2 Der Mechanisierungsaufwand in vielfältig organisierten bäuerlichen Familienbetrieben ist wegen der besonders langen Winterstallhaltung in diesen Regionen ohnehin höher als im Durchschnittsbetrieb. Da die Bestände auch noch zu klein sind, haben sich gerade Grünlandbetriebe durch die Mechanisierung oft besonders hoch verschuldet. Wenn sich ihnen die Chance bietet, über Grundstücksverkäufe Schulden abtragen oder neue — meist unsinnige — Investitionen vornehmen zu können, greifen sie zu. Vor diesem Hintergrund muß auch der Ausverkauf besonders der Alpenregion gesehen werden.

1.3 Es fehlt das Agrarmanagement zur ökonomischen Gestaltung von Erholungslandschaft. Das ist darauf zurückzuführen, daß der „Landwirt", der Land bewirtschaftet ohne Agrarprodukte zu erzeugen, bisher von niemandem in die Zukunftsperspektiven für die Landwirtschaft mit einbezogen wurde. Wohl gibt es einzelne Landwirte in der Bundesrepublik Deutschland, die aus sich selbst heraus — viel Lehrgeld zahlend — ihren Betrieb in ein Erholungszentrum umgewandelt haben. Solche Landwirte der ökonomischen Landschaftsgestaltung gehen einen dornigen Weg. Statt Unterstützung von berufsständischer Seite zu erfahren, begegnet man ihnen mit Mißtrauen und türmt Schwierigkeiten auf, so daß man schon eine sehr starke Persönlichkeit mit sehr hoher unternehmerischer Qualifikation sein muß, um so einen Außenseiterweg mit Erfolg begehen zu können.

Der Landwirtschaft als Berufsstand gebricht es an Zukunftsforschung. Sie beklagt, daß die in der Landwirtschaft Tätigen finanziell und sozial von den Arbeitnehmern — nicht den Unternehmern! — im außerlandwirtschaftlichen Bereich laufend überrollt werden. Sie forscht aber nicht, inwieweit die gesellschaftspolitische Entwicklung vom landbewirtschaftenden Menschen genutzt werden könnte (siehe „Gesellschaftspolitische Entwicklung", Kap. IX/3 „Maschinenring, Kooperation, Kolchos?").

2. Über Nebenerwerbsbetrieb zum Ziel

Nichts ist gefährlicher, als Betriebsleitern in der Grünlandregion allgemein zu empfehlen — wie das leider oft geschieht — die Wirtschaftlichkeit ihrer Betriebe über den Zuerwerb „Ferien auf dem Bauernhof" zu suchen. Der Investitionsaufwand für einen Pensionsgast ist in der Regel höher als der für eine Kuh. Dazu kommt, daß die „Abmelkwirtschaft in der Mansarde", trotz hoher Investitionen, für viele Betriebe nur in wenigen Wochen des Jahres möglich ist. Das wird sich zwar mit den zu erwartenden Urlauberströmen in der Freizeitgesellschaft ändern; doch das ist ein schwacher Trost für Betriebe, die sich für ein Geschäft, das doch nicht mehr rechtzeitig kommt, so verschulden, daß sie dann kurz vor dem Ziel aufgeben müssen.

Der Weg der meisten Vollerwerbslandwirte als Agrarproduzenten zum Gewerbe „ökonomische Gestaltung von Erholungslandschaft" ist, ob man es wahrhaben will oder nicht, nur über eine Berufsumschulung und Annahme eines außerlandwirtschaftlichen Arbeitsplatzes bei gleichzeitiger arbeitswirtschaftlicher Vereinfachung des Nebenerwerbsbetriebes gangbar. Das gilt erst recht in der reinen Grünlandregion. Das setzt aber voraus, daß die arbeitsteilige Tierhaltung nicht nur zwischen Betrieben, sondern zwischen ganzen Regionen in die betriebswirtschaftlichen Überlegungen und agrarpolitischen Förderungen mit einbezogen wird. Das bayerische Grünlandförderungsprogramm weist in diese Richtung.

Auf jeden Fall muß sich der Betriebsleiter bei der Umstellung vom landwirtschaftlichen Vollerwerb auf außerlandwirtschaftlichen Haupterwerb gerade in der Grünlandregion von der Kuh trennen. Milchviehhaltung neben einem außerlandwirtschaftlichen Haupterwerb ist Feierabendwirtschaft. Sie bringt physische Doppelbelastung für den Feierabendbauern oder — und! — übermäßige körperliche Belastung seiner Frau und wird zur Quälerei für die Kinder. Erst Nebenerwerbslandwirtschaft im Maschinenring eröffnet auch in der Grünlandregion alle Möglichkeiten.

2.1 Kalbinnenaufzucht

Kalbinnenaufzucht, für bisher passionierte Züchter unter Nutzung noch brauchbarer Altgebäude. Gerade in der Grünlandregion waren die bisherigen Vollerwerbslandwirte meist passionierte Rinderzüchter. Und nun versperrt ihnen die Kuh den Weg zum außerlandwirtschaftlichen Einkommen. Und die entwicklungsfähigen Vollerwerbsbetriebe vergeuden wertvollen Stallraum durch Jungviehaufzucht.

Hier ist es Aufgabe der Beratung, die Partnerschaften zwischen Nebenerwerbsbetrieben, die Kalbinnen aufziehen, und Vollerwerbsbetrieben, die sich auf reine Milchviehhaltung ohne Jungviehaufzucht spezialisieren wollen, herzustellen. Der Nulltarif für Viehtransporte bis zu einer Entfernung von 80 km begünstigt im bayerischen Grünlandförderungsprogramm das Zustandekommen derartiger Partnerschaften zwischen Grünland- und Ackerbauregionen.

Kalbinnenaufzucht im Nebenerwerbsbetrieb hat natürlich nur einen Sinn, wenn die vorhandenen Gebäude — einschließlich Heuberge- und Siloraum — keine zusätzlichen Investitionen erforderlich machen. Das Selbstfütterungssilo füllen und das notwendige Heu machen die Partner im Maschinenring.

2.2 *Rindermast*

Die Rindermast kann eine Alternative für Nebenerwerbsbetriebe sein, deren Betriebsleiter keine züchterischen Ambitionen haben oder die am Rand einer Grünlandregion liegen, so daß das Kulturartenverhältnis einen entsprechenden Feldfutterbau zuläßt. Silo füllen, Rauhfutter bergen und Mist ausbringen besorgen auch hier wieder die Partner im Maschinenring.

2.3 *Jungviehsömmerung*

Reine Jungviehsömmerung während der Vegetation ist eine Alternative für Betriebe, deren Altgebäude eine Winterstallhaltung nicht mehr zulassen und deren Besitzer so wenig wie möglich Stunden für einen Nebenerwerbsbetrieb aufwenden wollen. Liegen mehrere derartige Nebenerwerbsbetriebe nebeneinander, empfiehlt sich eine gemeinsame Nutzung der Gesamtfläche durch eine Sömmerungsgenossenschaft, die nahe an die frühere Allmende heranreichen kann.

2.4 *Koppelschafhaltung*

Die Koppelschafhaltung ist eine Alternative für Nebenerwerbsbetriebe in Mittelgebirgslagen und wenn die Uneinsichtigkeit der Nachbarn die Nutzung des Grünlandes durch Sömmerungsgemeinschaften nicht zuläßt. Ob dies möglich ist und wie man es macht, wird derzeit in einem Modellversuch „Schafhaltervereinigung Bayerischer Wald" durch gemeinsame Förderung des Bundes und des Landes Bayern untersucht. Mittelpunkt dieses Modells ist ein „Management"; denn Schafhaltung will gelernt sein und Koppelschafhaltung erfordert besondere Kenntnisse. Da es aber unmöglich ist, jeden Nebenerwerbslandwirt in Schafhalterkursen zu unterweisen, muß die Betreuung so organisiert werden, daß Zuerwerbslandwirte hier eine zusätzliche Verdienstchance finden.

Franz Hirtreiter als erster Manager „ökonomischer Landschaftsgestaltung durch Koppelschafhaltung" verweist aber immer wieder darauf, daß die Basis für diese Partnerschaft von Voll-, Zu- und Nebenerwerbsbetrieben in einer Schafhaltervereinigung ein funktionierender Maschinenring ist. Ob es sich dabei um die Erstellung von Koppelzäunen, um die Heubergung für die Mutterschafe zur Winterfütterung oder um die Erstellung neuer preiswerter Schafställe in der Holzbauweise handelt: die Schafhaltervereinigung plant und konzipiert, der Maschinenring organisiert!

3. Senkung der Baukosten

Die Senkung der Baukosten durch Selbsthilfe-Initiativen, von mir seit 1963 leidenschaftlich gefordert, beginnt erst jetzt im Rahmen hauptberuflich gemanagter Maschinenringe Wirklichkeit zu werden. Ob es sich dabei um die Erstellung von Betriebsgebäuden nach der Starr-Rahmen-Bauweise handelt, wie sie von Dr. Heinz Schulz, dem Geschäftsführer des Landtechnischen Vereins in Weihenstephan, entwickelt wurde, oder um die Vorfertigung von Montageteilen und Errichtung billiger Schafställe nach der Methode Franz Hirtreiter: ohne das Management im Maschinenring geht es nicht.

Um aber zu hohe Erwartungen zu dämpfen, muß in aller Deutlichkeit gesagt werden, daß auch Holzmontageställe noch zu teuer sind, um Vollerwerbs-Auffangbetriebe zur Erhaltung der Kulturlandschaft bauen zu können. Wer aber Auffangbetriebe — aus politischen Gründen — fördern zu müssen glaubt, sollte diese billige Bauweise zur Bedingung machen. In Übergangs- und Nebenerwerbsbetrieben dagegen kann man mit solchen Gebäuden gut improvisieren.

4. Ferien auf dem Bauernhof

Ferien auf dem Bauernhof sind nur für die Betriebe eine Zuerwerbsmöglichkeit, die in der Lage sind, nicht mehr benötigte Räume oder Restgebäude auf eigene Kosten auszubauen. Das setzt aber voraus, daß Bauer und Bäuerin durch den Umgang mit Feriengästen sich nicht belastet fühlen und in der Lage sind, den Gästen das Gefühl zu vermitteln, daß sie willkommen sind. Das setzt weiter voraus, daß der Betrieb so vereinfacht ist, daß die Bäuerin nicht zusätzlich überlastet wird.

Ob es sich um einen Voll-, Zu- oder Nebenerwerbsbetrieb handelt, Ferien auf dem Bauernhof sind nach den eben genannten Voraussetzungen nur dort ein Geschäft, wo eine Bettenauslastung aufgrund vorgenommener Investitionen in die Infrastruktur möglich ist: Wirtshäuser, in denen man gerne einkehrt und die regionale Spezialitäten bieten — hier fehlt es noch weit! —; Schwimmbäder, die nach Möglichkeit geheizt sein müssen; Sportanlagen vom Reiten bis zum Tennis oder von der Skipiste bis zum Segeln.

5. Wohnen auf dem Land

Wohnen auf dem Land kann dagegen auch in solchen ländlichen Regionen schon heute eine Zuerwerbsmöglichkeit bringen, wo Ferien auf dem Bauernhof noch nicht möglich sind: sei es, daß dem Landwirt das Kapital zum Ausbau der Räume fehlt oder sei es, daß eine mangelhafte Infrastruktur eine saisonale Auslastung der Zimmer nicht gewährleistet. Von Jahr zu Jahr sucht eine steigende Zahl von Städtern die Möglichkeit, sich gerade in ruhigen, nicht erschlossenen Gebieten auf eigene Kosten Zimmer in Bauernhäusern oder ganze Gebäude als Wochenend-, Ferienwohnung oder Alterssitz auszubauen. Die Bedingung ist nur, daß ein langfristiger Mietvertrag — mit Teuerungsklausel! — dem Wohnungsuchenden eine solche Investition vertretbar erscheinen läßt.

Während für „Ferien auf dem Bauernhof" in aller Regel eine noch gut erhaltene bäuerliche Kulturlandschaft Voraussetzung ist, kann „Wohnen auf dem Land" auch dort eine Zuerwerbsmöglichkeit bringen, wo sogar die oft beklagte Verwilderung der Landschaft schon begonnen hat. Während sich „Ferien auf dem Bauernhof" zunehmender Beliebtheit bei Familien erfreuen, die ihren Kindern den Kontakt mit der Natur und der Tierwelt ermöglichen wollen, wird die Möglichkeit „Wohnen auf dem Land" zunehmend von Menschen gesucht, die ihre Ruhe haben, spazierengehen und vielleicht Angeln wollen.

Doch mit Ferien auf dem Bauernhof und Wohnen auf dem Land rettet man keine landwirtschaftlichen Vollerwerbsbetriebe; sie verschaffen nur Zusatzeinkommen, wenn es richtig gemacht wird. Und richtig heißt, eingebunden in die Partnerschaft der Voll-, Zu- und Nebenerwerbsbetriebe. Es ist kein Zufall, daß die Manager von Maschinenringen in Bayern mehr und mehr die Vermittlung von „Ferien auf dem Bauernhof" übernehmen. (Eine zentrale Vermittlungsstelle für „Wohnen auf dem Land" fehlt noch.) Das Vermitteln überschüssiger Investitionen im Teilzeiteinsatz schließt eben auch die bessere und oft ganz andere Auslastung vorhandener Gebäude mit ein.

6. Ökonomische Landschaftsgestaltung

Hat es sich bisher darum gehandelt, brachliegendes Kapital an Technik, Gebäuden und Arbeitsstunden zum Nutzen des einzelnen so zu mobilisieren, daß alle Partnerschaftsbetriebe im Maschinenring einen Vorteil haben, so handelt es sich bei der ökonomischen Landschaftsgestaltung ohne Agrarproduktion um gezielte Investitionen, um mit der Nutzung einer Marktlücke Gewinn zu erzielen. Hier geht es also in der Regel nicht mehr darum, die durch agrarische Nutzung entstandene Kulturlandschaft durch Zuerwerb über Freizeit- und Erholungskonsum zu nutzen, sondern die Landschaft speziellen Bedürfnissen gemäß neu zu gestalten.

6.1 Skipisten

Skipisten sind ein Paradebeispiel ökonomischer Landschaftsgestaltung. Das schließt leider nicht aus, daß sie oft, allen ökologischen Erfordernissen zuwiderlaufend, angelegt wurden. Jede Art der Landschaftsgestaltung, ob zur Produktion von Nahrungsmitteln oder zur Gestaltung von Erholungslandschaft, wird in erster Linie von nach Gewinn strebenden Unternehmern vorgenommen. Die Almen und Alpen wurden in früheren Jahrhunderten nicht gerodet, um zwischen die Wälder grüne Matten und Wiesen zu zaubern, sondern um Menschen in der agrarischen Epoche der Selbstversorgung eine Existenz zu sichern. Üppig haben die Bauern in den Mittelgebirgs- und Alpenregionen — von wenigen Ausnahmen abgesehen — nie gelebt.

Wenn ein Unternehmer Skipisten anlegt, tut er das nur, um mit einem Skilift Geld verdienen zu können. Die Sportartikelindustrie ermöglicht ihm das. Sie hat es fertiggebracht, aus dem Skilaufen ein Skiabfahren — Wedeln — zu machen. Dazu braucht man kürzere Ski als früher und Schuhe, die so fest mit dem Ski verbunden sind, daß man in ihnen nicht mehr laufen kann. Wer also eine Skipiste herunterfahren möchte, muß erst mit einem Skilift rauffahren. Am Skilift verkauft man Karten und so bekommt man die Nutzungsgebühr für die Piste.

Für Lift und Piste braucht man aber Land. Besitzt nun dieses Gelände, das sich für Skipisten eignet, ein Bauer, und hat der Bauer — in dem Glauben, Vollerwerbslandwirt bleiben zu können — sich unverhältnismäßig hoch verschuldet, ist er nur allzu gerne bereit, derartige Flächen zu verkaufen, um seinen Schuldenberg abtragen oder neue Maschinen kaufen oder einen Stall bauen zu können. Und neben seinen Flächen, auf denen er weiter Milch produziert, verdienen andere mit Skipisten und Lifts mehr Geld, als man mit Fleisch- und Milchproduktion dort jemals verdienen konnte.

Will nun ein Landwirt, dessen Flächen sich eignen, an diesem Geschäft teilhaben, muß er wirtschaftlich so gesund sein, daß er nicht darauf angewiesen ist, sein Land verkaufen zu können. Wenn er sich mit seinem Land aber am Gewinn dieser Unternehmer beteiligen möchte, kann es passieren, daß das Geschäft nicht zustandekommt, weil Nachbarn bereit sind, ihr Land zu verkaufen. Also braucht dieser Landwirt erst einmal einen außerlandwirtschaftlichen Haupterwerb, um warten zu können, bis der Wintersport solche Formen angenommen hat, daß man auch sein Land braucht, obwohl man ihn am Gewinn beteiligen muß.

Der Weg zur ökonomischen Landschaftsgestaltung führt am risikolosesten wieder über die Umschulung zur Aufnahme eines außerlandwirtschaftlichen Haupterwerbs. Nur so verschafft man sich die wirtschaftliche Freiheit und Luft, um sich letztlich am Gewinn dieses Geschäftes beteiligen zu können.

Es ist nicht einzusehen, warum Landwirte sich als Hilfsarbeiter, z. B. zum Kartenknipsen, von den neuen Besitzern derartiger Freizeitzentren mißbrauchen lassen. Es kann ihr eigenes Unternehmen sein, und ist es glücklicherweise auch mancherorts schon. Doch dazu bedarf es wiederum eines überbetrieblichen Zusammenschlusses und eines neuen Managements, das nicht identisch ist mit dem Management im Maschinenring!

Dann bereitet auch das Offenhalten der Skipisten keine Schwierigkeiten. Über die arbeitsteilige Tierhaltung können die Pisten durch Jungviehsömmerung so offengehalten werden, daß zusätzlicher Gewinn erzielt wird und — oder! — über den Maschinenring können die entsprechenden Geräte, vom Mulchen bis zum Pistenwalzen ökonomisch konkurrenzlos eingesetzt werden. Das setzt natürlich ein Management voraus. Wenn man, wie es in den Radstädter Tauern bereits geschieht, Liftkarten verkauft, die zur Benützung aller Skilifte eines Bergmassivs berechtigen, kann auch der Einsatz der Skipistenraupen vernünftig organisiert werden. Es ist einfach nicht wahr, daß jeder seine teure Pistenraupe deshalb braucht, weil jeden Morgen jeder Lift bereits in Betrieb und die Piste präpariert sein muß. Das ist nur dann scheinbar notwendig, wenn die Fehler, die man in der Agrarproduktion begangen hat, in der Eigenmechanisierung des Erholungsgeschäftes wiederholt werden. Die überbetriebliche Partnerschaft im gemanagten Maschinenring bewährt sich genauso zur Anlage und Pflege von Nutzungslandschaft für die Freizeit- und Erholungsgesellschaft; der vermehrte Einsatz von Technik kann sogar mehrfachen Gewinn als in der Agrarproduktion bringen.

Damit ist nichts darüber gesagt, wo und wie man derartige Wintersportanlagen erstellt. Es ist Sache der kompetenten Behörden dafür zu sorgen, daß dies im Einklang mit einer vernünftigen Raumordnung unter Berücksichtigung der Interessen des Naturschutzes und der Ökologie geschieht.

6.2 Campingplatz

Auch ein Zeltplatz — international Campingplatz genannt — wird in der Absicht angelegt, mit diesem Unternehmen Gewinn zu erzielen. Soll ein solcher Zeltplatz auf die Dauer ein Geschäft sein, müssen die Auflagen der Behörden voll erfüllt werden, und das kostet viel Geld. Die Anlage befestigter Wege, die Zentralwasserversorgung, die Abwasserbeseitigung, sanitäre Anlagen und die entsprechende Bepflanzung, können nur durch Beratung von Spezialkräften sinnvoll, und das heißt in diesem Fall auch gewinnbringend, erstellt werden.

Auch hier erscheint es wieder ratsam, daß sich die Anrainer eines solchen Campingplatzes zu einer Nutzungsgemeinschaft zusammenschließen, damit nicht der einzelne einen Nutzen, die Anrainer aber den Schaden eines solchen Freizeitbetriebes haben. Die Pflege eines Campingplatzes und die Gestaltung der Landschaft um ihn herum ist eine unabdingbare Dienstleistung, soll der Platz auch entsprechend benutzt werden.

Liegt so ein Zeltplatz, wie es sinnvoll ist, an einem Badeweiher, bzw. an einem natürlichen oder künstlichen See, kann man die Badestrände nicht durch Weideviehhaltung, sondern nur durch oftmaliges Mähen pflegen. Auch hier ist der Maschinenring wieder die ideale Basis, so eine Anlage ökonomisch zu gestalten und zu unterhalten. Wer aber einen Campingplatz betreibt, muß seinerseits bereits Managerqualitäten haben. Wer sich mit vielen Berufskollegen zu so einem Unternehmen zusammenschließt, darf auch die Kosten für einen Manager nicht sparen.

6.3 Golfplatz

Ein Golfplatz ist die derzeit wohl arbeitsintensivste Form einer gestalteten Landschaft. 40 bis 50 Hektar umfaßt ein richtiger Golfplatz und mindestens siebzigmal muß er in der Vegetation gemäht werden. Soll der Rasenbewuchs entsprechend dicht sein, ist wiederum eine intensive sachgerechte Düngung unabdingbare Voraussetzung. Auch hier gilt wieder das gleiche wie bei der Anlage von Skipisten und Campingplätzen: Wer als Landwirt so verschuldet ist, daß er verkaufen muß, hat hinterher keinen Anteil mehr an diesem Freizeitgeschäft. Von sich aus eine solche Anlage vornehmen zu wollen ist zu risikoreich. Also muß man warten können, bis der Bedarf auf einen Landbesitzer zukommt. Auch hier geht der Umweg in der Regel über den außerlandwirtschaftlichen Haupterwerb, um warten zu können.

Derzeit stehen die Steuergesetze einer Nutzungsänderung von Weide zu Golfflächen noch hinderlich im Wege. Wenn der Einheitswert — wie es in Bayern geschehen sein soll — vom Finanzamt bei einer solchen Nutzungsänderung um das Vierzigfache angehoben wird, kann Golf nicht zum Volkssport werden, sondern bleibt den Millionären vorbehalten. Es liegt also bei den Landwirten selber, d. h. bei ihrer Berufsvertretung, sich rechtzeitig darum zu kümmern, daß bei der Nutzungsänderung von agrarischen Produktionsflächen zu gestalteten Freizeit- und Erholungsräumen die Steuergesetze so geändert werden, daß das Land in der Hand der Landwirte bleiben kann. Nur dann kann wirklich ein breites Angebot an Erholungsflächen nach dem marktwirtschaftlichen Prinzip von Angebot und Nachfrage preisgünstig für alle entstehen. Auf jeden Fall muß verhindert werden, daß derartige Anlagen der Privatinitiative entzogen und systemwidrig von der öffentlichen Hand erstellt und unterhalten werden müssen; denn dann wird es für alle Beteiligten, also für die gesamte Gesellschaft, am teuersten.

Der Selbstfahrer-Rasenmäher im Besitz eines Maschinenringmitgliedes, wird zur Pflege von Golfplätzen, Badestränden und Parkanlagen die preiswerteste Lösung sein. Dennoch wird er seinem Besitzer in der überbetrieblichen Partnerschaft mehr Gewinn bringen als ein Feldhäcksler oder Mähdrescher. Es ist Aufgabe der Maschinenringmanager sich darum zu kümmern, daß dieses Geschäft im Rahmen der

Partnerschaft bleibt, und nicht zu neuen Unternehmen oder an die Kommunen mit eigenem Personal abwandert. Aufgabe der Berufsvertretung ist es, dafür zu sorgen, daß Landbewirtschaftung in der Partnerschaft steuerlich gleich behandelt wird, egal ob der Auftraggeber ein Landwirt der Agrarproduktion, ein Landwirt der Bewirtschaftung von Erholungsflächen, ein Zweckverband, eine Gemeinde oder ein Unternehmen ist; denn Landwirt sein heißt, Land mit Gewinn bewirtschaften, aber nicht unbedingt Agrarprodukte erzeugen.

6.4 Wochenendhaus

Das Wochenendhaus, von Städtern zunehmend begehrt, wächst sich immer mehr zu einem Zankapfel in der öffentlichen Diskussion aus. Mir wurde vorgeworfen, daß ich mit meiner Broschüre „Rettet das Land"*) der Totalzersiedlung, besonders der süddeutschen Landschaft, das Wort geredet habe. Bei diesem Vorwurf handelt es sich um eine bewußte Irreführung der Öffentlichkeit, denn wenn jemand diese Broschüre gelesen hat, kann er den Vorwurf nicht erheben, und wenn er ihn trotzdem erhebt, tut er es in bösartiger Absicht. Fest steht, daß immer mehr Menschen des Ballungsraumes überdrüssig werden, und bei einer permanenten Zunahme an Einkommen und Freizeit nach einem Wochenendsitz in ländlicher Umgebung Ausschau halten, der bei vielen auch zum Alterssitz werden wird. Doch diese Menschen wollen Landschaft und nicht die städtische Beengung mit einer engen Dorfsiedlung tau-

---

*) „Rettet das Land", Agrarpolitik, Teil der Gesellschaftspolitik von morgen, Herausgeber: Bayerischer Sparkassen- und Giroverband, 8 München 2, Briennerstraße 24, Juli 1970.

schen. Da die Kapazitäten für Wohnen auf dem Land (siehe VIII/5) begrenzt sind, wird die Nachfrage nach Bauplätzen zur Erstellung von Wochenendhäusern dauernd zunehmen. Das ist eine Realität! Es liegt bei den Behörden und beim Bund Naturschutz, diesen Konsum so zu lenken, daß er die Landschaft nicht zerstört, sondern dem Lande hilft. Dazu muß man aber die Entwicklungstendenzen rechtzeitig sehen und erkennen, um nicht der Entwicklung hinten nachlaufen zu müssen.

6.5 Der Wald

Der Wald und seine Pflege ist von allen gemanagten Maschinenringen von Anfang an in die tägliche Vermittlungstätigkeit mit einbezogen worden. Dies sei hier nur der Vollständigkeit halber erwähnt, weil man immer wieder so tut, als ob nun eigene Waldbewirtschaftungsorganisationen gegründet werden müßten. Der Manager im Maschinenring muß aber zur Kenntnis nehmen, daß das Bedürfnis für Waldpflegearbeiten in dem Maße ansteigen wird, in dem bisherige Zu- und Vollerwerbslandwirte auf außerlandwirtschaftlichen Haupterwerb umsteigen. Bisher diente die Waldarbeit oft als Alibi und Beschäftigungstherapie, wenn sonst am Betrieb nichts zu tun war. Ist aber ein Landwirt ganztägig im außerlandwirtschaftlichen Bereich, wird er sehr schnell Waldarbeiten, vom Pflanzen bis zum Fällen, über den Manager im Rahmen der Partnerschaft in Auftrag geben.

Wie der Wald in seiner Wohlfahrtsfunktion für die zukünftige Gesellschaft zu gestalten ist, haben Berufenere zu sagen. Sie sollten nur wissen, daß, was man auch wünscht, im Rahmen eines Maschinenringes jede Dienstleistung nach dem marktwirtschaftlichen Prinzip erbracht werden kann. Wenn es heute noch Gemeinden gibt, die eigene Angestellte oder eigene Technik zur Pflege ihres Kommunalwaldes unterhalten, heißt das nichts anderes, als daß der in diesem Gebiet tätige Maschinenringmanager noch nicht voll tätig geworden ist.

Schlußbemerkung

Entscheidend ist, daß bei allen Betrachtungen nicht übersehen wird, daß es beim Übergang von unökonomischer Agrarproduktion zur ökonomischen Landschaftsgestaltung für die Masse unserer Betriebe darum geht, zu verhindern, daß sie nicht wiederum Investitionen vornehmen, die letztlich keinen Gewinn bringen. Deshalb führt der Weg — und das kann nicht oft genug gesagt werden — von der Agrarproduktion zur Landschaftsgestaltung bei der überwiegenden Mehrzahl unserer Betriebsleiter über die Umschulung zum außerlandwirtschaftlichen Haupterwerb, um dann die sich evtl. bietenden Möglichkeiten der Gestaltung von Freizeit- und Erholungslandschaft gewinnbringend nutzen zu können. Natürlich wird nicht jedes Hektar unseres derzeit für agrarische Produktion genutzten Landes ein Geschäft in der Freizeit- und Erholungsgesellschaft bringen. Dann nutzt man es eben im arbeitsextensiven landwirtschaftlichen Nebenerwerb. Das wichtigste ist, daß man nicht durch falsche Organisation eines scheinbaren Vollerwerbsbetriebs die Chancen der Einkommenssteigerung im außerlandwirtschaftlichen Haupterwerb verspielt.

Auf Landschaftspflegezuschüsse sollte die deutsche Landwirtschaft besser nicht hoffen; denn es gibt zu viele Nichtlandwirte, die nur allzugern bereit sein werden, Flächen, die der Landwirt glaubt nicht mehr ökonomisch nutzen zu können, zu übernehmen und sie auf eigene Rechnung entsprechend der ökologischen Auflagen zu gestalten. Wer Bewirtschaftungszuschüsse braucht, verrät ja nur, daß die Bewirtschaftung der Fläche für ihn keinen Sinn mehr hat. Oder anders ausgedrückt: Wer nach Bewirtschaftungszuschüssen ruft, weil er angeblich nur so Kulturlandschaft erhalten kann, ist letztlich ein Wegbereiter der Überführung von Grund und Boden in die öffentliche Hand. Er sollte sich später dann auch nicht über Tendenzen zur Sozialisierung von Grund und Boden beklagen.

IX. Maschinenring, Kooperation, Kolchos?

Grundsatzreferat vor der Mitgliederversammlung 1973 des KBM (Kuratorium Bayerischer Maschinen- und Betriebshilfsringe e. V.) 29. 6. 1973, Freyung.

Vorbemerkung

Ein analytischer Vergleich dieser 3 Formen zwischenbetrieblicher Zusammenarbeit ist aus zwei Gründen notwendig:

1. Die Mehrzahl (!) der landwirtschaftlichen Führungskräfte in der Bundesrepublik Deutschland betrachtet die Partnerschaft von Voll-, Zu- und Nebenerwerbsbetrieben in einem hauptberuflich geführten Großmaschinenring entweder nur als

    ▸ eine von vielen Formen zur Senkung der Produktionskosten im technischen Bereich oder als

    ▸ Übergangsstufe zur Kooperation und somit als eine nicht unbedenkliche Vorstufe zur Kollektivierung.

2. Dieses Mißverständnis wird begünstigt, da angebliche Vertreter des Maschinenring-Gedankens und Wissenschaftler Überlegungen anstellen, wie der Maschinenring „weiterentwickelt" werden kann. Ihre Begründungen lauten:

    ▸ Die bisherige Form der überbetrieblichen Zusammenarbeit, nach dem Motto „jeder kann — keiner muß", genügt nicht, das Maschinenkapital bei allen Betrieben nachhaltig zu senken.

    ▸ In gewissen Maschinenringen würden Mechanisierungslücken entstehen, wenn niemand bereit ist, leistungsstarke Maschinen zu beschaffen; mit der derzeitigen, noch auf den Eigenbetrieb ausgerichteten Mechanisierung könne überbetrieblich keine richtige Schlagkraft erreicht werden.

▶ Immer mehr landwirtschaftliche Betriebsleiter — auch jenseits der 20 ha-Betriebsgrößenschwelle — wechseln so schnell in andere Berufe über, daß in Kürze mit einer Verknappung des Maschinen- und Arbeitskräfteangebotes gerechnet werden müsse.

1. Definition

Bevor ich auf diese Einwände eingehe, ist eine Definition der Systeme notwendig, die miteinander verglichen werden sollen. Da meine Grundsatz-Referate auch von solchen zitiert werden, denen es weder um Klarheit und Wahrheit geht, sondern nur darum, den Maschinenringen am Zeug zu flicken, muß ich auch die wesentlichen Elemente des Maschinenringes wiederholen:

Der **Maschinenring** (Populärausdruck: „Maschinenbank") ist eine organisierte Partnerschaft zur Verhinderung von Investitionen. Er ist ein freiwilliger Zusammenschluß von Voll-, Zu- und Nebenerwerbslandwirten zur besseren Auslastung der Privatmaschinen und der Arbeitskraft jedes einzelnen Mitgliedes über eine Telefonvermittlungszentrale.

Die Antriebskraft im MR ist ein hauptberuflich tätiger Manager (= Geschäftsführer), der am Erfolg der Arbeit (= vermittelte Einsätze) durch Umsatzprovision oder Leistungsprämie beteiligt sein muß! Die Basis seines Wirkens bieten unabhängige landwirtschaftliche Unternehmer, die sich im MR einen wirtschaftlichen, sozialen oder humanen Vorteil verschaffen, dabei aber frei in ihren Entschlüssen bleiben wollen.

Jedem Bauern steht es somit nicht nur frei, satzungsgemäß ein- und auszutreten; es gibt auch keine Arbeitsverpflichtung für das Mitglied, weder für Dienstleistungen technischer noch personeller Art. Die Bezahlung der Dienstleistungen erfolgt entsprechend den Arbeitsbelegen und Berechnungen des Managers bargeldlos von Konto zu Konto der Beteiligten.

Da es im MR keine Investitions-, Vermögens-, Einkommens- und Leistungsverflechtungen gibt, kann jedes Mitglied jederzeit wieder austreten ohne Verluste zu erleiden oder die Partnerschaft zu schädigen oder zu gefährden.

„Jeder kann — keiner muß" ist somit der unumstößliche Grundsatz eines MR. Wo dieses Prinzip angetastet oder verlassen wird, beginnt die **Kooperation!** Unter Kooperation versteht man im landläufigen Sinne eine Investitionsgemeinschaft, um beim Kauf von Maschinen oder der Errichtung von Betriebsgebäuden Kapital rationeller, also wirtschaftlicher einzusetzen als dies das einzelne Mitglied vermöchte.

Eine Kooperation ist also eine Teil- oder Vollfusion verschiedener Einzelbetriebe, die, im Gegensatz zum MR, mittel- oder langfristiger vertraglicher Bindungen bedarf. Ob sich diese Kooperation auf gemeinsame Investitionen der Mitglieder zur Erledigung lediglich einzelner Arbeitsverfahren und Wirtschaftszweige beschränkt oder den totalen Betriebszusammenschluß — direkt oder phasenweise — anstrebt, ist unerheblich.

Mit Kooperationen jedweder Art begeben sich die Betriebe schrittweise — oder total — in die gegenseitige Abhängigkeit und unterordnen sich vertragsgemäß einer neuen Betriebsleitung. Da in jeder Kooperation Investitions-, Vermögens-, Einkommens- und Leistungsverflechtungen entstehen, ist jedes Mitglied mittel- oder langfristig gebunden; doch auch jeder Austritt nach Ablauf der Vertragsbindung kann zu Verlusten für das Einzelmitglied führen, die Kooperation schädigen oder sogar gefährden. Der einzige Unterschied zum sowjetrussischen **Kolchos** besteht in der Tat nur darin, daß der Zusammenschluß „wirklich" freiwillig, — schrittweise oder ganz — vollzogen wird.

Wer einwendet, daß es unstatthaft sei, zwischen Partnerschaft und Kooperation zu unterscheiden, da ja „Kooperation" nichts anderes heißt als „Zusammenarbeit auf wirtschaftlichem Gebiet", was ja die Mitglieder im Maschinenring auch tun, dem ist entgegenzuhalten, daß es dann auch keinen Unterschied zwischen unseren Kooperationen und den östlichen, sozialistischen Kolchosen gibt; denn die Definition — laut Duden — heißt für Kolchos:

„landwirtschaftliche Produktionsgenossenschaft, die formal kein Staatsgut ist, sondern aus ‚freiwilligem' Zusammenschluß von Bauern entstand".

Da wir alle wissen, wie es um diese Freiwilligkeit bestellt war — man denke nur an die Flucht der Bauern aus der DDR, als man sie in die LPG's (Landwirtschaftliche Produktions-Genossenschaften) preßte — bitte ich sie alle, die es mit der Landwirtschaft ernst meinen, auf leichtfertige, gegenseitige Verdächtigung in fachlichen Diskussionen zu verzichten. Dazu gehört, daß man akzeptiert, daß unter

Partnerschaft ein Maschinenring verstanden wird. Die satzungsgemäßen Verpflichtungen der Mitglieder erstrecken sich jeweils nur auf durch mündliche — in der Regel telefonisch — getroffene Vereinbarungen einer einzelnen Dienstleistung und enden mit dieser. Der Betriebsleiter bleibt in allen Entscheidungen frei!

In einer **Kooperation** gibt der einzelne Bauer mit dem Abschluß schriftlicher mittel- oder langfristiger Verträge zugunsten einer Gemeinschaft gewisse unternehmerische Freiheiten, teilweise oder ganz, freiwillig auf. Der Betriebsleiter begibt sich teilweise oder ganz in Abhängigkeit zu einer neuen Betriebsleitung.

Die **Kolchose** (= LPG in der DDR) ist eine vom Staat angeordnete — oder durch Drohungen bzw. Repressalien erzwungene — Kooperation, in der Begriffe wie „Freiwilligkeit" oder „Genossenschaft" mißbräuchlich und irreführend verwendet werden. Eine Kooperation kann deshalb bei uns auch nicht zum Kolchos führen! Man sollte also aufhören, bei uns über Kolchosen oder über Vorstufen, die dorthin führen, zu sprechen.

2. Basis einer vergleichenden Analyse

Will man nun untersuchen, ob der Maschinenring der Ergänzung durch Kooperationen oder der Weiterentwicklung zur Kooperation bedarf, muß erst geklärt werden, welche Probleme es durch zwischenbetriebliche Zusammenarbeit zu bewältigen gilt.

2.1 Eine permanente Einkommenssteigerung

der Landwirte muß erreicht werden. Dabei ist nicht nur die Einkommensentwicklung, sondern auch die Index-Entwicklung der letzten 10 Jahre exakt zu studieren:

2.1.1 Disparität des Gesamteinkommens

Durchschnittseink. DM/Jahr	1960	1970	1971	2000
a) Landw. Voll/AK	5 518	11 176	12 379	
b) Landw. Erwerbst.	4 278	7 801	8 492	
c) Erwerbstätiger BRD	9 045	19 464	21 533	200 000 (!)
Differenz: (a zu c)	39,0	42,6	42,5	(= % von c)
Differenz: (b zu c)	52,7	59,9	60,6	(= % von c)

Trotz scheinbar parallel laufender Einkommenssteigerung erweiterte sich die Disparität des Gesamteinkommens (bei allen Fehlern, die durch eine vereinfachte Berechnung entstehen) immer mehr. Es müßten schon gewaltige Agrarpreissteigerungen in Aussicht stehen, wenn die Disparität von 40 bzw. 60 % egalisiert werden sollte. 40 % Abstand vom Vergleichseinkommen im Jahr 2000 wären jährlich ca. 80 000 DM!

2.1.2 Index der Preise (1961/62 = 100)

	Oktober 1971	Oktober 1972
Erzeugerpreis tierisch	118,7	133,9
Erzeugerpreis insgesamt	112,0	127,1
Betriebsmittel insgesamt	125,1	133,0
Maschinen neu	139,1	144,2
Maschinen Unterhalt	147,1	155,6
Neubauten	160,9	171,0
Löhne	203,0	218,0

(Lit.: Agrimente '73)

Wer steigende Einkommen erwirtschaften will, muß vor Investitionen am Maschinensektor und bei Gebäuden besonders vorsichtig kalkulieren und jede Abhängigkeit von Lohnarbeitskräften meiden.

2.2 Die Agrarüberschußproduktion in der EG bleibt

Die Preiserhöhungen der letzten beiden Jahre dürfen nicht über die echte, permanente Überschußsituation hinwegtäuschen. Der Milchpreis wurde künstlich manipuliert und es ist zu erwarten, daß es zu vermehrten Überschüssen kommt (Anmerkung 1974: italienische Einfuhrbeschränkung). Einzelne pflanzliche Produkte, wie Kartoffeln und Gemüse, verdanken ihre Preissteigerung nicht der Agrarpolitik, sondern den Witterungsbedingungen. Auch die Preissteigerungen bei Schlachtvieh haben mit der EG-Agrarpolitik fast nichts zu tun, sondern sind das Ergebnis des Zusammentreffens verschiedener Faktoren und Spekulationen am Weltmarkt. Der Schlachtschweinpreis, der im Zuge der weltweiten Rindfleischverknappung mitgezogen hatte, wird sich schon bald, durch den Beitritt der Neulinge — besonders der Dänen — zur EWG wieder deutlich vom Trend der Rindfleischpreissteigerung abheben. Eine echte permanente Steigerungsmöglichkeit ist, wie schon in den letzten 10 Jahren, nur bei Rindfleisch zu erwarten.

2.2.1 Rindfleischproduktion im Vollerwerbsbetrieb scheitert in der Bundesrepublik Deutschland aber — von wenigen Ausnahmen abgesehen — an den nichtvorhandenen Betriebsflächen.

2.2.2 Nebenerwerbslandwirte können die Chance steigender Rind- und Lammfleischpreise nutzen, weil die extrem arbeitsextensive Fleischproduktion nicht nur problemlos neben dem außerlandwirtschaftlichen Haupterwerb betrieben werden kann, sondern auch den Bedürfnissen der Landschaftsgestaltung gerecht wird.

2.3 Investitionen müssen systemgemäß sein

Das marktwirtschaftliche Prinzip lebt vom Gewinnstreben des einzelnen Unternehmers. Wer investiert, tut das in der Erwartung höherer Gewinne. Wer überdimensional investiert, weil er glaubt, eine Marktlücke gefunden zu haben, erwartet sich überdurchschnittliche Gewinne. Die Landwirtschaft liegt mit einem Aktivkapital je Arbeitskraft von 116 000 DM (Agrarbericht 1973) um ca. 100 % über den Arbeitsplatzkosten in Gewerbe und Industrie. (Anmerkung 1974: Verhältnis 70 000 DM zu 136 000 DM.) In der Agrardebatte 1972 sagte Bundeskanzler Willy Brandt: „In einer Wachstumswirtschaft sind Erhaltungssubventionen schierer Unsinn!"

2.3.1 Nach den Berechnungen des Bundeswirtschaftsministeriums aus dem Jahre 1968 benötigt man folgende Förderungsmittel zur Schaffung eines außerlandwirtschaftlichen Arbeitsplatzes:

50 000 DM	Investitionskosten je AK	
	15 % davon Investitionszuschuß	= 7 500 DM
10 000 DM	Industrie-Geländeerschließung/AK	
	60 % davon als Bundeszuschuß	= 6 000 DM
5 000 DM	Verbesserung der Infrastruktur/AK	= 3 000 DM

65 000 DM kostet ein Arbeitsplatz;
                                  den Bund   16 500 DM

2.3.2 Damals kostete ein Aussiedlerhof dem Steuerzahler direkt ca. 280 000 DM! Ein rationell gestalteter Auffangbetrieb — das ist unter dem Vorwand, die Kulturlandschaft erhalten zu müssen, die neue Bezeichnung für die Erstellung unrentabler Aussiedlerbetriebe — ist in von der Natur benachteiligten Regionen unter 500 000 DM Direktkosten nicht mehr zu erstellen.

2. 3. 3 Unterstellt man, daß ein außerlandwirtschaftlicher Arbeitsplatz heute 25 000 DM Förderungsmittel beansprucht, hieße das, daß jeder Aussiedlerhof mindestens 20 außerlandwirtschaftliche Arbeitsplätze verhindert; Arbeitsplätze, von denen jeder einzelne über Lohn- und Gewerbesteuer dem Staat die Förderungsmittel in kürzester Zeit nicht nur zurückerstattet, sondern bald die Steuereinnahmen verstärkt. (Die Zinsverbilligung der Verbindlichkeiten eines Auffangbetriebes für eine Laufzeit von 30 bis 60 Jahre verschlingt dagegen nochmals mindestens 500 000 DM Steuermittel!)

2. 3. 4 Die gleiche Berechnung muß auch bei kapitalaufwendigen Althofsanierungen angewendet werden.

2. 4 Erholungslandschaft gefragt

Während der deutsche Landwirt, der Nahrungsmittel erzeugt — das gilt besonders unter schwierigen Produktionsbedingungen — immer hoffnungsloser unter Konkurrenz- und Preisdruck gerät, entwickelt die Gesellschaft ein immer größeres Bedürfnis an Erholungslandschaft. Solange die Agrarpolitik nicht als Teil der Gesellschaftspolitik von sämtlich politisch Verantwortlichen verstanden und gestaltet wird, verstärkt sich das Spannungsverhältnis zwischen landwirtschaftlicher und nichtlandwirtschaftlicher Bevölkerung.

2. 4. 1 Immer mehr Brachflächen, die nach ökonomischen Prinzipien der Agrarproduktion nicht mehr genutzt werden können, verunstalten die Landschaft und das Geschäft mit der Landschaft geht an den klassischen Landwirten als Nahrungsmittelproduzenten mangels Kapital und Management vorbei.

2. 4. 2 Mit Bewirtschaftungszuschüssen als Entschädigung für die Dienstleistung „Landschaftspflege" durch Agrarproduktion kann betriebswirtschaftlich auf längere Zeit nicht disponiert werden, da mehr und mehr Menschen bereit sein werden, derartige Grundstücke ohne Subventionen zu übernehmen und zu erhalten.

Wer landwirtschaftliche Selbsthilfemaßnahmen initiiert, befürwortet oder gar subventioniert, die diesen vier Grunderkenntnissen — ja beweisbaren Tatsachen — widersprechen, führt Landwirte aus Unwissen, fahrlässig oder sogar bewußt irre!

3. Gesellschaftspolitische Entwicklung

Während die Landwirtschaft sich noch vergebens bemüht, ihre Einkommensdisparität zum außerlandwirtschaftlichen Bereich abzubauen, befindet sich die Industriegesellschaft längst in der Epoche der technischen Revolution (Otto Habsburg)[*)] und somit auf dem Wege zur Freizeit- und Dienstleistungsgesellschaft.

Die Einkommen steigen immer schneller, doch der weltweite Inflationstrend wird die Kaufkraft nicht mehr so steigen lassen wie in den letzten 10 Jahren.

Soziale Errungenschaften werden bis zum Ende dieses Jahrhunderts die Arbeits- und Lebensbedin-

*) Politik für das Jahr 2000, Verlag Herold, Wien 1968.

gungen viel stärker verändern als die Kaufkraftsteigerung.

3.1 Einkommenssteigerung

Die Einkommenssteigerung wird bis zum Ende dieses Jahrhunderts, gemessen an der Steigerung der letzten 16 Jahre, zu einem Durchschnittsjahreseinkommen der Erwerbstätigen in der BRD von über 200 000 DM führen. Legt man nur die Steigerungsrate von 1956—1972 zugrunde, nämlich 360 %/0 (!), läge das Durchschnittseinkommen im Jahre 2004 schon bei über 200 000,— DM.

Es lag	1956 bei ca.	4 500 DM
und stieg	1972 auf	16 239 DM
	(1956 = 360 %/0 über)	
Das ergäbe	1988 schon	58 460 DM
und im Jahre	2004 genau	210 456 DM.

3.2 Arbeitszeitverkürzung

Die Arbeitszeitverkürzung wird bis zum Ende dieses Jahrhunderts deshalb schneller voranschreiten, weil Arbeitslosigkeit vermieden werden muß. Waren vor 10 Jahren noch 500 000 neue Arbeitskräfte einzustellen, wenn die Wochenarbeitszeit um eine Stunde verkürzt wurde, so sind derzeit nur noch 230 000 Arbeitskräfte notwendig; und in 10 Jahren? Das Durchschnittseinkommen von über 200 000 DM wird also im Jahr 2000 in einer 30-Stundenwoche verdient werden.

3.3 Gleitende Arbeitszeit

Die gleitende Arbeitszeit wird deshalb zur Selbstverständlichkeit werden, weil sonst der Verkehr zur

Stoßzeit bei einer bis zum Jahr 2000 zwei- bis dreifachen Autodichte nicht mehr zu bewältigen sein wird. Es müßten schon fundamentale politische Entscheidungen zugunsten von Hochleistungs-Schnellverkehrsmitteln gefällt werden, wenn sich an dieser Entwicklung etwas ändern sollte.

3.4 Jahresurlaub

Der Jahresurlaub wird bis zum Ende dieses Jahrhunderts nicht mehr als ein geschlossener Urlaub eingebracht werden können. Beim Deutschen Gewerkschaftstag 1972 wurde erstmals die Forderung vorgelegt, daß jeder Arbeitnehmer einen zweimaligen Jahresurlaub von mindestens 3 Wochen erhalten muß.

3.5 Flexible Altersgrenze

Die flexible Altersgrenze wird, um Arbeitslosigkeit vermeiden zu helfen, im Jahre 2000 von Männern schon vom 55. Lebensjahre an in Anspruch genommen werden können.

Die Verkürzung der Wochenarbeitszeit in Verbindung mit dem zweimaligen Jahresurlaub und der flexiblen Altersgrenze wird eine gigantische Bewegung „Zurück-aufs-Land" einleiten; denn nicht nur das Wochenende und einen der beiden Jahresurlaube will man am Land verbringen. Auch als Alterssitz wird „das Landhaus" für immer mehr Menschen begehrenswert.

3.6 Luft, Wasser und gepflegte Landschaft

Luft, Wasser und gepflegte Landschaft werden somit zu den begehrtesten Konsumartikeln der Dienstleistungs- und Freizeitgesellschaft werden. Wer gut verdient kann es sich leisten, sich in gepflegter Landschaft mit reinem Wasser und sauberer Luft zu erholen.

Das Land wird somit denen gehören

3.6.1 die es sich leisten können, es zu erwerben und nach den Auflagen der Naturschutzbehörden zur eigenen Erholung zu gestalten und zu pflegen;

3.6.2 die gestaltete Landschaft als neue Erwerbs- und Einkommensquelle rechtzeitig zu nutzen verstanden;

3.6.3 die als Nebenerwerbslandwirte sich so rechtzeitig ein außerlandwirtschaftliches Einkommen sicherten, daß sie ihr Land zu ihrer eigenen Erholung (siehe 6.1) oder als Basis für eine zusätzliche Nebeneinnahme (siehe 6.2) nutzen können;

3.6.4 die als Vollerwerbslandwirte — unter günstigen Produktionsbedingungen (!) — rationalisieren nicht mit investieren verwechselten.

4. Vier Grundsätze zum Vergleich von Maschinenring und Kooperation

Für die Wirksamkeit überbetrieblicher Zusammenarbeit in der Landwirtschaft müssen die unter IX. 2 aufgestellten Grundsätze als Maßstab genommen werden:

4.1 Permanente Einkommenssteigerung für jedes Mitglied

4.1.1 Im **Maschinenring** gibt es keine langfristige Bindung; also ist jederzeit jeder Übergang — für jeden! — von Voll- auf Zu- und von Zu- auf Nebenerwerb und somit der Zugang zur Einkommenskombination oder zum außerlandwirtschaftlichen Einkommen möglich, das von Jahr zu Jahr permanent steigt.

4.1.11 Dem Umsteiger bleibt der Betrieb erhalten, so daß er nicht nur neues Einkommen erhält, sondern darüber hinaus Einkommenskombination betreiben kann.

4.1.12 Vollerwerbslandwirte erhalten mit jedem Umsteiger bessere Auslastungsmöglichkeiten für ihre Maschinen und Zuerwerbsmöglichkeiten mit steigenden Stundenlöhnen.

4.1.13 Die Betriebs- und Sozialpartnerschaft zwischen Voll- und Nebenerwerbslandwirten bleibt nicht nur intakt, sondern wird durch gleitende Arbeitszeit, abnehmender Wochenstundenzahl und zunehmenden Urlaub und besonders durch flexible Altersgrenze im außerlandwirtschaftlichen Bereich sogar neu belebt. In einer 30 Stundenwoche wird Partnerschaft zwischen Nebenerwerbslandwirten genau so funktionieren wie heute zwischen Zu- und Nebenerwerbslandwirten; denn jeder Vollerwerbslandwirt im MR wird zum Zuerwerbslandwirt.

4.1.14 Es fließt kein Geld in den außerlandwirtschaftlichen Bereich, sondern umgekehrt; die Liquidität aller wird verbessert.

4.1.2 In einer **Kooperation** zur Verbesserung der agrarischen Produktionsbedingungen wird das Einkommen nur durch mittel- oder langfristige gegenseitige Bindungen an Investitionen mit mehr oder minder großem Risiko erreicht.

4.1.21 Jede nichtprogrammierte Umdisposition eines einzelnen gefährdet alle bzw. ist wegen der eingegangenen Verpflichtung unmöglich.

4.1.22 Der wirtschaftlich-technische Fortschritt stellt jede Kooperation in Flächen- und Bestandsgröße permanent vor die gleichen Probleme wie den

Einzelbetrieb, aber ohne dessen Reaktionsmöglichkeiten zu besitzen: Wachse oder weiche!

4. 1. 23 Die Anpassung an die sozialen Errungenschaften der Gesellschaft muß in der Regel durch immer neue Investitionen oder Lohnarbeitskräfte erkauft werden.

4. 1. 24 Alle Investitionen müssen aus agrarischer Produktion erwirtschaftet werden, wobei eine inflationistische Tendenz bei stagnierenden oder gar sinkenden Agrarpreisen die Liquidität der ganzen Kooperation infrage stellt. Eine permanente Einkommenssteigerung kann in einer Kooperation nur selten erreicht, aber nicht garantiert werden.

4.2 Die Agrarüberschußsituation in der EG bleibt!

Chancen bietet der Markt mit Sicherheit auf Dauer nur bei Rind- und Lammfleisch. Übertriebene Investitionen führen aber auch hier gelegentlich zu Überschüssen und Preiseinbrüchen.

4. 2. 1 Im **Maschinenring** führt jeder Übergang in eine extensivere Wirtschaftsweise und somit zur marktkonformen Produktion:

4. 2. 11 Der Nebenerwerbslandwirt gibt als erstes die Milchviehhaltung als überbetrieblich nicht lösbar und einzelbetrieblich unrentabel auf und geht auf reine Fleischproduktion bzw. viehlose Wirtschaftsweise über. Auch Feierabendbauern können dem MR beitreten und ihre Betriebe als echte Nebenerwerbsbetriebe extensivieren.

4. 2. 12 Wollen Voll- und Zuerwerbslandwirte ihre Chancen in der Einkommenskombination in der Partnerschaft durch Teilzeiteinsatz nützen, brauchen sie nur Betriebsvereinfachung (= Spezialisierung) in bestehenden Altgebäuden zu betreiben.

4.2.13 Da die Restgebäude der begrenzte Faktor sind, Investitionen für Neubauten aber immer in Alternative zum risikolosen außerlandwirtschaftlichen Einkommen kalkuliert werden, nimmt die Agrarproduktion in der Partnerschaft (= Investitions-Verhinderungs-Gemeinschaft) ständig ab.

4.2.2 Jede **Kooperation** führt zur Intensivierung der jeweiligen Produktion; dazu wird sie gegründet.

4.2.21 Kooperationen werden vorrangig zur Schaffung großer Flächen oder Tierbestände gegründet. Es werden also grundsätzlich neue Wirtschaftsgebäude errichtet, da die Baukosten nur dann nicht mehr so durchschlagen, wenn Gebäude optimal genützt werden.

4.2.22 Da es keine Querverbindung zur außerlandwirtschaftlichen Einkommenssteigerung gibt, bleibt bei stagnierenden oder sinkenden Agrarpreisen und permanent steigenden Betriebsmittelpreisen nur die weitere Flucht nach vorne: in noch größere Produktionseinheiten, so daß die Überschüsse zunehmen.

4.2.23 Wo Nebenerwerbslandwirte an Kooperationen beteiligt sind, werden auch deren Produktionskapazitäten nicht nur aufrecht erhalten, sondern sogar gesteigert.

4.3 Investitionen müssen systemgemäß sein

Wer in der Marktwirtschaft als Unternehmer überdurchschnittlich investiert, tut das nur, wenn er eine sichere Marktchance zu nutzen versucht.

4.3.1 Im **Maschinenring** herrscht der Grundsatz: organisieren statt investieren.

4.3.11 Maschineninvestitionen nimmt man nur noch vor, wenn die Amortisation aufgrund der Nachfrage in höchstens fünf Jahren gesichert ist.

4.3.12 Statt Gebäudeinvestitionen vorzunehmen wird in Umschulung und Ausbildung investiert. Das bringt kein Risiko, sondern baut bestehende Risiken ab.

4.3.13 Was der Staat in die Umschulung der so mobilisierten Arbeitskräfte steckt, ist ebenfalls systemgemäß; das Geld fließt kurzfristig zurück.

4.3.14 Marktkrisen beschleunigen nur den Umstieg, gefährden aber weder Einzelbetrieb noch Partnerschaft.

4.3.2 **Kooperationen** sind nicht nur in der Tierhaltung, dort aber besonders, Investitionsgemeinschaften.

4.3.21 Das schnell abschreibbare Wirtschaftsgebäude gibt es in der BRD immer noch nicht.

4.3.22 Die geringste Zahl von Kooperationen wurde bisher zur Rindfleischproduktion gegründet. Obwohl hier der Markt Chancen bietet, fehlen die Flächen. Alle anderen, wie zur Legehennenhaltung, sowie zur Schweine- und Geflügelmast haben zur Marktblockierung beigetragen oder werden bald dazu führen. Sogar Milchvieh-Kooperationen werden noch gegründet, obwohl kein Politiker einen Ausweg aus der Milchüberschußmisere weiß.

4.3.23 Investitionen für Kooperationen im tierischen Bereich sind somit nicht systemgemäß. Ihre Propagierung und Förderung in hochentwickelten Industrienationen, wie in der BRD, in Österreich und Japan sind somit nationalökonomischer Unsinn und belasten deren internationale Handelsbemühungen und -beziehungen. Sie blockieren darüber hinaus die Chancen agrarischer Entwicklungsländer am Weltmarkt. Kooperationen wären somit nur „sinnvoll" in Ländern, die den Unsinn der Autarkie noch pflegen; doch dort hat man Kolchosen und schafft mit diesen noch nicht einmal die Selbstversorgung.

4. 3. 24 Marktkrisen treffen Kooperationen stärker als Einzelbetriebe, die nicht systemgemäß investierten; denn sie können nicht so schnell, weil nicht individuell reagieren.

4. 4 *Erholungslandschaft*

Erholungslandschaft wird gefragt und zwar immer mehr, von Jahr zu Jahr.

4. 4. 1 **Maschinenringe** vermögen sie zu gestalten und zu erhalten, weil das Gros ihrer Mitglieder in wenigen Jahren aus Zu- und Nebenerwerbslandwirten bestehen wird.

4. 4. 11 MR-Mitglieder sind liquide. Sie werden auf jeden Fall zu denjenigen gehören, denen auch am Ende dieses Jahrhunderts noch Land gehört.

4. 4. 12 Die Mitglieder der Partnerschaft sind in der Lage, jeder Auflage, die von der Freizeitgesellschaft als Sozialbildung an Landbesitz gefordert wird, gerecht zu werden.

4. 4. 13 Nur die Partnerschaft ist in der Lage, auch noch die Landschaftspflege ökonomisch zu gestalten.

4. 4. 14 Wo die Ökonomie aufhört und Landschaftspflege als Dienstleistung von Privatbesitzern oder Körperschaften verlangt und bezahlt wird, wird sie der MR am preiswertesten — ja sogar auch dann wieder mit Gewinn für seine Mitglieder! — zu erbringen vermögen.

4. 4. 2 **Kooperationen** mit dem Ziel, den Mitgliedern das Land zu erhalten und der Gesellschaft das Land zu gestalten gibt es derzeit nur vereinzelt. (Die Schafhaltervereinigung Bayerischer Wald ist eine Partnerschaft.) Ihr Initiator Franz Hirtreiter bekennt sich zur Partnerschaft im MR, weil sie nur im Rah-

men dieser Partnerschaft, wenn überhaupt, ökonomisch zu gestalten ist.

4. 4. 21 Alle anderen landwirtschaftlichen Kooperationen produzieren nicht nur an dem Bedürfnis der Gesellschaft nach Erholungslandschaft vorbei, sondern gefährden diese sogar zusätzlich durch Massentierhaltung.

4. 4. 22 Kooperationen, die ökonomisch Agrarproduktion zu treiben versuchen, legen über kurz oder lang sogar Grenzertragsböden still.

Es ist höchste Zeit, daß an einer Akademie für Agrarmanager neben MR-Geschäftsführern und Managern für Erzeugergemeinschaften auch Manager zur ökonomischen Gestaltung von Erholungslandschaft ausgebildet werden.

5. Zwischen Maschinenring (= Partnerschaft) und Kooperation

gibt es noch eine größere Anzahl scheinbarer Lösungen, die aber alle zu keinem wirklichen Ergebnis führen, nimmt man sie nur genau unter die Lupe:

5. 1 Die Maschinengemeinschaft

Die Maschinengemeinschaft ist bereits eine Mini-Kooperation, d. h. Investitionsgemeinschaft zur Lösung eines technischen Teilproblems. Doch fehlende Maschinenkapazitäten beschafft man sich im Maschinenring durch einen Telefonanruf, ohne einer „Investitionsgemeinschaft" beitreten zu müssen. Wer in einem MR eine Maschinengemeinschaft gründet, was möglich ist, hindert andere an der besseren Auslastung der schon vorhandenen Maschinen.

5.2 Der Lohnunternehmer

Der Lohnunternehmer betreibt ein selbständiges „Dienstleistungsgewerbe", wo noch kein MR vorhanden ist. Die Leistungen der Lohnunternehmer sind unbestritten und von mir nie angezweifelt worden. Im MR wird aber das Lohnunternehmen zwangsläufig (!) durch Zuerwerbslandwirte abgelöst, die darauf angewiesen sind, durch Einsatz ihrer Maschinen und Arbeitskraft zur Einkommenskombination zu kommen. Jedem Vollerwerbslandwirt bieten sich somit im MR Zuerwerbsmöglichkeiten, die er früher oder später nützt. Den Haupt- (oder Voll-)erwerbslandwirt, der keinerlei Zusatzeinkommen hat, wird es in einem gut geführten MR nicht mehr geben. Wo Lohnunternehmer arbeiten, erbringen sie lediglich den Beweis, daß Vollerwerbslandwirte mangels MR oder bewußt — weil sie es nicht nötig haben oder nicht nötig zu haben glauben — auf zwischenbetriebliche Zuerwerbsmöglichkeiten verzichten. Doch das kann jeder machen wie er will.

5.3 „Modell Dornheim"

Das „Modell Dornheim" im hessischen Ried, 10 km westlich von Darmstadt, ist eine Kooperation. Sein Initiator, Kreislandwirt Kurt Schulz, bezeichnet Dornheim als die „technische Endlösung", den MR aber nur als eine „Übergangsform der Mechanisierung". Im hessischen Ried und benachbarten Rodgau werden 25 000 ha über freibewegliche und 10 000 ha über teilortsfeste Anlagen beregnet; man treibt dort intensiven Feldgemüsebau.

Der „Beregnungs- und Bodenverband Dornheim", einer von 65 solcher Ortsverbände im Rhein-Main-Gebiet, hat Ende der 60er Jahre in den Paragraphen 3 seiner Satzung, neben der Be- und Entwässerung, auch die Förderung des überbetrieblichen Maschineneinsatzes aufgenommen. 400 Mitglieder auf 7000 ha haben seit 1970 insgesamt für 1,8 Millionen DM Gemeinschaftsmaschinen gekauft.

Doch entscheidend ist: in Dornheim herrscht der Grundsatz: wer A sagt, muß auch B sagen. Wer Bearbeitungsflächen angemeldet hat, muß die Leistung gegen festgelegte Bezahlung auch in Anspruch nehmen; es gibt kein Zurück. Es ist ein Modell für Vollerwerbsbetriebe mit einer Durchschnittsbetriebsgröße von ca. 17 ha. Für intensive Feldgemüsebauern, die seit 1965 in „Beregnungs- und Bodenverbänden" straff organisiert sind, durchaus eine Existenzgrundlage; zumindest bis auf weiteres. Und was ist dann?

Dornheim ist also ein Modell, daß nur aufgrund ganz bestimmter Gegebenheiten und mit gewaltigem Kapitaleinsatz des Landes Hessen Teilleistungen eines MR vollbringt, nämlich die Produktionskosten in technischen Teilbereichen zu senken.

Dafür begibt sich das Mitglied langfristig seiner Dispositions-Freiheit, erhält keine Zuerwerbsmöglichkeiten in der Kooperation und steht vor ungelösten sozialen Problemen. Beim Übergang von Voll- und Zuerwerbslandwirten auf außerlandwirtschaftlichen Haupterwerb profitieren die verbleibenden Voll- und Zuerwerbslandwirte weder durch bessere Auslastung ihrer Maschinen noch durch Zuerwerb im Teilzeiteinsatz ihrer Arbeitskraft.

Dornheim war überall schon einmal da, in den Maschinenhöfen in Österreich, in den MTS (Maschinen-Traktor-Stationen) des Ostblocks und in den Maschinenstationen Dänemarks. Fast alle sind wieder verschwunden, weil sie den unternehmerischen Spielraum des Einzelnen stärker einengen als sie ihm über Produktionskostensenkung an Vorteil zu bringen vermögen.

Hätte Hessen sich nicht ideologisch gegen den Maschinenring gestemmt, wäre Dornheim nicht nötig gewesen. Daß Maschinen und gewisse Betriebsmittel in Dornheim nur noch zentral eingekauft werden, sei nur am Rande erwähnt, und zwar als weitere negative Begleiterscheinung; denn nur wo das Spiel des freien Marktes zwischen Genossenschaften und Landhandel erhalten bleibt, können sich auch die Erfolge des marktwirtschaftlichen Systems einstellen.

5.4 Die „Landtechnischen Fördergemeinschaften"

Die „Landtechnischen Fördergemeinschaften" sind das jüngste Produkt agrarpolitischer Aktivität Hessens. Auf Landkreisebene — wie in einem MR — schließen sich Landbesitzer, Maschinengemeinschaften, -genossenschaften, Lohnunternehmer, berufsständische Organisationen sowie Waren- und Kreditgenossenschaften zu einer solchen landtechnischen Fördergemeinschaft zusammen. Die landtechnische Seite „betreut" die Beratung und die Betriebshelfervermittlung übernimmt die Geschäftsstelle des Kreisbauernverbandes.

Alles ist also „tätig" in dieser Fördergemeinschaft, nur kein Manager. Aber für die nebenberufliche Geschäftsführung gibt es jährlich Zuschuß und natürlich auch — wenn auch angeblich nur begrenzt — zum Ankauf von Maschinen.

Wenn der Präsident des Hessischen Bauernverbandes, Richard Westernacher, in einer Sendung des Landfunks im Bayerischen Rundfunk am 12. 6. 1973 betonte, daß diese Fördergemeinschaften nicht zur Plattform für neue Maschineninvestitionen werden sollen, sondern daß es darum ginge, die vorhandene Technik — wie im MR — zu mobilisieren, so ist ihm nur zuzustimmen. Doch das wird nur gelingen, wenn man die Praktiker alleine läßt, sie vom Ballast der Verbände befreit und ihnen einen hauptberuflich tätigen Manager zur Verfügung stellt.

5.5 Bodenbewirtschaftungsgemeinschaften

Die Kommission der Europäischen Gemeinschaften untersuchte in ihrer Nr. 95 vom Dezember 1972 der „Hausmitteilungen über Landwirtschaft": Neue Formen der Zusammenarbeit im landwirtschaftlichen Produktionsbereich (III. BR Deutschland). Auf Seite 18 ist unter „2.1.1 Bodenbewirtschaftungsgemeinschaften" zu lesen:

„Bodenbewirtschaftungsgemeinschaften können als Weiterentwicklungen von Maschinengemeinschaften bzw. Maschinenringen angesehen werden. Bodenbewirtschaftungsgemeinschaften sind in der BRD sicherlich in großer Anzahl vorhanden ... Sie sind ... als zwischenbetriebliche Kooperationen zu bezeichnen ..." usw.

Die logische Gedankenführung lautet somit zwangsläufig: Maschinenring, Kooperation (Kolchos?). Dazu ist richtig zu stellen:

5.5.1 Wo sich Kooperationen irgendwelcher Art im Rahmen eines Maschinenringes entwickelten, wirkten folgende Faktoren, einzeln oder zusammen, auf diese Einzelmitglieder (!) ein:

5.5.11 Der MR hatte noch keinen hauptberuflichen Geschäftsführer, so daß die Partnerschaft und ihre Möglichkeiten noch nicht voll zum Tragen gekommen war.

5.5.12 Die Ring- oder Offizialberatung blockierte die (volle) Entfaltung des MR, um — aus eigener

Überzeugung oder ideologischer Dienstbarkeit — Operationsraum für Kooperationsversuche zu haben.
5.5.13 In Aussicht gestellte Zuschüsse, Darlehen bzw. Zinsverbilligungen verleiteten clevere Besitzer von relativ gesunden Vollerwerbsbetrieben zum Einstreichen der Differenzialrente, die bei hochbezuschußten Modell-Vorhaben — wenn auch oft nur scheinbar — immer abfällt.
In diese Kategorie fällt das Modell Kornlingen, das im Rahmen des MR Stade in Beckdorf von 11 Mitgliedern praktiziert wird (siehe 5.6).
5.5.2 Echte Kooperationen, also Investitionsgemeinschaften, die ihren Mitgliedern Vorteile verschaffen sollen, dürfen in ihrer Wirtschaftlichkeit nicht von Zuschüssen abhängig sein. Sie haben nur einen Sinn, wenn sie als Unternehmen den zusammengeschlossenen Einzelunternehmen zusätzlichen Gewinn erwirtschaften.
Großbetriebe, die ihre einzelbetriebliche Altgebäude- und Arbeitskapazität ausgeschöpft haben, sich am Markt aber zusätzliche Chancen errechnen, wie in der Hähnchenmast, Eierproduktion und Schweinemast, bilden dann eine Kooperation, wenn der technische Fortschritt zur Auslastung einer zusätzlichen Fremd-Arbeitskraft so große Bestände erzwingt, daß sie die Finanzkraft eines Einzelbetriebes übersteigt. Nur bei optimalen Bestandsgrößen, wie z.B. 4000 Schweinemastplätzen oder 100 000 Legehennen sind die Investitionskosten für neue Gebäude und technische Ausstattung zu verzinsen und zu amortisieren. Die Gewinnerwartung kann aber durch die Lohnarbeitskraft und die neu entstehende Abhängigkeit von permanent steigenden Lohnerwartungen auch hier zum Mißerfolg führen, wenn die Agrarpreise wieder stagnieren oder gar fallen.
Solche Kooperationen haben aber mit einem MR

ursächlich überhaupt nichts zu tun. Sie sind der Versuch tüchtiger und liquider Unternehmer, zusätzlich Gewinn zu erwirtschaften. Sie nützen nur einzelnen, zum Schaden der gesamten Landwirtschaft.

5.6 Beckdorf (Kornlingen)

Soweit Kooperationen — wie in Beckdorf — als Fortentwicklung eines MR gelten, ist erst der Beweis zu erbringen, daß die Mitglieder im MR einzelbetrieblich nicht zu den gleichen — oder besseren? — Betriebsergebnissen gekommen wären.

5.6.1 Bei einem einzelbetrieblichen Gesamtaufwand von über 200 000 DM — wie in Beckdorf getätigt — ist jeder entwicklungsfähige Betrieb rationell und gewinnbringend zu gestalten.

5.6.2 Eine Risikominderung durch spezialisierte Tierhaltung bedarf nicht einer „arbeitsteiligen Betriebskette" innerhalb einer Gemeinde. Die Mitgliedschaft im Erzeugerring und Erzeugergemeinschaft und die Instrumente der EG-Marktorganisationen, besonders die Preissicherung durch Intervention, führen letztlich zum gleichen Ergebnis.

5.6.3 Ein nichtentwicklungsfähiger Betrieb bedarf zum Umsteigen des Betriebsleiters auf außerlandwirtschaftlichen Haupterwerb nicht der Beteiligung an einer Kooperation.

5.6.4 „Der MR-Grundsatz, der da lautet: ‚Jeder kann und keiner muß' wird dadurch, zumindest moralisch, in Frage gestellt. Im Beckdorfer Kornlingen von 1975, dem Zieljahr, wird der Wahlspruch des Maschinenringes darum lauten: ‚Jeder kann und keiner muß mitmachen — doch wenn er sich entschieden hat — dann muß er!' "

Das ist ein Zitat aus der Broschüre „Das Beckdorfer Kornlingen", die Gerd Nowack als der Leiter des für Beckdorf zuständigen Beratungsringes Apensen im Dezember 1972 herausgegeben hat. Dr. Ernst Andreas Friedrich, als Autor des Buches „Kornlingen" der eigentliche Initiator, schreibt zur Einführung dieser Broschüre:

„Die in Beckdorf aufgezogenen Kooperationen laufen zufriedenstellend und beweisen schon jetzt, daß man Landwirtschaft auch anders betreiben kann, als sich von früh bis spät abzumühen und dennoch auf keinen grünen Zweig zu kommen."

Dazu ist zu sagen: Wenn man so viel Geld in den Einzelbetrieb investiert, bedarf es keiner Kooperation um zu beweisen, wie man Landwirtschaft leichter betreiben kann. Gerd Nowack ist zu danken, daß er das geschrieben hat, was ich in meiner Definition anfangs klarstellen wollte: eine Kooperation kann keine Weiterentwicklung der Partnerschaft sein, weil sie nach dem Beitritt aus dem „jeder kann" ein „jeder muß" macht. Sie stellt somit den Partnerschaftsgrundsatz nicht nur „moralisch" in Frage, sondern überschreitet ihn bewußt.

Der MR ist keine Vorstufe zur Kooperation. Wenn aber Kooperationen, wie in Beckdorf, auf der Basis eines viel größeren Maschinenringes entstehen, ist die Mechanisierung der Außenwirtschaft natürlich viel günstiger zu gestalten als es im Rahmen einer kleinen Kooperation sonst möglich wäre.

Kooperationen sind somit keine späten Blüten des MR, können aber dessen Nutznießer sein.

Schlußbemerkung

Wenn auch MR-Manager, die noch nicht alle Zusammenhänge kennen oder durchdacht haben, manchmal glauben, sie müßten ähnlich spektakuläre Objekte aufziehen wie Dornheim oder Beckdorf, so vermute ich dahinter oft den Drang nach spektakulären Taten; denn was kann man in einem MR schon besichtigen? Aber nach Dornheim, wo alle Gemeinschaftsmaschinen in einer Halle stehen und nach Beckdorf, wo feste gebaut wird, pilgern Völkerscharen aus aller Herren Länder.

Deshalb sind auch Politiker oft geneigt, spektakulären Investitionsobjekten schneller ihre Zustimmung zu geben als so unattraktiven Partnerschaftsbemühungen, wie sie im MR in täglicher Kleinarbeit praktiziert werden. Es sollte genügen, daß 20 000 Aussiedlerhöfe als gemauerte Irrtümer westdeutscher Nachkriegsagrarpolitik in der Landschaft stehen. Es müssen nun nicht auch noch die Irrtümer der Empfehlung von Kooperationen mit Monumenten dokumentiert werden.

X. „Jeder kann — keiner muß"

7 Grundsätze bäuerlicher Selbsthilfe

Grundsatzreferat: I. Internationale Tagung der Maschinenringe, Berlin, 3. 2. 1972

Einleitung

Es wäre unaufrichtig, verschweigen zu wollen, daß mich Genugtuung darüber erfüllt, daß 14 Jahre nach Begründung einer Idee diese sich bereits so vieler Freunde erfreut, daß eine 1. Internationale Begegnung stattfinden kann. Da sich die größten Schwierigkeiten bei Verbreitung einer neuen Idee durch unentwegt auftauchende Mißverständnisse ergeben, gestatten Sie mir bitte, daß ich in diesem Referat für die Gäste der Tagung, denen der Maschinenring noch keine Selbstverständlichkeit ist, meine Grundsätze in gedrängter Form erläutere. Für die Mitstreiter, die mir in den vergangenen 14 Jahren halfen, die Idee zu verbreiten, ist es aber an der Zeit, Zukunftsperspektiven aufzuzeigen und zu beweisen, daß es zur Partnerschaft im Maschinenring keine echte Alternative gibt. So wie ich vor 14 Jahren unseren Bauern nur durch schonungslose Offenheit den Weg zeigen konnte, die Zukunft zu bewältigen — die heute Gegenwart ist! — bedarf es zur Meisterung der heute vor uns liegenden Probleme erst recht einer nüchternen und schonungslosen Analyse.

Die Partnerschaft im Maschinenring ist mehr als eine von vielen Arten des überbetrieblichen Maschineneinsatzes. Sie ist für wendige, intelligente Praktiker die handeln wollen — während andere jammern und ihr Schicksal beklagen — „der" Weg zur Integration in die Industriegesellschaft und somit zu einem schöneren, menschenwürdigeren Dasein. Dabei müssen aber sieben Grundsätze beachtet werden, wenn der Weg zum Erfolg und nicht in eine neue Sackgasse führen soll:

Erster Grundsatz

Jede Selbsthilfe, die Erfolg haben soll, muß systembezogen sein, d. h. bei uns, in das Wirtschaftssystem der freien Marktwirtschaft passen.

1. Sie muß die demokratischen Grundprinzipien respektieren: jeder muß selbst entscheiden können, ob er sich einer Organisation, in diesem Fall einer organisierten Partnerschaft, anschließt oder nicht. Entscheidet er sich mitzumachen, hat er sich den Spielregeln, die der Mehrheit dieser Vereinigung gerecht werden, unterzuordnen. Noch entscheidender dabei aber ist, daß er auch jederzeit aus dieser Gemeinschaft ohne Schaden für diese — und sich selber — wieder ausscheiden kann. In den Kollektivsystemen sozialistischer Länder ist das nicht möglich. Wer z. B. in einer Landwirtschaftlichen Produktionsgenossenschaft in der DDR nicht mitmacht, wird unmenschlichem Druck ausgesetzt und wenn er aus einer LPG wieder austreten möchte, entstehen ihm gewaltige wirtschaftliche Nachteile.

2. Das Geheimnis der Überlegenheit des Systems der freien Marktwirtschaft besteht darin, daß der einzelne seine unternehmerischen Fähigkeiten voll entfalten kann. Also kann man in einem Maschinen-

ring nur Bauern organisieren, die unternehmerische Fähigkeiten besitzen. Es wäre sinnlos und systemwidrig, durch Überredungskünste jedermann zur Teilnahme bewegen zu wollen.

3. Soll die soziale Marktwirtschaft als Nachfolger der kapitalistischen Wirtschaftsweise nicht — wie diese — inhuman ausarten, hat der Unternehmer die Beweggründe und Verhaltensweisen anderer zu respektieren, auch wenn diese sich jeder ökonomischen Wertung entziehen.

Es sind nicht die schlechtesten „Menschen", denen nichts daran liegt, zur Befriedigung steigender Konsumwünsche immer raffiniertere Wirtschaftsmethoden anzuwenden. Sie werden durch einen Maschinenring in ihrer Lebensweise nicht gestört. Ebenso wichtig ist aber, daß auch sie die in einem Maschinenring Tätigen nicht stören können.

4. Eine der größten Fesseln für fortschrittswillige, bäuerliche Menschen stellt das Milieu dar, in dem sie leben. Nicht selten hindern Nachbarschaft und Dorfmeinung einen vorwärtsstrebenden Menschen am rechtzeitigen, vernünftigen Handeln. Die Intoleranz gegen jeden, der anders handeln und leben möchte, steigert sich oft zu einem Meinungsterror, dem der einzelne kaum entfliehen kann.

Der Maschinenring befreit seine Mitglieder aus diesem Milieu. Die Partnerschaft der fortschrittswilligen eines ganzen Gebietes — meist eines Landkreises — bietet Schutz gegen Reaktion. Der Maschinenring leitet die dritte Bauernbefreiung ein, die Befreiung von seinesgleichen und somit vom Meinungsterror (siehe Kapitel XII).

5. Ein Hemmfaktor für rechtzeitiges Handeln ist oft die Angst, etwas zu tun, was nicht mehr rückgängig gemacht werden kann. Jeder selbstkritische Mensch kennt diese Angst, einem Irrtum zu erlie-

gen. Die Partnerschaft im Maschinenring schafft dem Einzelnen Handlungsspielraum und keine irreversiblen, d. h. nicht mehr umkehrbaren Zustände.

Ein Beispiel: Wer sein Land abgibt, um sich umschulen lassen zu können, hat keinen Hof mehr, wenn er im neuen Beruf versagt. Im Maschinenring kann jeder umschulen und jede außerlandwirtschaftliche Einkommenschance nutzen, ohne seinen Hof abzugeben. Er kann also jederzeit als Bauer dort weitermachen, wo er einmal aufgehört hat.

6. Eine der Antriebsfedern ökonomischen Handelns im marktwirtschaftlichen System ist die Absicht, vorhandenes Eigentum zu wahren und zu mehren. Einen Bauern zur Landabgabe zu bewegen, um ihn einer neuen Eigentumsbildung nachjagen zu lassen, heißt, ihn zu einer systemwidrigen Handlungsweise zu verleiten. Im Maschinenring kann jeder sein Eigentum, sprich Land, behalten und über neues, außerlandwirtschaftliches Einkommen mehren.

7. Die Partnerschaft im Maschinenring bietet somit auch die Basis für eine Neuorientierung der Agrarpolitik in westlichen Industrienationen. Eine Agrarpolitik, deren Ziel es ist, immer weniger immer größer werdenden Betrieben zu helfen, geht letztlich davon aus, daß sich immer mehr von schon vorhandenem Eigentum trennen; somit handelt sie systemwidrig.

Doch, auch für die Politiker gilt, wie für jeden einzelnen Bauern im Maschinenring, der über jeder Handlungsweise stehende Grundsatz: „Jeder kann — keiner muß." Offen bleibt allerdings die Frage, ob er noch gewählt wird, wenn die Mehrheit der Landwirte einmal begriffen haben wird, daß die bisherige Agrarpolitik westlicher Länder auf eine dauernd schwindende Minderheit ausgerichtet ist.

ZWEITER GRUNDSATZ

Der wirtschaftlich-technische Fortschritt muß allen zugänglich sein, die ihn nützen wollen.

1. Die Agrarwirtschaft sieht — in Ost und West — in der Anwendung des wirtschaftlich-technischen Fortschritts die einzige Möglichkeit der Einkommenssteigerung auch für die Erwerbstätigen in der Landwirtschaft. Bis zur Stunde hat sie aber keinen anderen Weg zu weisen gewußt, als den des „wachse oder weiche". Man bemüht sich, die Betriebseinheiten laufend so vergrößern zu helfen, daß die Flächen oder Tierbestände den rationellen Einsatz immer größer und teurer werdender Maschinen ermöglichen.
Der Wettlauf der Betriebsvergrößerung mit dem wirtschaftlich-technischen Fortschritt ist in dicht besiedelten Industrieregionen mit kleinbäuerlicher Besitzstruktur nie zu gewinnen.
Die westlichen Länder fördern trotzdem mit Unsummen die Bodenmobilisierung und Betriebsinvestitionen. Die sozialistischen Länder ordneten einfach die Zwangskollektivierung an.
Der Maschinenring geht den umgekehrten Weg: Er organisiert die Anwendung der Technik für jeden Betrieb und macht den Besitzern zu kleiner Einheiten den Weg zum außerlandwirtschaftlichen Einkommen frei. In der Partnerschaft der Betriebe im Maschinenring sind dem wirtschaftlich-technischen Fortschritt somit keine Grenzen gesetzt.

1.1 Erst durch die agrarpolitisch bekundete Absicht, mit dem Land der Umsteiger die Betriebe der Großen aufstocken zu wollen, wurden die Besitzer von Kleinbetrieben verleitet, ihr außerlandwirtschaftliches Einkommen in die Eigenmechanisierung ihrer Mini-Betriebe zu stecken, um so ihr Eigentum verteidigen zu können.

1.2 Da die landwirtschaftliche Nutzfläche durch den Landbedarf der Gesellschaft und durch das Ausscheiden von Grenzertragsböden ohnehin laufend schrumpft, würde eine Aufspaltung der Landwirtschaft in isolierte Vollerwerbslandwirte und Feierabend- bzw. Mondscheinbauern die Nutzung des wirtschaftlich-technischen Fortschritts für den Vollerwerbsbetrieb bald unmöglich machen.

1.3 Im Maschinenring werden durch die Partnerschaft der Voll-, Zu- und Nebenerwerbsbetriebe nicht nur kleine Flächen der Bewirtschaftung durch rationelle Technik entzogen. Es wird sogar die Abschreibungszeit der Maschinen so verkürzt, daß die Neubeschaffung von Maschinen mit dem wirtschaftlich-technischen Fortschritt in Einklang gebracht werden kann.

2. Die Spezialisierung des Betriebes ist — auch in der Landwirtschaft — die Voraussetzung, den wirtschaftlich-technischen Fortschritt gewinnbringend nutzen zu können. Manchmal wurden Betriebe so spezialisiert, daß eine vollkommen neue technische Ausstattung erforderlich wurde. Zu spät zeigt sich oft, daß der Betriebsleiter mit der spezialisierten Produktion oder mit der Technik nicht zurecht kam und wieder aufgeben mußte, was große Verluste verursachte.

Im Maschinenring kann sich jeder Landwirt, gemäß seiner Veranlagung und seinem Können, mit viel geringerem Risiko spezialisieren: entweder auf überbetrieblichen Einsatz einer Technik (Pflanzenschutz, Pflügen) die er schon beherrscht, oder auf neue Kulturen, ohne sich die Technik dafür kaufen zu müssen. Ein Nebenerwerbslandwirt kann so z. B. eine Frucht auf seiner ganzen Fläche im jährlichen Wechsel anbauen (vom Körnermais über Getreide bis hin zur Zuckerrübe), ohne eine Maschine zu besitzen. Jeder Bauer hat, wie jeder Mensch, eine spezielle Veranlagung. Diese ganz nützen zu können, gewährleistet optimalen Erfolg. Im Maschinenring kann jeder das lassen, was ihn überfordert und das tun, wofür er sich besonders eignet. Er kann ohne Risiko experimentieren und Fähigkeiten mobilisieren, die bisher nur mangels Gelegenheit brach lagen.

3. Bisher war der einzelne Landwirt dem versierten Landmaschinenhändler und der lack- und chromproduzierenden Industrie oft hilflos ausgeliefert. Versagte eine neue Maschine, lief der Bauer Gefahr, sich vorwerfen lassen zu müssen, daß er mit ihr nicht umzugehen verstünde. In der öffentlichen Bewährung der Fabrikate wird nun die Marktposition der Bauern eines Maschinenrings gegenüber Handel und Industrie wesentlich gestärkt. Die elektronische Datenverarbeitung zur Abrechnung der Einsatzleistungen bringt einen einmaligen Leistungsvergleich der Fabrikate untereinander. Der Agrarmanager kann aufgrund dieses Leistungsvergleiches seine Mitglieder beim Maschinenkauf nun wirklich beraten.

4. Wissenschaftler aller Länder beschäftigen sich mit der Frage, wie die optimale Technik für die Landwirtschaft der Zukunft aussehen soll. Sie träumen von Feldern, deren Länge nicht unter 500 Meter sein soll und von Maschinen, die einen optimalen Bedienungskomfort bieten.

In einem gut geführten Maschinenring entwickelt sich die optimale technische Ausstattung aller Mitglieder durch Angebot und Nachfrage empirisch, also durch Erfahrung. Hier bringen uns keine wissenschaftlichen Planspiele, sondern nur die täglich praktizierte organisierte Partnerschaft weiter. Die Preisliste der Mitglieder, die von Fall zu Fall durch Erhöhung oder Senkung der Preise Angebot und Nachfrage angepaßt wird, ist der einzig derzeit praktikable Weg, der optimalen technischen Ausstattung aller landwirtschaftlichen Betriebe „näher" zu kommen.

5. Gut organisierte und über das ganze Land verstreute Maschinenringe sind das ideale Landmaschinenprüffeld der Zukunft. Die bisherigen Landmaschinenprüfungen hinken der wirklichen Entwicklung immer nach. Doch bis heute (1972! Erstgründung 1958!) warten wir darauf, daß sich die Deutsche Landwirtschaftsgesellschaft (DLG) dieses idealen Landmaschinenprüffeldes bedient.

6. Die deutsche Landmaschinenindustrie wäre nicht so in Bedrängnis geraten, wenn sie rechtzeitig die Möglichkeiten der Zusammenarbeit mit den Maschinenringen genutzt hätte. Wenn die Gesundschrumpfung der Landwirtschaft nach den bisherigen Gesetzen westlicher Agrarpolitik fortgesetzt wird, dürfte sich die Forschung für die technische Weiterentwicklung der immer weniger werdenden Großbetriebe bald nicht mehr lohnen. Gut organisierte Maschinenringe (siehe 1. 3) können der Landmaschinenindustrie aber gesunde und vorausschaubare Entwicklungsmöglichkeiten eröffnen.

Maschinen, die sich als überlegen bewähren, werden darüber automatisch nachgekauft und bedürfen keines kostspieligen Werbe- und Absatzapparates.

7. Dazu gehört auch, daß das Reparaturwesen noch stärker rationalisiert wird, weil sich nur so der Absatz konsolidiert. Die Typisierung und Normierung ist eine Grundforderung funktionierender Partnerschaft. Das vereinfacht die Ersatzteil-Lagerhaltung

und ermöglicht die Verbreitung fahrbarer Werkstätten. Einzelne Maschinenringe benützen ihrerseits schon UKW-Anlagen zur noch rationelleren Einsatzgestaltung.

8. Eine echte Partnerschaft mit Handel und Industrie muß entstehen. Daß eine kranke Landwirtschaft auch Landmaschinenhandel und Landmaschinenindustrie in ihrer Existenz gefährdet, ist in den letzten Jahren deutlich geworden. Die Partnerschaft von Voll-, Zu- und Nebenerwerbsbetrieben im Maschinenring kann eine neue Partnerschaft zwischen Landwirtschaft, Landmaschinenhandel und Landmaschinenindustrie bringen.

Doch jeder kann — keiner muß! Landmaschinenhandel und -industrie können einer besseren Zukunft entgegen gehen. Firmen, die diese Partnerschaft mit den Maschinenringen nicht suchen, werden am Geschäft von morgen nicht mehr beteiligt sein. Die Mitglieder der Maschinenringe werden sie mit ihren Betrieben, entweder im Voll-, Zu- oder Nebenerwerb, überleben.

Dritter Grundsatz

Ohne Teilnahme am sozialen Fortschritt verliert der wirtschaftlich-technische seinen Sinn.

1. Auch der isolierte Vollerwerbsbetrieb kann, wo er ökonomisch möglich ist, einem landwirtschaftlichen Erwerbstätigen — wenn auch meist nur vorübergehend — überdurchschnittliche Einkommen verschaffen. Wie solche Produktionseinheiten (PE) aussehen, wurde im EWG-Memorandum 1968 deutlich gemacht. Doch die Betriebsinhaber isolierter Einzelbetriebe sind als Tierhalter dann arme Reiche,

d. h. einsame Spezialisten. Sie dürfen nicht krank werden und können nicht Urlaub machen.

2. Deshalb empfahl Dr. Mansholt, als der Verantwortliche für die Neugestaltung der europäischen Agrarpolitik, solchen Betriebsinhabern, sich zu modernen landwirtschaftlichen Unternehmen (MLU) zusammenzuschließen, weil sie sich nur so auch den sozialen Fortschritt nutzbar machen können. (Anmerkung 1974: Für alle Betriebe ohne Maschinenring ist der Mansholtplan deshalb auch heute noch voll gültig, auch wenn das Gegenteil immer wieder behauptet wird.) Im Maschinenring ist keiner der Spezialisten alleine und in einem Maschinenring sind auch Betriebsfusionen nicht notwendig (obwohl möglich). Die Partnerschaft von Voll-, Zu- und Nebenerwerbsbetrieben ist in der Lage, die Isolation des Einzelnen zu vermeiden und alle Arbeitsspitzen zu brechen.

3. Eine der schrecklichsten Erscheinungen kleinbäuerlich betriebener Landwirtschaft — auch und gerade in der Feierabendlandwirtschaft — sind immer noch Frauen- und Kinderarbeit. Frauen, die so frühzeitig verbraucht werden, daß sie wie ihre eigenen Mütter aussehen und Kinder, die so hart arbeiten müssen, daß sie vor Übermüdung nicht mehr lernen können, sind das Ergebnis. Frauen- und Kinderarbeit sind in einem Maschinenring überflüssig.

4. Ein freies Wochenende oder einen Urlaub kann sich im Maschinenring jeder leisten, wenn er seinen Betrieb richtig organisiert. Wer natürlich auf 20 ha Vollerwerbslandwirt bleiben will und sich die Bezahlung des Vertreters im Urlaub nicht leisten kann — finanziell! —, ist eben kein echter Unternehmer. Auch die Vertretung im Krankheitsfall bringt keinerlei Probleme. Was wir fordern müssen ist lediglich, daß die Berufsgenossenschaften, Alters- und Kranken-

kassen die Möglichkeiten, die eine Vermittlung von Teilzeit-Kräften im Maschinenring bietet, sehen und in ihrer Planung berücksichtigen.

5. Der Teilzeit-Betriebshilfedienst bringt gerade dem Zuerwerbslandwirt zusätzliches Einkommen. Die stundenweise Betriebshilfe von Zuerwerbslandwirten ist für Berufsgenossenschaft und Kassen und somit auch für den einzelnen, beitragszahlenden Betrieb billiger, da er jeweils nur für echt vollbrachte Leistungen zu bezahlen ist. Leerzeiten, wie bei der Anstellung hauptberuflicher Betriebshelfer, entstehen hier nicht. Das gilt genauso auch für den Einsatz von Bäuerinnen im Teil-Zeit-Dorfhelferinnendienst. Interessenten für Teil-Zeit-Einsätze sind im Rahmen eines Maschinenringes durch Abendkurse zu schulen.

6. Besonders interessante Aspekte wird für die soziale und arbeitswirtschaftliche Partnerschaft im Maschinenring der Freizeitwert landwirtschaftlicher Arbeit bringen. Bei fortschreitender Arbeitszeitverkürzung im neuen außerlandwirtschaftlichen Beruf werden auch echte Nebenerwerbslandwirte in der landwirtschaftlichen Tätigkeit ihr Ausgleichshobby suchen.

Die Hauptaufgabe eines Maschinenringes besteht darin, zu verhindern, daß heutige Voll- und Zuerwerbslandwirte beim Umsteigen die Zahl der Feierabendbauern vermehren. Hobbylandwirten müssen sie zeigen, wie dieses Hobby in der Partnerschaft Gewinn bringen kann. Sie, zu aller Vorteil — auch zu ihrem eigenen — in die Partnerschaft einzubeziehen, wird zur Existenzfrage erst des deutschen und bald des europäischen Vollerwerbslandwirtes werden.

7. Mit der Einführung der flexiblen, d. h. freizuwählenden Altersgrenze, also mit zunehmender frühzeitiger Pensionierung im außerlandwirtschaftlichen Bereich, werden sich immer mehr sogenannte Zivi-

lisationsflüchter in ländlicher Region niederlassen. In Frankreich wird der Trend schon deutlich. Diese „Zurück-auf's-Land-Rentner" können — wenn sie wollen — in die Partnerschaft im Maschinenring voll integriert werden. Sie werden die Teil-Zeit-Partnerschaft neu beleben, wenn andere das Ende der Landwirtschaft schon gekommen sehen.

Doch: Jeder kann — keiner muß. Es ist aber kein Zufall, daß die Landwirte — und Politiker — die den Maschinenring nützen, das tun, weil sie erkannt haben, daß nur mit ihm, neben dem wirtschaftlich-technischen Fortschritt, auch zunehmende soziale Errungenschaften allen nutzbar gemacht werden können.

VIERTER GRUNDSATZ

Steigendes Einkommen für alle und nicht nur für wenige Standes- und Standort-Privilegierte.

1. Seit wir wissen, daß in der Landwirtschaft nicht nur immer weniger immer mehr produzieren werden, sondern agrarische Produkte auch auf einen immer unelastischer werdenden Markt stoßen, weicht die Solidarität der Landwirte mehr und mehr einem innerlandwirtschaftlichen Verdrängungswettbewerb. Nachbarn werden zu Feinden, die gegenseitig — wie Leichenfledderer — auf das Unglück des anderen hoffen. Im Maschinenring braucht jeder wirklich den anderen, ob Voll-, Zu- oder Nebenerwerbslandwirt, als Partner. Nicht die Verdrängung, sondern die Existenzerhaltung und Einkommensmehrung ist ihr gemeinsames Anliegen. Da sicher nie alle Landwirte Mitglieder (= Unternehmer) von Ma-

schinenringen werden, wird vom Rest der einzelbetrieblich gescheiterten noch genug Land angeboten werden; irgendwann!

2. Wenn der Kampf um landwirtschaftliche Marktanteile nicht zum Störenfried der internationalen Handelsbeziehungen für Industrienationen werden soll, ist das außerlandwirtschaftliche Arbeitsplatzangebot in ländlichen Räumen so schnell wie möglich zu verbessern. Nur die Vermehrung attraktiver außerlandwirtschaftlicher Einkommensmöglichkeiten kann diesen mörderischen innerlandwirtschaftlichen Existenzkampf beenden; aber nur im Maschinenring.

3. Viele Landwirte schulen, aus Angst vor einem sozialen Abstieg, überhaupt nicht, oder zu spät, um. Erst die Partnerschaft im Maschinenring nimmt den Umschulungswilligen die Angst um ihr Eigentum und verschafft ihnen die Zeit zur echten Berufsumschulung. Nur durch den Maschinenring wird die Zunahme der für den Vollerwerbsbetrieb existenzbedrohenden Feierabendlandwirtschaft verhindert, weil nur wirklich Umgeschulte mit qualifiziertem Abschluß sichere Arbeitsplätze erhalten. Feierabendbauern sind meist Hilfsarbeiter und können schnell ihren Job verlieren.

4. Erst wenn der Umschulungswillige — das werden in Zukunft die Besitzer immer größerer landwirtschaftlicher Betriebe sein — die Sicherheit hat, daß in der Partnerschaft auch seine Aufträge jederzeit und gewissenhaft erfüllt werden, kann er aus Eigennutz auf Eigenmechanisierung und somit auch auf intensive Feierabendproduktion verzichten. Nur der wirkliche Nebenerwerbslandwirt bringt als Auftraggeber neue Einkommen in Zu- (= scheinbare Vollerwerbs-)betriebe.

5. Erst die Auftragserteilung durch eine immer größer werdende Zahl von Nebenerwerbsbetrieben

stoppt die Geldentwertung durch Rost im Zu- und Vollerwerbsbetrieb. Ohne Partnerschaft mit dem Nebenerwerbslandwirt gibt es für die Zu- und Vollerwerbslandwirte weder neue Einkommen noch wirtschaftlich-technische Weiterentwicklung.

6. Mit jeder Maschine, die ein Feierabendbauer kauft, sinkt die Finanzkraft einer ländlichen Region. Mit jedem außerlandwirtschaftlichen Arbeitsplatz, den ein Umschulungswilliger nutzt und mit jeder Auftragserteilung eines Nebenerwerbslandwirts an den Zu- und Vollerwerbsbetrieb steigt die Finanzkraft einer Region, weil sie Kapital mobilisiert und arbeiten läßt.

7. Der Nebenerwerbslandwirt ist somit Bindeglied zwischen Industrie, Landwirtschaft und Gewerbe. Er kann die neue Einkommensmöglichkeit nur nutzen, wenn Gewerbe und Industrie ihre Chance in der Beschäftigung seßhafter und weniger zur Abwanderung neigender Landwirte erkennen. Doch nur die Partnerschaft im Maschinenring vermag das versteckte Arbeitspotential zur Stärkung der ländlichen Region so schnell zu mobilisieren, wie es zur Schaffung neuer Industriezentren erforderlich ist. In wenigen Jahren wird aber die Schaffung neuer Arbeitsplätze in ländlichen Regionen nicht mehr möglich sein.

8. Da die Besitzer mittel- und kleinbäuerlicher Betriebe diese bisher nur durch Konsumverzicht als Vollerwerbsbetriebe erhalten konnten, wird bei der Integration der Betriebsinhaber in die gewerblichen und industriellen Einkommensmöglichkeiten auch eine gewaltige Konsumsteigerung im ländlichen Raum entstehen. Neue Einkommensmöglichkeiten für immer mehr Nebenerwerbslandwirte bringen somit neue Aufträge und Verdienstmöglichkeiten für Gewerbe und Industrie.

9. Es entspricht somit nationalökonomischer Vernunft, der Förderung außerlandwirtschaftlicher Arbeitsplätze in ländlichen Regionen Vorrang vor Erhaltungssubventionen bäuerlicher Betriebe zu geben. Ein Aussiedlerhof oder Auffangbetrieb kostet dem Staat mindestens die 10- (meist die 20-) fache Förderungssumme wie ein außerlandwirtschaftlicher Arbeitsplatz.

10. In Industrienationen und Regionen mit starker Arbeitskräfteverknappung Agrarstrukturverbesserung zu fördern, ist in Zeiten agrarischer Überschüsse unverantwortlich. In Entwicklungsländern und auch Agrarregionen von Industriestaaten mit Arbeitskräfteüberbesatz in der Landwirtschaft können die Einkommen nur über eine Intensivierung der Agrarproduktion angehoben werden. Eine weitere Abwanderung aus diesen Regionen und somit deren weitere Entvölkerung wird der Preis dafür sein.

11. Hat der Bauer Geld, hat's die ganze Welt. Dieses alte Sprichwort kann nun neu interpretiert werden. Bisher besagte es, daß alle Welt schon Geld hatte, bis es endlich der Bauer bekam. In der Partnerschaft der Voll-, Zu- und Nebenerwerbsbetriebe eines Maschinenringes in der Industrieregion kann jeder Bauer jeder Betriebskategorie durch Einkommens-Kombination erstmals in der Geschichte mehr als alle anderen verdienen und somit sein Vermögen erhalten und mehren.

Doch: Jeder kann — keiner muß. Moderne Agrarpolitik kann dazu führen, daß alle gleiche Einkommenschancen bekommen, auch die Menschen in bisher benachteiligten landwirtschaftlichen Regionen. Die Mitglieder eines Maschinenringes verschaffen sich auf jeden Fall schon heute steigendes Einkommen durch Einkommenskombination.

FÜNFTER GRUNDSATZ

Die Erhaltung der Landschaft als Lebensraum wird zum vorrangigen Anliegen der nachindustriellen Dienstleistungsgesellschaft im Zeitalter der technischen Revolution (Beginn: 1945, Ende?).

1. Sind die Wirtschaftsstrukturprobleme in der Industrieregion bewältigt, stellt die Erhaltung der Kulturlandschaft in der Partnerschaft der Voll-, Zu- und Nebenerwerbsbetriebe keine Probleme mehr dar. Arbeitsteilige Tierhaltung — extensive Aufzucht im Nebenerwerbsbetrieb, intensive Nutzung im Vollerwerbsbetrieb — ist die sinngemäße Fortsetzung der Maschinenringpartnerschaft. Sie wird in die arbeitsteilige Partnerschaft ganzer Regionen münden: Extensive Aufzucht in den vorrangig durch Nebenerwerbslandwirte bewirtschafteten Alpen- und Mittelgebirgsregionen und intensive agrarische Nutzung in den Ackerbauregionen.

2. Wer unsere Städte retten will, muß vorrangig die Entwicklung des Landes vorantreiben. Erst wenn der Zustrom in die Städte versiegt, können sie wirklich saniert werden. Sind genügend Arbeitsplätze im Sekundärbereich am Land geschaffen, können in der Partnerschaft der Voll-, Zu- und Nebenerwerbsbetriebe auch die neuen Einkommensmöglichkeiten der Dienstleistungs- und Freizeitgesellschaft für „die Landwirtschaft" genützt werden.

3. Die Mobilisierung des versteckten Arbeitskräftepotentials im ländlichen Raum ohne Abwanderung aus diesem ist nur noch möglich, solange die Industriegesellschaft noch zusätzlichen Arbeitskräftebedarf hat. Diese Chance geht, nach wissenschaftlichen Prognosen, mit den siebziger Jahren zu Ende. Nur die funktionierende Partnerschaft im Maschinenring

kann die psychologischen Hemmnisse der Umschulungswilligen so abbauen, daß die Industrialisierung noch rechtzeitig gelingt. 15 wertvolle Jahre wurden vergeudet.

4. Die landschaftlichen Schönheiten und deren Erholungsfunktion können für den Menschen der Dienstleistungsgesellschaft nur erschlossen werden, wenn die Infrastruktur verbessert wird. Sie jetzt vorrangig auszubauen, um damit die Wirtschaftsstruktur des Landes zu verbessern, läßt die vom Staat gegebenen Förderungsmittel kurzfristig wieder zurückfließen. Dadurch werden viel teurere Erschließungskosten, die in den nächsten Jahrzehnten sonst für die Freizeitgesellschaft aufgewendet werden müßten, gespart.

5. Arme Böden waren schon immer Ursache und Schicksal schöner Landschaften. Für den Nebenerwerbslandwirt und seine Maschinenringpartner wird es kein Problem sein, sie schön zu erhalten. Das setzt aber wieder voraus, daß im ländlichen Raum die Einkommensmöglichkeiten der gewerblichen und industriellen Produktion rechtzeitig geschaffen wurden; denn wo Nebenerwerbslandwirtschaft nicht möglich ist, wird es morgen auch nicht möglich — oder für alle teuer — sein, die Landwirtschaft schön zu erhalten oder zu gestalten.

6. Die arbeitsteilige Tierhaltung, durch die auch die Regionen noch gepflegt werden können, die sich der Mechanisierung oder ihrer wirtschaftlichen Gestaltung entziehen, setzt wiederum das Funktionieren der Partnerschaft im Maschinenring voraus. (Siehe Kapitel VIII: Maschinenring — Basis der Landschaftserhaltung.)

7. Die landwirtschaftliche Partnerschaft ganzer Regionen — z. B. Jungviehaufzucht in den Alpen und Mittelgebirgslagen für die Nutzungsgebiete in den

Ackerbauzonen — ist nur dann realisierbar, wenn die Landwirte im außerlandwirtschaftlichen Erwerb soviel verdienen, daß sie seßhaft bleiben. Solche extensive Tierhaltung bis hin zur Koppelschafhaltung kann aber nur im Nebenerwerb ökonomisch gestaltet werden.

Förderungsprämien für die arbeitsteilige Tierhaltung, wie sie der Freistaat Bayern mit seinem Grünlandprogramm bereits begonnen hat, sind sinnvoller, als Bewirtschaftungszuschüsse.

Transporthilfen, die für Tiertransporte zwischen den Regionen einem Null-Tarif gleichkommen, werden nur einen Bruchteil dessen kosten, was später für Landschaftspflege als Selbstzweck aufgewendet werden müßte.

8. Landschaftspflege als Auftrag würde die Gesellschaft — Bund, Staat, Gemeinde, Interessenverband — einmal mehr Geld kosten, als heute zur Verbesserung der Wirtschaftsstruktur ländlicher Regionen aufgewendet werden müßte. Da diese wiederum ohne funktionierende Partnerschaft keine oder unerwünschte Wirkungen bringt, muß die Verbreitung der Maschinenringe gesellschaftspolitischer Auftrag werden.

9. Das vorrangige Problem der nachindustriellen Dienstleistungsgesellschaft wird die Bewältigung der Freizeit werden.

Laut Meinungsumfragen in der Bundesrepublik Deutschland wissen wir, daß 70 % der Bevölkerung Gartenarbeit als liebstes Hobby angeben. Daraus wäre zu folgern, daß überall dort, wo Land von der Verödung bedroht wird, man seinen Besitzern gestatten sollte, es an Interessenten zu veräußern. Zuschüsse für Landschaftspflege oder gar für Aufforstungen sollten erst dann gegeben werden, wenn sich keine Neuerwerber finden, die freiwillig beim Kauf solcher

Grundstücke die Auflagen des Naturschutzes und der Landschaftpflege — alleine oder über Auftrag im Maschinenring — zu übernehmen bereit sind.

Die Urbanisierung unserer Gesellschaft ist kein Gottesgesetz, sondern das Ergebnis politischer Versäumnisse. Das Leben wieder lebenswert zu machen, beginnt bei der Entwicklung der ländlichen Region und endet bei der Erhaltung der Landschaft als Lebensraum für alle.

Doch: Jeder kann — keiner muß! Man kann auch heute das Land sich selbst überlassen; nur muß man dann morgen ein Vielfaches dessen aufwenden, was eine gut funktionierende Partnerschaft nebenbei zu leisten vermöchte.

Sechster Grundsatz

Der Kampf gegen den Hunger in den Entwicklungsländern — sein Erfolg oder Mißerfolg — wird auch das Schicksal der Industrienation sein.

1. Die meisten Menschen sprechen heute nur von Entwicklungshilfe. Wirklich in Angriff genommen wird sie erst mit der Steigerung der agrarischen Produktion in den Entwicklungsländern. Der landwirtschaftliche Arbeitsplatz ist der billigste in einem Entwicklungsland und der teuerste in einem Industrieland. Welche Folgerungen daraus zu ziehen sind, solange Industrienationen Agrarüberschüsse produzieren und die Menschen in den Entwicklungsländern Hunger leiden, liegt auf der Hand.

Mitglieder von Maschinenringen haben Alternativen und können deshalb besondere Zurückhaltung bei Investitionen üben.

2. Wirkliche Entwicklungshilfe bedingt somit eine ständig steigende Übernahme von Agrargütern aus der dritten Welt. Die Industrialisierung eines Entwicklungslandes, die ihre Ansätze nicht vorrangig in der Aufbereitung und Veredlung von Agrargütern hat, wird keine Erfolge bringen. Wo Industrialisierung nicht phasenweise von der Agrarproduktion her aufgebaut wird, erzeugt sie soziale Spannungen, die Revolten auslösen können und werden. Wer in Industrienationen landwirtschaftliche Investitionen und steigende Selbstversorgung fördert, statt Agrargüter aus Entwicklungsländern zu übernehmen, schafft nicht nur internationale Konflikte, sondern gefährdet auch die eigene Wirtschaftsentwicklung.

Die Mitglieder von Maschinenringen werden nicht in Verwirrung geraten, wenn weltweite Entwicklungshilfe neuen Preisdruck für Agrarprodukte bringt.

3. Partnerschaft bringt jedem einen Vorteil. Partnerschaft zwischen Industrienationen und Entwicklungsländern muß beiden dienen. Bisher haben die Industrieländer die Entwicklungsländer aber nur übervorteilt. Ihnen wirklich helfen, heißt die agrarische Selbstversorgung zu drosseln. Das muß jeder wissen, der heute gegen die angeblich zu hoch angesetzte Förderungsschwelle im einzelbetrieblichen Förderungsprogramm des Bundes polemisiert. Unter solchen Zukunftsaspekten kann sie gar nicht hoch genug festgesetzt werden, soll die Landwirtschaft morgen nicht vor einer noch größeren Tragödie stehen.

Umschulungs- statt Investitionshilfen heißt deshalb seit Jahren meine Forderung. Und Vorsicht mit Bodenmobilisierungs- und Aufstockungsempfehlungen und -förderungen. Das sollten alle Agrarpolitiker der freien Welt beherzigen.

4. Wenn heute die Nebenerwerbslandwirtschaft das Bindeglied zwischen Industrie und Landwirtschaft in der Industriegesellschaft darstellt, so wird morgen ohne Nebenerwerbslandwirtschaft als Ausweg — nicht als Ideologie! — die Partnerschaft zwischen Industrienationen und Entwicklungsländern nicht zu verwirklichen sein.

Ich bin mir voll bewußt, daß diese Sätze von Unwissenden und Demagogen in den nächsten Jahren genauso mißbraucht werden, wie dies mit meiner Hypothese über die notwendige Integration der Landwirtschaft in die Industriegesellschaft vierzehn Jahre lang geschehen ist.

Mitglieder eines Maschinenringes haben soviele Möglichkeiten zu handeln und sich auf spürbare Entwicklungstendenzen so rechtzeitig einzustellen, daß sie nicht von politischen Entscheidungen überrollt werden können. (Anmerkung 1974: Auch die EWG-Überschüsse waren voraussehbar und trotzdem investierten sich ungezählte Landwirte betriebswirtschaftlich in ihren Untergang hinein. Für die Investitionen, die 1973/74 vorgenommen wurden, gibt es überhaupt keine Entschuldigung mehr.)

5. Trotzdem braucht auch jede Industrienation Nahrungsreserven für Notzeiten. So wenig wie Unvernunft aussterben wird, so wenig wird es eine menschliche Gesellschaft ohne Kriege geben. Die beste Nahrungsmittelreserve, die sich eine Industriegesellschaft zulegen kann, ist ein breitgestreutes Eigentum an Grund und Boden; denn in Notzeiten gilt es vorrangig Kohlehydrate, wie Getreide und Kartoffeln, zu produzieren. Ist eine Großraumlandwirtschaft bei uns schon aus ökonomischen Gründen weder notwendig noch realisierbar, so wird sie unter dem Aspekt der Sicherung nationaler Nahrungsreserven zum blanken Unsinn.

Der Maschinenring hilft Industrienationen in der Hochkonjunktur, fehlgeleitete Arbeitskräfte für gewerbliche und industrielle Produktion zu mobilisieren. Er sichert aber nicht nur Bodeneigentum in breiter Streuung, sondern vermag auch in der Partnerschaft kurzfristig optimale Nahrungsreserven zu mobilisieren. Wir alle hoffen, solche Krisen nicht mehr erleben zu müssen. Doch es ist beruhigend, zu wissen, daß auch auf Flächen, die jetzt im Nebenerwerb nur extensiv genutzt werden, kurzfristig wieder intensive Agrarproduktion betrieben werden kann.

Doch: Jeder kann — keiner muß. Man kann vor der Zukunft auch die Augen verschließen. Wer sich aber vor Enttäuschungen — und Fehlinvestitionen — bewahren möchte, sollte nachdenken, ob es einen anderen Weg gibt, der dritten Welt wirklich zu helfen und gleichzeitig Nahrungs-Produktionsreserven zu sichern, ohne riesige Nahrungsmittellager mit viel Steuermitteln unterhalten und dauernd umwälzen zu müssen.

SIEBENTER GRUNDSATZ

Wissen ist Macht. Unwissen fördert Selbstbetrug.

1. Wer beabsichtigt, Investitionen vorzunehmen, die, wie der Bau eines neuen Stalles, einer 30jährigen Nutzung bedürfen, wenn sie sich verzinsen und Gewinn bringen sollen, tut gut daran, nüchterne Zukunftsperspektiven exakt zu analysieren und Folgerungen daraus zu ziehen. Nur der Unwissende, also der Unmündige — würde der Dichter Morgenstern sagen —, „schließt messerscharf, daß nicht sein kann, was nicht sein darf"!

2. Vor dieser Zukunftsperspektive wird der Kampf um landwirtschaftliche Marktanteile zwischen Industrienationen zum Anachronismus. Unser Bemühen muß der Schaffung von Gleichheit in Bildung, Ausbildung und Nützung neuer Einkommensmöglichkeiten gelten. Wer heute sogar den Agrarzonen Frankreichs, Irlands und Süditaliens, wo es keine außerlandwirtschaftlichen Einkommenschancen gibt, verwehrt, ihre agrarischen Marktchancen zu nützen, wird morgen auch nicht willens sein, wirkliche Entwicklungshilfe zu gewähren. Während es für unsere Landwirte nur darum geht, sich die Einkommenssteigerung mehr und mehr im außerlandwirtschaftlichen Bereich — müheloser als in der Agrarproduktion — zu sichern, gibt es in den Entwicklungsländern nur die Alternative Agrarproduktion oder verhungern. Wir sind schuld, daß Jahr für Jahr Millionen verhungern, und zwar immer mehr, weit über das Jahr 2000 hinaus.

3. Die Organisierung eines Maschinenringes ist die Antwort einer Minderheit auf die Herausforderung der Zeit. Politik dagegen ist die Kunst des Möglichen für die Mehrheit.

„Was ist Mehrheit? Mehrheit ist der Unsinn,
Verstand ist stets bei wen'gen nur gewesen."
(Schiller, Demetrius)

Der Maschinenring ist nichts anderes als ein erweiterter, schier unbegrenzter Spielraum für eine Minderheit mündiger, illusionsloser Landwirte, der aber auch der Mehrheit jederzeit offensteht. Einen Maschinenring aber richtig zu organisieren, bedarf der Mehrheit nicht.

Somit eilt der Maschinenring den Möglichkeiten der Tagespolitik weit voraus. Weil dem Maschinenring als Selbsthilfeeinrichtung bäuerlicher Unternehmer das Wesen der Politik, nämlich das Streben nach Macht, fehlt, kann er als Idee politisch nicht mißbraucht werden. Die Existenz der Maschinenringe stellt ihrerseits aber eine permanente Herausforderung für die Politiker, und zwar nicht nur für die Agrarpolitiker, dar. Wo die bisherige agrarpolitische Konzeption in der westlichen Welt noch geglaubt, ja sogar deren Fortsetzung gefordert wird, gibt es kaum Maschinenringe. Je mehr die Sackgasse aber sichtbar wird, in die sich eine Agrarpolitik bewegt, die sich nicht als Teil einer modernen Gesellschaftspolitik versteht, umsomehr tritt der Maschinenring in das Rampenlicht der Öffentlichkeit.

Wenn dann an den Maschinenring von der Agrarpolitik — wie einst an den Heiligen Christophorus — der Ruf ergeht „hol über", werden wir uns diesem Ruf nicht verschließen. Nur wird der Preis für das Überholen dann umso höher sein, je geringer die Unterstützung dieser Idee erst gewesen ist. Und ich meine, Vernünftiges zu fördern ist immer billiger, als Unvernunft — oder aus Unvernunft — zu subventionieren!

Damit will ich sagen: Die Verbreitung der Maschinenringidee ist nicht die Aufgabe derer, die sich ihrer bedienen, sondern jener, die ohne sie sonst nicht mehr weiter können. Unsere gemeinsame Aufgabe in den Maschinenringen ist es, die Idee so weiter zu entwickeln, daß sie jederzeit jedermann offensteht und helfen kann, egal ob Praktiker oder Politiker.

4. Maschinenringe zu fördern bringt den höchsten Nutzeffekt, den jemals eine Förderungsmaßnahme für Praxis und Staat gebracht hat. Dabei ist aber — wie dies inzwischen in einzelnen Ländern der Bundesrepublik Deutschland auch geschieht — nur die Organisation zur Auslastung der Technik zu för-

dern. Eine Mark Aufwand für die Organisation eines Maschinenringes bringt 65 Mark Nutzen! So konnte ein Maschinenring nach 10jähriger Tätigkeit nachweisen, daß er 300 Bauern 20 Millionen Mark Investitionsaufwand für Technik gespart hat. Er verrechnete in dieser Zeit Einsätze für rund 3,0 Millionen Mark, wovon ca. 300 000 DM für das Management aufgewendet werden mußten.

Die Leistungen eines Maschinenringes für die gesamte landwirtschaftliche Praxis und für die ganze Industriegesellschaft könnte die Bundesregierung für nicht mehr als 10 Millionen Mark jährliche Förderung jedem Landwirt anbieten. In der Bundesrepublik Deutschland brauchen wir nämlich maximal nur 600 hauptberufliche Geschäftsführer. Eine Geschäftsführung jährlich mit 15 000 Mark zu fördern, kostet — wenn wir einmal alle 600 haben werden — maximal 9 Millionen Mark im Jahr. Eine weitere Million ist jährlich für die Ausbildung und Weiterbildung dieser Geschäftsführer aufzuwenden. Wenn jede Mark Förderung nachweisbar 65 Mark Nutzen bringt, so kann man auch folgern, daß jede Mark gesparte Förderung mehr als 65 Mark Schaden verursacht.

Wer aber als Mitglied eines Maschinenringes nach Förderung ruft, hat den Sinn dieser Partnerschaft noch nicht begriffen; denn wenn für eine Mark Aufwand 65 Mark Nutzen entstehen, sollte es keiner Förderung bedürfen. Nur wenn Politiker die Idee des Maschinenringes verbreiten wollen, dürfen sie nicht an Förderungsmitteln sparen; denn die Handlungsweise von Wissenden und Mündigen auf Mehrheiten übertragen zu wollen, ist Politik und somit teuer.

5. Politiker, die sich entschließen, die Verbreitung der Maschinenringidee in Industriegesellschaften zu

fördern, leisten dadurch letztlich einen nicht zu unterschätzenden Beitrag zum Frieden in dieser Welt. Dadurch, daß der Maschinenring die volle Integration der landwirtschaftlichen Erwerbstätigen in die Industriegesellschaft ermöglicht, hilft er im Industrieland, das gespannte Verhältnis zwischen Steuerzahlern und Landwirtschaft abzubauen. Der Maschinenring bietet den Wirtschaftswissenschaften erstmals die Chance, auch auf dem Agrarsektor in größeren, weltweiten Dimensionen denken und planen zu können.

Das europäische Höfe-Denken brachte den Konflikt zwischen Industrie und Landwirtschaft, zum Schaden des einzelnen Menschen. Der Maschinenring bietet die Möglichkeit, daß nun der Mensch und seine Chancen, im Rahmen der historisch gewachsenen Gegebenheiten, in den Mittelpunkt der Gesellschaftspolitik gestellt werden. Dadurch können inländische, innereuropäische und weltweite Konflikte abgebaut werden:

5. 1 Groß- und Kleinbetriebe, Voll- und Nebenerwerbslandwirte werden Partner. Derzeit stehen sie noch in einem mörderischen Verdrängungswettbewerb und die Konflikte schwelen weiter.

5. 2 Frankreich, Italien und Irland (überwiegend Agrarzonen), die Bundesrepublik Deutschland, die Beneluxländer, Großbritannien und Dänemark (überwiegend Industriezonen) können endlich in echter Partnerschaft, also zum gegenseitigen Vorteil, Europa einigen.
Derzeit belasten sie sich mit anachronistischen Machtkämpfen um den Agrarmarkt. (Anmerkung 1974: leider vermehrt.)

5. 3 Industrienationen und Entwicklungsländer könnten endlich eine gemeinsame Zukunft finden, die

unbelastet von Agrarprotektionismus ist; derzeit ist die Armut der einen ein Teil des Reichtums der anderen.

Schlußbemerkung

Verzeihen Sie dem Begründer der Maschinenring- und Partnerschaftsidee diese Zukunftsvision. Aber wer der Landwirtschaft helfen möchte, darf nicht nur die nächsten 10 Jahre sehen, er muß sich eine Generation vorauszuschauen getrauen. Das Hauptproblem stellt sich längst nicht mehr in der Frage, wie man sinnvoll mechanisiert, sondern wie man heute noch ausschließlich von der Landwirtschaft lebende Menschen in die Industriegesellschaft integriert. Dabei sind die Aspekte der nachindustriellen Dienstleistungsgesellschaft und sinnvoller Entwicklungshilfe voll zu berücksichtigen.

Da ich überzeugt bin, daß alle diese Probleme bis zum Ende dieses Jahrhunderts bewältigt werden müssen, muß jeder noch aktive Bauer sie kennen. Der Maschinenring und die nur in ihm und durch ihn mögliche Partnerschaft ist für mich derzeit der einzige gangbare und menschlich zu gestaltende Weg in die Zukunft. Wer einen besseren weiß, soll ihn aufzeigen!

XI. Die Maschinenringe bitten um Antwort

30 Fragen an die für die Landwirtschaft verantwortlichen Politiker, Verbände und Funktionäre.
Grundsatzreferat: 5. Bundestagung der Maschinenringe, 23. 1. 1973, Koblenz.

1. Kostensenkung im Maschinenring

Die Maschinenringarbeit sollte von Anfang an verhindern, daß neben der durch den EWG-Vertrag unvermeidlich gewordenen absoluten und relativen Senkung der Agrarpreise den Landwirten zusätzliche Schwierigkeiten dadurch entstehen, daß sie weiter unwirtschaftliche Eigenmechanisierung betreiben.

Die offizielle Statistik bestätigt alle meine Befürchtungen, die mich nach einer Lösung zur Senkung der Produktionskosten suchen ließen. Während der Erzeugerpreisindex von 1966 bis 1972 im EWG-Durchschnitt um 20 Punkte angestiegen ist, betrug seine Steigerungsrate in der BRD nur 3 Punkte, in Frankreich aber 33 Punkte. Wohl stiegen seit 1959 auch die Betriebsmittelpreise im EWG-Durchschnitt um 27 Punkte, in Frankreich aber nur um 24 Punkte, in der Bundesrepublik Deutschland dagegen um 39 Punkte.

Doch die deutsche Landwirtschaft investierte weiter und ignorierte zu 90 % die kostensenkende Partnerschaft der Maschinenringe. Da die Mehrheit der EWG-Partner aufgrund ihrer wirtschaftlichen Lage eine ganz andere Vorstellung von einer gemeinsamen Währungs- und Konjunkturpolitik hat wie wir Deutsche, ist mit weiteren negativen Auswirkungen auf die Kosten-Preisrelation der Landwirte in der BRD zu rechnen. Das ist nun einmal so. Und weil das so ist, erlaube ich mir an die für die Agrarpolitik Verantwortlichen folgende Fragen zu richten:

Frage 1: Wie ist es möglich, daß sich nicht alle berufsständischen Organisationen und Personen — Bauernverbände und Landwirtschaftskammern, Landwirtschaftsberater und Agrarpolitiker — dafür einsetzen, im ganzen Bundesgebiet funktionsfähige, d. h. hauptberuflich gemanagte Maschinenringe zu gründen?

Frage 2: Wer trägt die Verantwortung, daß in vielen Bundesländern die Masse der Praktiker auch heute den Maschinenring weder kennt, noch weiß, wie man ihn gründet und schon gar nicht, welche Unkostensenkungen mit ihm möglich sind?

Frage 3: Wieso ist es möglich, daß im einzelbetrieblichen Förderungsprogramm auch heute noch 80 % der Mechanisierungskosten des Einzelbetriebes als förderungsfähig anerkannt werden, obwohl die gesamte deutsche Landwirtschaft unter dem Kapitalverlust und der Zinslast einer gigantischen Überinvestition leidet?

Frage 4: Wo bleiben die berufsständischen Initiativen, dem Geschäftsführer eines Maschinenringes als ersten, echten Agrarmanager der bundesdeutschen Landwirtschaft, über eine systematische Berufsausbildung zur Berufsanerkennung im Sinne des Ausbildungsförderungsgesetzes zu verhelfen?

Frage 5: Wo bleibt die Akademie zur Ausbildung von Agrarmanagern, — von mir im November 1959 (!) erstmals gefordert —, die in der Lage ist, auch die jährliche Fortbildung gemäß dem wirtschaftlich-technischen Fortschritt zu übernehmen? (Anmerkung 1974: Scheint noch in diesem Jahr in Bayern Wirklichkeit zu werden; schon 1974.)

Frage 6: Weiß man überhaupt, daß 100 % mehr Manager ausgebildet werden müssen, als man braucht, weil viele einfach die Eignung für diesen Beruf, trotz Bereitschaft und Ausbildung, nicht mitbringen und weil die besonders Geeigneten oft schon nach wenigen Jahren von Genossenschaften, Handel und sogar von politischen Parteien begierig als Führungskräfte wieder abgeworben werden? (Welche Bestätigung für den Bedarf an Agrarmanagern in allen Bereichen!)

Frage 7: Warum wird bis zur Stunde weder an landwirtschaftlichen Berufsschulen, noch an Fachschulen und schon gar nicht an den Hochschulen diese Art überbetrieblicher Partnerschaft im MR gelehrt? (Ausnahmen bestätigen die Regel.)

Frage 8: Wissen die verantwortlichen Agrarpolitiker überhaupt, daß für die hauptberuflich tätigen Kräfte in den Erzeugerringen, obwohl diese nur einen Bruchteil der Leistungen, wie hauptberuflich tätige Geschäftsführer in Maschinenringen zu erbringen vermögen, mindestens 10mal so viel Förderungsmittel gegeben werden, wie für die Maschinenring-Geschäftsführer oder glaubt man wirklich, daß z. B. ein Kontrollassistent der Schweinemast einem Betrieb, der nur 50 Schweine im Jahr liefert, wirklich helfen kann?

2. Ökonomische Gestaltung von Erholungslandschaft

Die klassische Agrarpolitik in der westlichen Welt richtet immer noch ihr ganzes Augenmerk auf die Schaffung möglichst vieler, sich permanent durch Vergrößerung ihrer Flächen wirtschaftlich-technischen Fortentwicklung anpassender Betriebseinheiten. Sie predigt die Solidarität der Landwirtschaft und versucht Vollerwerbsbetriebe als Fäulnispilze auf Kadavern verwesender Kleinbetriebe zu züchten.

Die Parteistrategen im kommunistischen Lager beginnen deshalb immer mit der Zerstückelung der Großbetriebe — sie nennen das gerechte Verteilung an Grund und Boden —, um damit Nährboden für das Wachstum ihrer Kollektive zu erhalten.

Die so in Ost und West geschaffenen, ökonomischen Betriebseinheiten werden schließlich, aus wirtschaftlichen Überlegungen, gezwungen, Grenzertragsböden liegen zu lassen, so daß neben und zwischen ihnen die Verödung der Landschaft immer schneller fortschreitet. Wo aber die Agrar-Ökonomie aufhört, beginnt die Sorge um die Ökologie unserer landschaftlich schönsten Gebiete.

Während „der Landwirt zur Erzeugung von Nahrungsmitteln" sein Unvermögen eingestehen muß, solche Flächen gewinnbringend bewirtschaften zu können, beginnen die „Freizeitmanager" gerade diese Submarginalböden als Wohn-, Freizeit- und Erholungsflächen mit wesentlich höherer Rendite zu nutzen, als es die Produktion von Nahrungsmitteln jemals vermochte.

Eine neue Ökonomie der Landnutzung benötigt einen „Landwirt" neuer Definition, soll die Ökologie nicht gefährdet werden. Doch derzeit läuft das Geschäft mit der Erholungslandschaft am Landwirt alter Prägung — von wenigen Ausnahmen abgesehen

— vorbei. Warum? Immer wo sich die Möglichkeit bietet, Freizeitflächen auf Grenzertragsböden — besonders in unseren Mittelgebirgslagen — zu nutzen, treffen Freizeitmanager Landwirte an, die durch Eigenmechanisierung hochverschuldet sind. Diese Landwirte sind nicht nur bereit, sondern sogar gezwungen, diese Flächen zu verkaufen. Nur ein liquider Landwirt ist in der Lage, auf den Verkauf zu verzichten und die Flächen als Anteil in eine Gesellschaft (mit Gewinnbeteiligung) für den Erholungskonsum einbringen zu können. Der Maschinenring steht hier in doppelter Hinsicht als Mittler zwischen dem Landwirt, der bei der Erzeugung von Nahrungsmitteln den Gesetzen der Ökonomie unterworfen ist, und dem Landwirt, der ökonomisch der Ökologie zu dienen vermag!

Mitglieder in Maschinenringen sind nicht durch Mechanisierung verschuldet. Das Geld, das andere in ihre Eigenmechanisierung stecken, steht ihnen für zukunftsträchtige Investitionen zur gewinnbringenden Nutzung von Freizeitflächen zur Verfügung. Die Pflege dieser Freizeitflächen kann im Maschinenring wiederum gewinnbringend organisiert werden. Doch hier ergeben sich wieder Fragen an die Verantwortlichen:

Frage 9: Wie ist es möglich, daß Mähdrescher ohne Gewinn noch auf Flächen eingesetzt werden, die als Erholungslandschaft genutzt längst Rendite brächten?
Wo sind die betriebswirtschaftlichen Berechnungen, welche Verzinsung der überbetriebliche Einsatz z. B. eines Rasenmähers oder einer Skipistenraupe zur Pflege von Erholungsflächen zu erbringen vermag, wenn sich Agrarproduktion längst nicht mehr lohnt?

Frage 10: Wieso weichen ländliche Kreditinstitute — auch solche, die Raiffeisens Namen tragen — immer mehr auf nichtlandwirtschaftliche Kunden aus, statt mit Beratung und Kapital als Partner der neuen Landwirte diesen durch gemeinsame Investitionen das Geschäft mit der Erholungslandschaft sichern zu helfen?

Frage 11: Wieso interessiert man sich nicht dafür, was mit Maschinenringen als Dienstleistungs-Unternehmen auf dem Gebiet der Landschaftspflege zu erreichen ist? Wo ist die Beratung, die deutlich macht, daß eine Futterfläche nur dreimal, ein Golfplatz aber mindestens siebzigmal im Jahr — mit Gewinn — gemäht werden kann?

Frage 12: Wer trägt die Verantwortung dafür, daß immer noch Vollerwerbsbetriebe als sogenannte Auffangbetriebe in von der Natur benachteiligten Gebieten gebaut werden, obwohl längst bewiesen ist, daß die arbeitsteilige Viehhaltung zwischen Voll-, Zu- und Nebenerwerbsbetrieben unter ökonomischer Nutzung vorhandener Altgebäude, auf der Partnerschaft in den Maschinenringen aufgebaut, den Steuerzahler viel weniger kostet und den Landwirten kein Risiko auferlegt?

Frage 13: Wieso wird das bayerische Grünland-Förderungsprogramm in den anderen Bundesländern ignoriert, obwohl es mit seinem Nulltarif — auf 80 km Entfernung für Viehtransporte — die arbeitsteilige Viehhaltung auch zwischen ganzen Regionen ermöglicht, ohne daß Auffangbetriebe als angebliche „Stütze" der Partnerschaft gebaut werden müssen? Warum verschweigt man in Bonn und Brüssel, daß diese Tarifverbilligung den Steuerzahler nur einen Bruchteil dessen kostet, was zum Bau von Auffangbetrieben notwendig wäre und welcher kostspieligen Dauerförderung Auffangbetriebe bedürfen?

Frage 14: Weiß man nicht, daß es im Maschinenring den so viel zitierten Vollerwerbsbetrieb nach der klassischen Definition überhaupt nicht mehr gibt, weil jede überbetriebliche Arbeit Zuerwerb bringt und er somit grundsätzlich um die Zuerwerbseinnahmen über dem Einkommen eines Vollerwerbsbetriebes ohne Maschinenring liegt, egal ob Nahrungsmittel produziert werden oder Landschaft gepflegt wird.

3. Mißbrauch der Agrar-Sozialpolitik ohne Maschinenring

Mit der Auflage an Berufsgenossenschaften und Kassen zur Stellung von Ersatzkräften für Betriebs- und Haushaltshilfe in „sozialpflichtigen" Fällen, regen sich plötzlich Kräfte, dieses „Geschäft" zu betreiben, die bisher nichts für die überbetriebliche Partnerschaft getan haben.

Im Maschinenring wurden schon immer Teilzeit-Arbeitskräfte, aber nicht nur im sozialpflichtigen Krankheitsfall, sondern weit darüber hinaus vermittelt (siehe Kapitel VI).

Die Maschinenringe müssen — im Interesse des Landwirtes — verhindern, daß die Agrarsozialpolitik dazu mißbraucht wird, daß das gleiche, was über Teilzeit-Betriebs- und -Haushaltshilfe in den Maschinenringen besser und billiger möglich ist, nun von berufsständischen Geschäftemachern neu, teurer und schlechter organisiert wird. Die 88 hauptberuflich geführten Maschinenringe in Bayern haben im Jahre 1971 — das war das erste Jahr, in dem die hauptberuflich geführten Maschinenringe in Bayern zu funktionieren begannen — schon 110 000 Stunden für Teilzeit-Betriebs- und -Haushaltshilfe vermittelt. Dafür wurden rund 600 000 Mark verrechnet (die Stunde im Durchschnitt zu DM 5,50). Diese 110 000 Stunden stellten das Einsatzvolumen von 55 hauptberuflichen Kräften dar, für die nach den Durchschnittsgehältern des bayerischen Kuratoriums für Betriebshelfer- und Dorfhelferinneneinsatz im Jahr nach BAT DM 1 162 416,20 hätten veranschlagt werden müssen. Dabei ist noch nicht berücksichtigt, daß beim Einsatz von hauptberuflich tätigen Betriebshelfern, wenn die Leistung von 110 000 wirklichen Arbeitsstunden benötigt wird, sicherlich 200 000 Stunden zu bezahlen sind, also rund 100 Kräfte notwendig wären, die dann 2 013 484,38 DM gekostet hätten.

Die bayerischen Kuratorien für Betriebshelfer und Dorfhelferinnen hatten 1972 aber insgesamt nur 70 Männer und 125 Frauen als hauptberuflich Tätige im Einsatz.

(Einschaltung 1974: Im Kuratorium Bayerischer Maschinenringe wurden von den 88 hauptberuflich geführten Maschinenringen 1973 785 000 Teilzeit-Einsatzstunden ermittelt. Zu dieser Leistung hätte man 357 hauptberufliche Kräfte gebraucht. Doch was viel wichtiger ist, nur 40,6 % dieser Teilzeit-Einsatzstunden waren sozialpflichtig. Der Gesamtwert aller errechneten Einsatzstunden betrug in diesem Jahr 4,7 Millionen Mark, das sind im Durchschnitt pro Ring 54 835 DM.)

Von den 110 000 Teilzeitstunden 1971 wurden 18 000 von den Alterskassen bezahlt.

(1973: 40,6 % von 785 000 Stunden.) Aus diesen überzeugenden Leistungszahlen der in Bayern flächendeckend organisierten Maschinenringe im Arbeits- und Sozialbereich (= Manager-Nebenprodukt!) wieder Fragen an die Verantwortlichen:

Frage 15: Wieso spielt in anderen Bundesländern plötzlich Geld keine Rolle mehr, wenn es darum geht, derartige Betriebsaushilfen über hauptberufliche Kräfte zu organisieren, wogegen der hauptberufliche Maschinenring-Geschäftsführer — der so etwas nebenbei macht — immer noch zu teuer ist?

Frage 16: Weiß man wirklich nicht — oder warum will man es nicht wissen? — daß ein hauptberuflich tätiger Maschinenring-Geschäftsführer die Teilzeit-Betriebshilfe am besten mit Interesse aller Beteiligten zu organisieren vermag?

Frage 17: Wieso verschweigt man die im bayerischen Modell erzielten Leistungen den Landwirten in den anderen Bundesländern?

Frage 18: Wer wagt heute noch zu behaupten, nicht zu wissen, daß so für alle Beteiligten, für die landwirtschaftliche Praxis genauso, wie für die Kassen, Berufsgenossenschaften und für den Steuerzahler, die optimale Befriedigung aller sozialen und betriebswirtschaftlichen Bedürfnisse der Stellung von Ersatzkräften möglich ist?

Frage 19: Weiß man wirklich nicht, daß mehr Landwirte, die heute noch glauben, „Voll"-

erwerbslandwirte bleiben zu können, diesen Teilzeiteinsatz als Zuerwerbsmöglichkeit in den kommenden Jahren genauso dringend brauchen, wie Ersatzkräfte?

Frage 20: Sieht man nicht, daß laut Agrarbericht (Zahlen 1974 statt 1972) immer noch 500 000 Betriebsleiter im Voll- und Zuerwerbsbereich nur die Alternativen Altersgeld, Umschulung oder jährlich steigenden Zuerwerb haben?

Frage 21: Was hindert die Verantwortlichen noch daran, mit den betroffenen Kassen und Berufsgenossenschaften dafür zu sorgen, daß die hauptberuflich organisierten Maschinenringe flächendeckend im ganzen Bundesgebiet jedem Landwirt zur Verfügung stehen, um damit den gesamten Sozialkomplex nebenbei zu bewältigen?

Frage 22: Wieso begreift man nicht, daß 500 hauptberufliche Maschinenring-Manager viel mehr bewirken — wie die bayerischen Zahlen beweisen — als 5000 Betriebshelfer, die man doch nie haben wird und die, wenn man sie hätte wiederum nur für 100 000 Vollerwerbsbetriebe ausreichten, soll der Urlaub für Bauern keine Utopie bleiben?

Um Irrtümern vorzubeugen: Die Maschinenringe werden durch einen Mißbrauch der Agrar-Sozialpolitik nicht gefährdet. Sie werden nur durch Mißbrauch von Steuergeldern und Beiträgen gehindert — auch das ist nicht neu! — wirkungsvoller und ökonomischer sein zu können.

4. Der Nebenerwerbslandwirt, das große Mißverständnis

Wenn man in der Bundesrepublik vom Nebenerwerbslandwirt spricht, meint man in Wirklichkeit den Feierabendbauern. Den Maschinenringen wirft man vor, daß sie am Überhandnehmen der Nebenerwerbsbetriebe schuld seien. Man begreift nicht, daß über 500 000 Feierabendbetriebe mit teurer, defizitärer Eigenmechanisierung und intensiver Agrarproduktion — neben sämtlichen negativen Erscheinungen der physikalischen Doppelbelastung des Betriebsleiters, der Frauen- und Kinderarbeit — nur entstanden sind, weil man ihnen die Partnerschaft mit den Voll- und Zuerwerbsbetrieben nicht angeboten hat. Gleichzeitig wirft man den Maschinenringen aber auch vor, daß sie zur Extensivierung der Nebenerwerbsbetriebe nichts beizutragen vermochten, weil ja die Nebenerwerbsbetriebe in unseren Maschinenringen kaum vertreten seien.

Welchen Vorwurf sollen wir nun ernst nehmen? (Um weiteren Mißverständnissen vorzubeugen, verweise ich auf die Definition in Kapitel IV: „Der Nebenerwerbslandwirt ...")

Wann begreift man den Ernst der Situation, der deutlich wird, wenn man zur Kenntnis nimmt, daß seit 1949 zwar 800 000 Landwirte ihre sogenannte Landwirtschaft aufgegeben haben, über 500 000 aber Feierabendbauern geblieben oder geworden sind? Soll die Situation in den nächsten 2 Jahren für den Vollerwerbsbetrieb nicht unhaltbar werden, gilt es zu verhindern, daß die 500 000 Landwirte, die noch einen außerlandwirtschaftlichen Haupterwerb brauchen — soweit sie keinen Zuerwerb in der Partnerschaft finden — den gleichen Irrweg wie die schon vorhandenen Feierabendbauern beschreiten.

Da in Zukunft Betriebsinhaber immer größerer landwirtschaftlicher Betriebe vor die Entscheidung zur Umschulung gestellt werden, ergeben sich weitere Fragen an die Verantwortlichen:

Frage 23: Hat man noch nicht zur Kenntnis genommen, daß die längst überfällige Berufsumschulung — im Interesse der Betroffenen und der verbleibenden Vollerwerbslandwirte — für die Inhaber immer größerer Betriebe dann immer schwieriger wird, wenn diese nicht in der Partnerschaft die Chance und Sicherheit geboten bekommen, ihre Betriebe ohne Fehlinvestitionen gewinnbringend im Nebenerwerb weiterführen zu können?

Frage 24: Wann begreift man, daß eine echte Berufsumschulung eine gleichzeitige Betriebsvereinfachung voraussetzt, diese aber vom Betriebsinhaber nur dann gewagt wird, wenn die Partnerschaft das Funktionieren einer extensiven Wirtschaftsweise garantiert?

Frage 25: Hat man noch nicht zur Kenntnis genommen, daß überall wo Maschinenringe fehlen immer mehr Feierabendbetriebe entstehen. Die Betriebsextensivierung wird nicht durchgeführt, der Feierabendbauer bleibt Hilfsarbeiter oder erfährt nur eine betriebseigene nicht qualifizierende Ausbildung, so daß sein außerlandwirtschaftlicher Arbeitsplatz wiederum gefährdet ist?

Frage 26: Wann begreift man, daß diese Negativfigur „Feierabendbauer" mit physischer Doppelbelastung und Überbeanspruchung der Frauen andere von der Umschulung abhält?

Frage 27: Wann begreift man, daß es Vollerwerbsbetriebe mit extensiver Wirtschaftsweise in den Mittelgebirgslagen wegen des dafür erforderlichen Flächenbedarfes nur in Einzelfällen geben wird, der Nebenerwerbslandwirt aber ohne Risiko alle Übergangsphasen zu bewerkstelligen vermag, dies aber wiederum nur im Maschinenring möglich ist?

5. Noch drei Grundsatzfragen an die Verantwortlichen

Die deutsche Landwirtschaft hat in den letzten Jahrzehnten Milliardenverluste erlitten durch:

a) Überinvestitionen bei Voll-, Zu- und Feierabendbetrieben,
b) verspätete oder nicht vollzogene Umschulung von Hunderttausenden von Betriebsinhabern,
c) falsche Berufsorientierung von Hunderttausenden von Bauernkindern,
d) Marktbelastung durch intensive Veredlungsproduktion (z. B. Milch) und Erzeugung von Spezialkulturen (z. B. Wein) von Feierabendbauern ohne Marktdisziplin.

Stellt man dazu noch in Rechnung, was in der Entwicklung der ländlichen Räume durch nicht rechtzeitige Mobilisierung von Arbeitskräften aus dem landwirtschaftlichen Bereich für Gewerbe und Wirtschaft versäumt wurde, möchte einem schwindelig werden. Deshalb folgende Schlußfragen an die Verantwortlichen:

Frage 28: Sind die 90 % der Landwirte, die noch nicht im Maschinenring tätig sind, nicht fähig, unternehmerisch zu denken oder hat man sie — bewußt oder fahrlässig — nicht rechtzeitig informiert?

Frage 29: Woher nehmen Führungskräfte landwirtschaftlicher Organisationen den Mut, zu behaupten, ihre Bauern wollten keine Maschinenringe? Wissen diese Männer, daß sie damit ihren Bauern betriebswirtschaftliches Analphabetentum bescheinigen?

Frage 30: Woher nimmt man die Argumente, wenn man mir vorwirft, ich verkündete eine Ideologie, obwohl längst beweisbar ist, daß die Partnerschaft der (Voll-) Zu- und Nebenerwerbsbetriebe im Maschinenring der deutschen Landwirtschaft eine einmalige Chance bietet?

Nachsatz

Ich bitte all jene, die bisher nichts für die Verbreitung der Maschinenringe getan haben, zu beantworten, was sie der deutschen Landwirtschaft als Alternative anzubieten haben?

Höhere Preise sind keine Antwort; denn es gibt keine Bauern in den Maschinenringen, die höhere Preise ablehnen. Mehr Subventionen zur Intensivierung der Produktion sind keine Antwort, weil sie nur zu weiteren Überschüssen und somit zur Diskreditierung des Berufsstandes führen.

Ich stelle diese 30 Fragen als kleine Auswahl derer, die zur Beantwortung seit Jahren anstehen und bitte um Antwort!

XII. Freiheit durch Partnerschaft im Maschinenring

Grundsatzreferat
2. Internationale Maschinenringtagung, München, 9. 7. 1974

Einleitung

Wer sich bemüht, der Landwirtschaft Wege aufzuzeigen, um die Probleme der Gegenwart und Zukunft meistern zu können, muß immer wieder erleben, daß die Bauern glauben, eine „Freiheit" verteidigen zu müssen, die bei genauer Betrachtung überhaupt nicht existiert; denn wann waren sie schon richtig frei? Heute könnten sie es sein, aber sie sind stolz auf ihre lange Arbeitszeit und rackern sich ab, um die Zinsen überhöhter Investitionen zahlen zu können.

Die erste Bauernbefreiung

Die Befreiung aus der Leibeigenschaft der Feudalherren und Kirchenfürsten gilt allgemein als die eigentliche Bauernbefreiung, die ich als die Erste bezeichnen möchte.

Die zweite Bauernbefreiung

Doch drückten den Bauern noch Frondienste und Naturalabgaben, die Zinsknechtschaft, aus der er erst Ende des 18. und Anfang des 19. Jahrhunderts entlassen wurde; das war somit die zweite Bauernbefreiung.

Die dritte Bauernbefreiung

Doch der nun freie, aber geistig nicht wendige Landmann geriet auf eigener Scholle oft sehr schnell in eine neue Zinsknechtschaft; denn Kapital war damals knapp. Überschwemmungen oder Dürre, Tierseuchen oder Pflanzenkrankheiten standen meist am Anfang bäuerlicher Tragödien, die den einzelnen Betrieb in die Hand der Wucherer und die Familie schließlich von Haus und Hof brachte. Heute sind es Investitionen an Gebäuden und Technik und die Preis-Kosten-Schere, die den Bauern unserer Tage in eine neue Zinsknechtschaft führte. Was Friedrich Wilhelm Raiffeisen mit der bäuerlichen Selbsthilfe vor 125 Jahren begonnen hat, ist somit noch nicht vollendet.

Dazu muß der Bauer seine Stellung und somit seine Chancen als Landbesitzender in der nachindustriellen Freizeitgesellschaft erst erkennen, damit man ihn befreien kann: von der Zufälligkeit seiner Nachbarschaft, vom Meinungsterror des eigenen Dorfes und von überholten politischen, betriebs- und marktwirtschaftlichen Vorstellungen, die ihm den Weg verbauen. Man muß ihm seine Situation als landwirtschaftlicher Unternehmer und mündigen Bürger im Zeitalter der technischen Revolution klarmachen und ihm Wege aufzeigen, wie gerade er seinen Besitz nicht nur halten, sondern mehren kann. „Was du ererbt von deinen Vätern hast, erwirb es, um es zu besitzen" (Goethes Faust); d. h. für einen Unternehmer: Veränderungen frühzeitig erkennen und rechtzeitig handeln. Wo der Einzelne zu schwach ist, muß er sich mit Gleichgesinnten zusammentun, um seine Absichten durchsetzen zu können. Der hauptberuflich gemanagte Großmaschinenring ist die systemgemäße Selbsthilfeeinrichtung zur dritten Bauernbefreiung in der sozialen Marktwirtschaft.

1. Befreiung von Seinesgleichen

Zehn Jahre nach dem Zweiten Weltkrieg bahnte sich in der Bundesrepublik Deutschland erstmals Vollbeschäftigung in einem freiheitlichen, marktwirtschaftlichen System an. Die Arbeitskraft wurde zum Minimumfaktor einer dynamischen Wirtschaft. Handarbeit wurde durch Maschinen ersetzt, Augen durch Technik und Hirne durch Computer befähigt, mehr zu leisten.

Arbeitsintensive Gewerbe, wie Landwirtschaft und Baugewerbe, mußten in dem Augenblick in Schwierigkeiten geraten, in dem sie statt Mangelware Überschüsse erzeugten. Die eigentliche Krise der Landwirtschaft in der freien Marktwirtschaft begann mit der Vollbeschäftigung und weniger mit dem Vertrag zur Bildung der Europäischen Wirtschaftsgemeinschaften. Die Bauwirtschaft machte zwar die gleichen Fehler, konnte sich diese aufgrund einer anders gearteten Marktlage aber 15 Jahre länger leisten.

Bei der Umstellung von der arbeits- auf kapitalintensive Wirtschaftsweise empfahl zwar die Beratung — und ich war von 1951 bis 1956 einer der Berater — den Zusammenschluß zu Maschinengemeinschaften und Maschinengenossenschaften, um für den einzelnen Betrieb die Mechanisierung erschwinglich zu machen; doch die ökonomische Wirksamkeit all dieser systemfremden (= Kollektiv-) Empfehlungen scheiterte nicht zuletzt immer wieder an der Nachbarschaft. „Es kann der Frömmste nicht in Frieden leben, wenn es dem bösen Nachbarn nicht gefällt" (Schillers Wilhelm Tell). Das bekommt niemand mehr zu spüren als ein Bauer, der bei einer sinnvollen Handlung auf das Verstehen oder Wollen seiner Nachbarn angewiesen ist; denn bei der Flurbereinigung oder einer Maschinengemeinschaft ist der einzelne eben am Ende seiner ökonomischen und unternehmerischen Möglichkeiten angelangt.

Der Maschinenring befreit ihn von seiner zufällig gegebenen Nachbarschaft. Alle Maschinen haben Gummireifen und können für wenig Geld über weite Strecken transportiert werden. Die weiteste Strecke kostet genau genommen nichts, wenn die Alternative der Kauf einer eigenen Maschine bei zu kleiner Fläche wäre (siehe Kap. I/8). Selbst in großräumigen Maschinenringen entfällt noch nicht einmal ein Prozent des Umsatzes auf Wegegebühren.

Im Maschinenring ist der Einzelne in der Lage, sich jeder Technik, wie sonst nur in einem durchrationalisierten Großbetrieb, bedienen zu können, ohne sich in risikoreiche Anschaffungen stürzen zu müssen. Das Mitglied eines Maschinenringes kann auch mit neuen Kulturarten und Anbauverfahren experimentieren, ohne sich dafür in abenteuerliche Investitionen oder nachbarschaftliche Abhängigkeit zu begeben. Das Mitglied eines Maschinenringes bedient sich der Dienstleistung eines von ihm bezahlten Managers, um immer den Nachbarn, die Maschine oder den Produktionspartner zu bekommen, den es gerade braucht. Es bettelt nicht um nachbarschaftliche Einsicht, sondern nützt die unternehmerische Partnerschaft Gleichgesinnter. Sie handeln nicht nur marktwirtschaftlich, sondern auch sozial; denn auch jeder direkte Nachbar hat die Möglichkeit dieser Partnerschaft beizutreten, wenn die Einsicht irgendwann einmal über die Einfalt obsiegen sollte.

2. Befreiung von bäuerlichen Vorstellungen

Bisher, und bei der Masse der Betriebsleiter auch heute noch, bestimmt die Nachbarschaft, das Dorf, die „landläufige Meinung" allgemein, was bäuerlich ist, was sich für einen Bauern schickt und was ein Bauer nicht tut. Als sich die ersten Landwirte von der defizitären Milchviehhaltung trennten, wurden sie im Dorf nicht nur bespöttelt und verlacht, sondern auch geächtet und verfemt. Ein Bauer ohne Kühe lag in Deutschland und besonders in Bayern außerhalb der Denkvorstellung bäuerlicher Menschen. Das Echo von Tausenden von Bauernversammlungen mit den markanten Aussprüchen manch „prominenter Bauernführer" hallt noch heute in den Ohren derer, die als erste aus diesen schematisierten Vorstellungen ausbrachen.

Es gibt Bauern, die oft ein Jahr lang die Milch für den eigenen Haushalt beim Nachbarn selbst holen mußten, weil sich ihre Frauen schämten; eine Bäuerin, die Milch kaufen geht, ist eben keine Bäuerin mehr. Und da eine Frau viel mehr auf gutes Einvernehmen mit ihrer Nachbarschaft angewiesen ist, aus der sie oft ein ganzes Leben lang nicht herauskommt, sind es gerade die Frauen, die deshalb mit Tränen und Szenen eine moderne Betriebswirtschaft verhindern. Sie bekommen eben den Meinungsterror des Dorfes besonders zu spüren.

Was ein Landwirt wann zu tun hat, muß, wenn er sich wirklich als Unternehmer bezeichnet, der Rechenstift entscheiden. Doch wenn man letztlich doch immer wieder auf den Nachbarn angewiesen ist, unterliegt das kaufmännische Kalkül sehr oft dem seelischen Terror der Umwelt.

Im Maschinenring findet der Manager immer den richtigen Partner, egal ob eine solche Hilfe plötzlich geleistet werden muß, mittelfristig voraussehbar war, oder im Rahmen einer langfristigen Konzeption notwendig wird. Da es aber viele mögliche, auswechselbare Partner gibt, entstehen keine direkten neuen

Abhängigkeiten untereinander, die wieder zu Fehlverhalten führen könnten; denn „jeder kann — keiner muß" bleibt der unumstößliche Grundsatz im MR.

3. Befreiung von überholter Betriebswirtschaft

Mancher Bauer hatte rechtzeitig erkannt, daß er den von seinen Vätern ererbten Betrieb nur erhalten kann, wenn er sich rechtzeitig ein außerlandwirtschaftliches Einkommen sichert. Doch bis zur Stunde gibt es betriebswirtschaftliche Berater, die sich Grünland ohne Kühe und Gebäude ohne Tierhaltung nicht vorstellen können. Und so blieb mancher Hilfsarbeiter oder „Angelernter ohne qualifizierenden Abschluß", weil eine falsche Betriebsorganisation so viel Arbeitskraft im Feierabendbetrieb beansprucht, daß ein richtiges Engagement und Fortkommen im außerlandwirtschaftlichen Haupterwerb unmöglich ist. Die Milchkuh, Jahrzehnte, ja Jahrhunderte Hauptstütze des kleinen Bauern, wird für immer mehr Landwirte zum Unglück. Sie, die Milchkuh, die zweimal gemolken und für die — ohne Weidewirtschaft — auch noch täglich Futter geholt werden muß, verbaut den Betriebsleitern den Weg zum neuen Einkommen und macht die Frauen zu Arbeitssklaven. Und immer noch beweisen Betriebswirtschaftler, daß ein Altgebäude mit fünf Kühen besser als mit 50 Schafen verzinst werden kann. Daß selbst ein leerstehendes Stallgebäude, das überhaupt nichts bringt, dem Betriebsinhaber aber eine echte Berufsumschulung und steigendes außerlandwirtschaftliches Einkommen ermöglicht, viel sinnvoller ist als Kuhhaltung im Feierabendbetrieb, haben manche Berater heute noch nicht begriffen. Dabei müßten die Ställe ja gar nicht leerstehen.

Die arbeitsteilige Tierhaltung zur Nutzung der Restgebäude ist die konsequente Fortsetzung der Partnerschaft im Maschinenring. Ob diese Arbeitsteiligkeit zwischen den Mitgliedern eines oder mehrerer Ringe stattfindet, ist zweitrangig. Doch man sollte wissen: wer mit arbeitsteiliger Tierhaltung beginnt, wird ohne Maschinenring scheitern und umgekehrt; wer Maschinenringe in Grünlandregionen aktivieren will, ohne die arbeitsteilige Tierhaltung mit einzubeziehen, wird ebenfalls keine Freude erleben.

Erst der Maschinenring und die durch ihn praktizierte Partnerschaft führt zur Befreiung des Landwirts von längst überholten betriebswirtschaftlichen Vorstellungen. Diese Partnerschaft eröffnet dem Nebenerwerbslandwirt die Möglichkeit, auf arbeitsextensive Produktion umzusteigen und dem Vollerwerbslandwirt, die vorhandenen Gebäude intensiv zu nutzen.

4. Befreiung der Bauernkinder

Es passiert täglich vor unserer Haustüre — auch heute noch — daß Bauernkinder nicht den Beruf wählen dürfen, den sie wollen, sondern ihn von ihren Eltern direkt oder moralisch aufgezwungen erhalten. Das Recht auf freie Berufswahl — in vielen Entwicklungsländern mangels Ausbildungsmöglichkeiten ohnehin noch Utopie — ist auch bei uns in ländlichen Regionen immer noch nicht verwirklicht; und das inmitten einer hochtechnisierten arbeitsteiligen Wirtschaft mit hohem sozialen Standard.

Wie oft müssen nicht Bauernkinder, wenn sie von der Schule kommen, bei der Arbeit mithelfen und sei es nur, um den Traktor vorzufahren (!), Heu nachzurechen, oder Geräte herbeizuschaffen. Natürlich wählt ein Kind, wenn es aus der Schule kommt und gleich wieder Schularbeit machen soll, lieber eine Beschäftigung in der freien Natur. Die Eltern brauchen somit das Kind nicht nur, sie kommen sich auch noch großartig vor; denn das Kind wünscht diese Beschäftigung. Nur, wann macht es dann die Schularbeiten? Und wenn es endlich an der Zeit ist, dürfte ein Kind, das erst in der Schule und dann in der freien Natur war, so übermüdet sein, daß es zur Erledigung der Schularbeiten nicht mehr fähig ist. Ergebnis: seelischer Streß, körperliche Müdigkeit, mangelnde Konzentrationsfähigkeit beim Unterricht, immer schlechtere Leistungen: eben Bauernkinder.

Im Maschinenring hat kein Vater und keine Mutter das Recht, Kinder zur Arbeit zu mißbrauchen. Wer nicht ohne Kinderarbeit auskommt, hat seinen Betrieb falsch organisiert oder nützt die Partnerschaft noch nicht.

Natürlich kostet jede Dienstleistung im Rahmen der Partnerschaft Geld; das Geld des Vaters. Und wer dieses Geld nicht hat, braucht Zuerwerb oder außerlandwirtschaftlichen Haupterwerb. Wer es hätte und nur geizig ist, handelt unverantwortlich, wenn er seine Kinder mißbraucht und in der Ausbildung behindert; denn er bringt sie dadurch oft um ihre individuelle Zukunft, um ein glückliches Leben und somit um ihre Stellung in der Gesellschaft. Wenn der Maschinenring keine andere Leistung vollbrächte als die, den Bauernkindern ihr verbrieftes Menschenrecht auf freie Berufswahl zu garantieren, hätte er sich schon gelohnt. Kinder am Lernen zu hindern ist kein Kavaliersdelikt, sondern eine autoritäre Todsünde. Und wenn ein Kind Landwirt werden will, hat es erst recht zu lernen.

5. Befreiung von Frauensklaverei

Bäuerinnen sehen auch heute noch mit vierzig Jahren oft wie ihre eigenen Mütter aus. Der bäuerliche Familienbetrieb wurde meist so verstanden: wenn das Einkommen zur Bezahlung von Lohnarbeitskräften nicht ausreicht, braucht man nur Kinder und besonders Frauen unterbezahlt arbeiten zu lassen, so daß die ganze Familie das Einkommen erwirtschaftet, das im außerlandwirtschaftlichen Bereich eine Arbeitskraft alleine erzielt.

Dieser zwar nicht so definierte aber häufig praktizierte „bäuerliche Familienbetrieb" kann nur als moderne Frauensklaverei bezeichnet werden. Was Wunder, wenn die in solchen Betrieben in die Rolle des Hoferben hineingedrängten Söhne keine Frauen, sprich „Bäuerinnen" mehr finden? Man muß nicht unbedingt einen Vierzehn-Stunden-Arbeitstag mitheiraten, um einen eigenen Mann zu bekommen; diese Erkenntnis hat sich glücklicherweise unter den Bauerntöchtern herumgesprochen. Und letztlich sind es ja gerade die Mütter, die derzeitigen Bäuerinnen, die mit der Empfehlung an ihre Töchter „heiratet bloß keinen Bauern" ausdrücken, daß sie mit ihrem Leben — trotz anderslautender Gerüchte — nicht zufrieden waren. Woher hätten die Töchter sonst ihre Einstellung?

Im Maschinenring ist kein Betrieb auf die Frau als Arbeitssklavin angewiesen.

Wo über das Los der Bäuerin geklagt wird, handelt es sich in der Regel um Betriebe:

▸ eigenständiger, eigenmechanisierter und angeblich ach so freier Vollerwerbslandwirte;

▸ entschlußarmer Zuerwerbslandwirte, die den Mut

zur Umorganisation ihrer Betriebe nicht aufgebracht haben;

- von Feierabendbauern, die nur deshalb Quälbetriebe als Mini-Vollerwerbsbetriebe führen, weil man ihnen die Partnerschaft im Maschinenring nicht rechtzeitig geboten hat oder weil sie überhaupt nicht oder falsch beraten wurden.

Und das nach 16 Jahren Maschinenringidee. Wer über das Los dieser so schwer arbeitenden Bäuerinnen klagt, soll auch sagen, warum er nichts getan hat, Maschinenringe zu gründen, organisieren zu helfen und zu verbreiten? Statt Sonntagsredner zu beklatschen, die das Los unserer Bäuerinnen rührselig bejammern, sollte man lieber etwas tun, nämlich die Bäuerinnen wirklich von ihrem Jammerdasein befreien. Wir tun es und jeder tut es, der einem Maschinenring beitritt.

6. Befreiung von simplen Parolen

6.1 Ja zur Europäischen Gemeinschaft, aber nicht auf dem Rücken der Bauern

Was heißt das? Daß das deutsche Gewerbe und die deutsche Industrie im Rahmen der Europäischen Gemeinschaft einen zusätzlichen Aufschwung erlebt und zusätzliche Marktanteile errungen haben, kann statistisch bewiesen werden. Daß in weiten Regionen Europas, in Italien, Frankreich, Irland, Wales und Schottland den Menschen zur agrarischen Produktion keine Alternative geboten werden kann, ist auch bekannt. Daß in der Bundesrepublik Deutschland jeder Bauer, der in Schwierigkeiten gerät, weil der in

Brüssel ausgehandelte EG-Agrarpreis seine Kosten nicht mehr deckt, einen alternativen Arbeitsplatz finden kann, wenn er nur will, steht auch fest. Und daß er das tun kann, ohne seinen Betrieb aufgeben zu müssen, steht nur für die außer jedem Zweifel, die im Maschinenring sind. Was heißt also: Ja zu Europa, aber nicht auf dem Rücken der deutschen Bauern?

Der Maschinenring ist nicht schuld an dieser Entwicklung, er wurde von mir aber gegründet, damit der Einzelne trotz dieser Entwicklung besser zu leben vermag als vorher. Doch er muß rechtzeitig handeln. Daß auch viele aktive Mitglieder von Maschinenringen die eigentlichen Ursachen, nämlich die wirtschaftlich-technische Weiterentwicklung in einem großen europäischen Wirtschaftsraum nicht begreifen und somit auch die Konsequenzen zu ziehen nicht bereit sind, ist nicht unsere Schuld.

6.2 Der deutsche Marktanteil darf nicht sinken

Ich habe in den letzten 15 Jahren keine Bauernversammlung erlebt, in der nicht ein Diskussionsredner leidenschaftlich darauf verwiesen hätte, daß alles getan werden müsse, um ein weiteres Absinken des Marktanteils der deutschen Landwirtschaft zu verhindern. Was heißt das?

Wenn ein Landwirt im Bayerischen Wald feststellt, daß seine Betriebsflächen und Gebäude zu klein sind, um die Milchproduktion technisierbar — also menschlich — gestalten zu können, eine Betriebsaufstockung aber ohne Stallneubau sinnlos wäre und er nun lieber die risikolose Umschulung in Verbindung mit arbeitsextensiver Nebenerwerbslandwirtschaft wählt, kann und darf ihn der deutsche Marktanteil nicht interessieren. Es geht um die Gestaltung seines Lebens, um ein menschenwürdiges Dasein für seine Frau und um die freie Berufswahl seiner Kinder. Daß ein Molkereidirektor ihn zu überreden versucht, die Kühe zu behalten, liegt auf der Hand; denn er hat die Aufgabe, für rentable Auslastung der vorhandenen Molkereikapazität zu sorgen. Wenn sich ein Landwirt aber bei seiner betriebswirtschaftlichen Entscheidung von anders gelagerten Interessen behindern läßt, ist er unmündig und unfrei.

Wer rationell Agrarprodukte zu erzeugen vermag, das heißt, daß sich das aufgewendete Kapital verzinst — richtig, nicht verbilligt! —, die Amortisation der Anlagen möglich ist und Gewinn erwirtschaftet werden kann, wird als deutscher Bauer am Markt sein. Wer dazu nicht in der Lage ist, handelt unökonomisch, wenn er sich überzeugen läßt, trotzdem agrarische Güter weiter erzeugen zu müssen, weil sonst der Marktanteil der deutschen Landwirtschaft sinkt. Im Maschinenring handelt jeder so, wie es ihm die Vernunft als Unternehmer gebietet, unbeeinflußt von Parolen, für die zwar der Redner Beifall bekommt, der Betriebsinhaber aber nur den Schaden hat.

6.3 Zwei Drittel der Menschheit hungern, also gibt es keine Agrarüberschüsse

Doch! Und die meisten Menschen in den Entwicklungsländern hungern deshalb, weil wir zu viel Agrarprodukte erzeugen! Die Europäische Gemeinschaft war, als der größte industrielle Fertigwarenproduzent der Erde, 1973 mit ca. 41 % am Welthandel beteiligt (Einfuhren 41,4 %, Ausfuhren 41,5 %; die USA nur zu 14 %). Würde die EG aufgelöst — was die einen befürchten und andere hoffen —, geriete die deutsche Wirtschaft mit ca. 33 Milliarden Mark Außenhandelsüberschuß (geschätzt für 1974) besonders unter Druck. Der billigste Arbeitsplatz im Entwicklungsland ist der zur Erzeugung agrarischer Produkte, der teuerste Arbeitsplatz in der Industrienation ist der in der vollmechanisierten Landwirtschaft. Der „durchschnittliche" Arbeitsplatz in der deutschen Landwirtschaft ist derzeit mit 136 000 DM Aktivkapital ausgestattet (Agrarbericht 1974). Der in der gewerblichen Wirtschaft mit nur 70 000 DM. Der volltechnisierte Arbeitsplatz ist in der Veredlungswirtschaft unter 500 000 DM bei uns heute nicht mehr realisierbar.

Wer also durch Verschenken von Nahrungsmitteln Entwicklungshilfe leisten will, hilft nicht nur nicht, sondern hindert die Entwicklung des Empfänger-Landes. Wer sich satt essen will, muß Geld haben, also muß er etwas produzieren, was er verkaufen kann. Die agrarische Produktion in den Entwicklungsländern kann man also nur forcieren, wenn man auch auf dem Weltmarkt verkauft. Mit diesen Devisen kann man gewerbliche und industrielle Arbeitsplätze entwickeln und Kaufkraft in immer weitere Bevölkerungskreise bringen, so daß sich immer mehr satt essen können.

Wer sagt: Entwicklungshilfe ja, aber nicht auf dem Rücken unserer Bauern, verurteilt immer mehr Millionen Menschen in Entwicklungsländern zum Hungertod. Bei uns hat jeder eine Alternative. In den Entwicklungsländern gibt es — von atypischen Ausnahmen abgesehen — keine außer der Intensivierung der agrarischen Produktion; zumindest in der ersten Entwicklungsphase eines Landes.

Das ist nicht so, weil es die Maschinenringe gibt. Wer aber Mitglied eines Maschinenringes ist, wird, wenn diese Entwicklung voll auf unsere Landwirtschaft durchschlägt, nicht zu verzweifeln brauchen. Als mündiger, denkender Betriebswirt kann er im Rahmen dieser Partnerschaft rechtzeitig seinen Platz in unserer Hochleistungsgesellschaft finden.

6.4 Abhängigkeit vom Weltmarkt als Schreckgespenst

Wenn wir unseren Selbstversorgungsgrad immer mehr senken und vom Weltmarkt immer abhängiger werden, diktiert uns das Ausland den Preis; auch das hört man unbegreiflicherweise in Bauernversammlungen. Dazu gibt es zwei Antworten:

- Jeder Unternehmer träumt doch davon, daß das von ihm erzeugte Produkt knapp wird und eine Preissteigerung erfährt. Eine solche Entwicklung könnte doch nur einen Landwirt schrecken, der in der Art der bisherigen Gesundschrumpfungs-Parolen seinen Betrieb zur Aufstockung eines anderen abgegeben hat. Er würde sich schrecklich ärgern, wenn plötzlich ein hohes Weltagrarpreisniveau verwirklicht würde und er könnte nicht mehr daran teilnehmen, weil er keinen Hof mehr besitzt.
  Einen Landwirt im Maschinenring stört das überhaupt nicht. So lange das Agrarpreisniveau gedrückt ist, verschafft er sich die entsprechende Einkommenskombination. Sollte aber wirklich — was ich für unmöglich halte — das Weltagrarpreisniveau so kräftig und nachhaltig steigen, daß es sich auch in Deutschland wieder lohnt, Investitionen vorzunehmen, kann jeder im Maschinenring das jederzeit tun.
  Die Mitgliedschaft im Maschinenring befreit also von Zwangsvorstellungen, die obendrein unrealistisch sind.

▶ Doch was heißt überhaupt „abhängig sein vom Weltmarkt"? Bisher hat es weder eine Solidarität der bayerischen noch der deutschen noch der europäischen Bauern gegeben. Die Vorgänge bei der Behinderung von Agrarimporten nach Italien Anfang 1974 sind ein schlagender Beweis dafür, daß es diese Solidarität nicht gibt. Wie sollten plötzlich über zwei Milliarden von der Landwirtschaft lebende Menschen in der Welt — die in der Mehrzahl Analphabeten sind — gegenüber dem kleinen Europa solidarisch handeln können? Wie war es denn in den letzten beiden Jahren? Die Farmer in den Vereinigten Staaten bzw. die entsprechenden Handelsgesellschaften mißbrauchten eine scheinbare Knappheit am Weltsojamarkt. Die Brasilianer und Argentinier freuten sich und verstärkten ihre Produktion; das taten aber auch die Farmer in USA! Und im Handumdrehen gibt es einen Überschuß. Folge: Preiszusammenbrüche.

Landwirtschaftliche Produkte holt man eben nicht wie Erdöl aus wenigen Bohrlöchern. Deshalb sind sie am Weltmarkt langfristig auch nicht manipulierbar. Eine vorübergehende Verknappung aber bietet gerade Entwicklungsländern Chancen, ihre Agrarproduktion zu vermehren, die sie bisher am Weltmarkt nicht unterbringen konnten. Und so werden immer wieder partielle Überschüsse entstehen.

Das Gespenst von der bedrohlichen Abhängigkeit vom Weltmarkt ist also in doppelter Hinsicht ein Märchen.

Das Mitglied eines Maschinenringes vermag immer so oder so seine Chance rechtzeitig zu nutzen. Wenn uns die christliche Nächstenliebe nicht aufruft, sinnvolle Entwicklungshilfe derart zu treiben, daß wir den Entwicklungsländern steigenden Anteil am Weltagrarhandel zubilligen, werden Gewerbe und Industrie früher oder später eine Senkung der agrarischen Selbstversorgung aus handelspolitischen Überlegungen erzwingen! Daran ist nicht der Maschinenring schuld; nur Mitglieder in Maschinenringen werden von solchen Entwicklungen nicht überrollt, sondern sind in der Lage, sich ihnen anzupassen.

7. Befreiung von falschen Produktionsvorstellungen

Alle Preise steigen, nur die der Landwirte nicht.
Auch diese Behauptung ist unwahr. Obwohl politisch manipuliert, sind die Agrarpreise in den letzten 15 Jahren fast parallel zu den Betriebsmittelpreisen gestiegen. Aber gerade das brachte die europäische Landwirtschaft ja in die schier ausweglose Situation, daß die Produktion von Agrarprodukten in Europa immer noch stärker steigt als die Nachfrage nach Nahrungsmitteln. Daran würde auch eine Auflösung der Europäischen Gemeinschaft nichts ändern; im Gegenteil. Die Bundesrepublik Deutschland mit der größten Wirtschaftsdynamik würde am ehesten gezwungen sein, vermehrt Nahrungsmittel zu importieren, als das für die gesamteuropäische Gemeinschaft gilt (siehe 6. 3). Wenn also die Landwirte in hochentwickelten Industrienationen der Meinung sind, daß der nachweisbar steigende Wohlstand aller nur an ihnen vorbeigeht, dann produzieren sie das verkehrte Produkt. Agrargüter kann man importieren, Freizeit- und Erholungslandschaft aber nicht.

Natürlich kann man zur Erholung auch in ferne Länder fliegen; das geht aber nur im Urlaub. Der normale Bürger hat heute erst vier Wochen Jahresurlaub, das sind 20 Arbeitstage. Seine Freizeit erstreckt sich aber auch über 104 Samstage und Sonntage im Jahr. Das Verhältnis zu Naherholung ist also 1 : 5. Und wenn die Arbeitszeit auf 30 Wochenstunden reduziert und der Urlaub auf 30 Arbeitstage erhöht sein wird, bleibt das Verhältnis von Urlaub zu sonstiger Freizeit 1 : 5, nämlich 30 : 156.

Dem Bauern will also niemand Böses. Man wird nur von Jahr zu Jahr immer weniger verstehen, daß er steigende Preise und Subventionen für Produkte verlangt, die im Überschuß vorhanden sind, das Erholungsdefizit an gestalteter Landschaft aber nicht zu decken vermag. Daß ihm derzeit das geltende Steuerrecht den Weg zur ökonomischen Landschaftsgestaltung verbaut, sei nur am Rande erwähnt; es muß eben geändert werden.

Der Landwirt im Maschinenring ist ein Unternehmer, der dann auch aus der Landbewirtschaftung Gewinn erzielen wird. Ob Agrarprodukte, Parkoder Golfplätze oder gar Skipisten gefragt sind, er wird das produzieren, was Gewinn bringt, egal ob als Voll-, Zu- oder Nebenerwerbslandwirt.

8. Befreiung von unmenschlichen Arbeitsbedingungen

Wenn Dr. Sicco Mansholt als hoher Kommissar der EG-Kommission 1968 den Landwirten empfahl, Produktionseinheiten (PE) zu bilden, war er sich dessen bewußt, daß dadurch die unmenschlichen Arbeitsbedingungen, zum Beispiel eines durchrationalisierten Milchviehbetriebes, noch nicht beseitigt sind. Deshalb empfahl er diesen Betrieben, sich zu modernen landwirtschaftlichen Unternehmen (MLU) zusammenzuschließen. Diese Empfehlung sollte den

Spezialisten durch gegenseitige Hilfe humanere Arbeitsbedingungen verschaffen helfen.

Im Maschinenring braucht es derartige Kooperationen nicht. Zwischen Voll-, Zu-, und Nebenerwerbsbetrieben sind Technik und Arbeitskraft, bei Wahrung der totalen Freiheit des Einzelnen, so mobil, daß ideale Arbeitsbedingungen für jeden möglich werden. Wer es sich aber nicht leisten kann, für die Wochenendaushilfe, zum Beispiel im Kuhstall, einen Partner zu bezahlen, muß erkennen, daß er eben kein Unternehmer der Milchproduktion mehr ist.

Wer es sich nicht leisten kann, mit seiner Frau in Urlaub zu fahren — vorausgesetzt, daß er es überhaupt will —, ist auch kein landwirtschaftlicher Unternehmer.

Und wer deshalb nicht zur Kur gehen kann, weil angeblich zu wenige Betriebshelfer oder Dorfhelferinnen zur Verfügung stehen, lebt in einem Land, in dem die Maschinenringe nicht organisiert sind. Ich kenne in Bayern keinen Fall, seit es hauptberuflich geführte Großmaschinenringe gibt, daß nicht eine Teilzeit-Aushilfskraft für Bäuerin oder Bauer, oder für beide, termingerecht vermittelt worden wäre.

Am 8. und 9. Juli 1974 veranstaltete das Kuratorium Bayerischer Maschinenringe e. V. seine Jahresmitgliederversammlung. Dabei wurden Zahlen vorgetragen, die ich, ausnahmsweise, als sensationell bezeichnen möchte. Durch die Anstellung von 88 hauptberuflichen Maschinenringgeschäftsführern als Agrarmanager ist es gelungen, innerhalb von drei Jahren auch den Teilzeitbetriebshilfsdienst — also Einsatz von Bäuerinnen und Bauern, Omas und Opas, Jungbauern und Mädchen zwischen den Betrieben, ohne Anstellung von hauptberuflichen Dorfhelferinnen und Betriebshelfern — atemberaubend zu steigern. Unsere Manager vermittelten nebenbei (!)

785 000 Teilzeit-Einsatzstunden. Das heißt, daß sich durch die Anstellung von 88 Managern nicht nur die Anstellung von 357 hauptberuflichen Betriebs- und Dorfhelferinnen erübrigt hat; das heißt auch, was noch wichtiger ist: die 4,7 Millionen Mark, die für diese Stunden bezahlt wurden, blieben in bäuerlichen Betrieben als neuer Zuerwerb.

9. Vernünftige Förderung

Betrachtet man diese Zahlen nun aus einem anderen Blickwinkel, ergibt sich folgendes Ergebnis. Die ganze Förderung, die der Freistaat Bayern den Maschinenringen — und das heißt wiederum ausschließlich dem hauptberuflichen Management — angedeihen läßt (1973: 2,6 Millionen Mark), fließt allein über den von diesen Managern nebenbei mobilisierten Teilzeit-Betriebshilfsdienst in fast doppelter Höhe unseren bäuerlichen Betrieben als neuer Zuerwerb zu (1973: 4,7 Millionen Mark).

Diese Leistung alleine rechtfertigt die in Bayern praktizierte Förderung. Doch die Manager vermittelten — was ihre Hauptaufgabe ist — für rund 35 Millionen Mark Teilzeit-Maschineneinsätze. Das entspricht einer jährlichen Investitionsersparnis des sechseinhalbfachen Betrages, das sind 227,5 Millionen oder eine Viertel Milliarde Mark, berechnet an exakt nachweisbaren Daten des MR-Flottwedel bei Celle:

> Der Maschinenwert sank im Durchschnitt der Mitgliedsbetriebe in 10 Jahren Tätigkeit, 1961—1971, von 2000 auf 1500 DM/ha LN. Der Neuwert der Nichtmitglieder stieg inzwischen auf ca. 4000 DM/ha LN. Das war auf 9000 ha eine In-

vestitionsersparnis von 22,5 Millionen. Der Gesamtumsatz des MR-Flottwedel betrug in 10 Jahren 3 Millionen Mark. Ein durchschnittlicher Jahresumsatz von 300 000 DM brachte somit eine jährliche Investitionsersparnis von 2 Millionen DM! Das heißt, Jahresumsatz zu Investitionsersparnis stehen im Verhältnis 1 : 6,5.

Wenn ich hier außerbayerische Zahlen nochmals zum Vergleich heranziehen muß, dann einfach deswegen, weil das hauptberufliche Management in Bayern erst seit drei Jahren störungsfrei arbeiten kann und m. E. solche Aussagen erst nach einer längeren Vergleichsfrist gemacht werden dürfen. Es dauert einfach mehrere Jahre, bis der vorhandene technische Überbesatz abgebaut und eine sinnvolle Nachbeschaffung selbstverständlich geworden ist.

Wer sich also dieser Tage Gedanken darüber macht, ob und wo Bauern Kaufenthaltung üben sollen, dem empfehle ich Maschinenringe zu gründen und beim hauptberuflichen Management nicht zu sparen.

Fest steht, daß die Behauptung des früheren Landwirtschaftsministers von Niedersachsen, Wilfried Hasselmann, stimmt und heute mit Zahlen belegbar ist: Es hat noch nie eine Agrarförderung gegeben, die den landwirtschaftlichen Betrieben solche Hilfen gebracht hat, wie die Förderung des hauptberuflichen Managements im Maschinenring. Das war auch der Grund, warum Bayerns Landwirtschaftsminister Dr. Hans Eisenmann als einziger derzeit amtierender Landwirtschaftsminister der westlichen Welt die Verpflichtung sah, dem Landwirt — und zwar jedem, der guten Willens ist — den Maschinenring dienstbar zu machen.

Was ich mit diesen Zahlen beweisen wollte ist, daß das Nebenprodukt Teilzeit-Betriebshilfsdienst alleine schon die Förderung der Maschinenringe rechtfertigte.

Wer wegen unmenschlicher Arbeitsbedingungen sein Los als Landwirt beklagt, sollte umschulen. Wenn das heute immer schwieriger wird, ist das nicht die Schuld der Maschinenringe; denn wir waren schon an der Arbeit, bevor man Gastarbeiter ins Land holte. Aber damals wurde ich noch beschimpft, Bauern zuzumuten, sich umschulen zu lassen.

Wer sich befreien will von bisherigen Hemmnissen und Begrenzungen, braucht nur einen Maschinenring zu gründen.

Daß heute noch so viel Unsinn über den schweren Beruf des Bauern gesagt und so unverantwortlich das Los der Bäuerin beklagt werden kann, ist nur dadurch zu erklären, daß es immer noch weite Regionen, sogar in der Bundesrepublik Deutschland gibt, in denen die Verantwortlichen nichts dafür getan haben, Maschinenringe zu gründen, durch Manager funktionsfähig zu machen oder die Landwirtschaft über die Möglichkeit dieser Partnerschaft sogar falsch informierten. Man braucht nur — durch Dissertationen oder Diplomarbeiten — in Ländern ohne oder mit falsch organisierten Maschinenringen die landwirtschaftlichen Fachblätter untersuchen zu lassen, welche Rolle sie in den 16 Jahren Maschinenring-Aufbauarbeit gespielt haben und umgekehrt.

Ich will niemandem — wie mir oft vorgeworfen wird — die Idee aufzwingen. Aber ich verwahre mich gegen die Behauptung, irgendwo in Deutschland gäbe es Landwirte, die nicht zu rechnen verstünden. Jeder einzelne hat von Gott einen freien Willen bekommen. Das verschafft auch Bauern in unserer freien, modernen Gesellschaft die Möglichkeiten, ihr Los zu ändern, wenn sie mit ihm unzufrieden sind. Der Maschinenring bietet ihm ideale

Hilfestellung. Um diese aber zu erkennen, bedarf er objektiver Informationen. Der Bayerische Rundfunk, „Land und Garten" in Niedersachsen mit seinem Chefredakteur Wilhelm Hipp und Hans Kieffer im Südwestfunk Studio Mainz in Rheinland-Pfalz haben sie rechtzeitig gegeben. Das Ergebnis in diesen drei Ländern spricht für sich.

Schlußbemerkung

Der Maschinenring ist also ein Angebot für den Bauern als freien und mündigen Bürger in einer freien Welt. Es liegt an ihm, sich frei und unabhängig als Unternehmer zu betätigen. Der Maschinenring öffnet jedem einzelnen Landwirt das Tor zur Freiheit: Er kann Bauer bleiben, wenn er will; er muß aber nicht Bauer bleiben, wenn die Gesellschaft ihm andere Chancen bietet. Wenn er sein Land, seinen Besitz auf jeden Fall erhalten will, muß er sich nur rechtzeitig Klarheit verschaffen, ob ihm das als Vollerwerbslandwirt überhaupt möglich ist. Als Zu- oder Nebenerwerbslandwirt kann jeder Bauer bleiben der guten Willens ist, mag sein Betrieb auch weniger als 20 Tagwerk oder mehr als 100 ha umfassen. Der Maschinenring macht es möglich.

Die dritte Bauernbefreiung bringt durch das Agrarmanagement die Befreiung von seinesgleichen.

Doch: Jeder kann — keiner muß!

Freiheit kann man nicht befehlen, aber man muß sie möglich machen!

Chronik der Gründung

von Maschinenringen (Populärausdruck „Maschinenbank")

27. Oktober 1958

Buchhofen, Ldkr. Vilshofen in Niederbayern: Dr. Erich Geiersberger gründet (als Pressechef der Baywa AG) mit 14 Bauern nach einer von ihm erarbeiteten theoretischen Konzeption den ersten MR der Welt, die „Maschinengemeinde Buchhofen eGmbH" als Versuchsmodell. Die Baywa übernimmt die Geschäftsführerkosten. Vors. Alois Berger.

7. April 1959

Grafenau im Bayer. Wald wird von Dr. Erich Geiersberger als 2. Modell gegründet, für das ebenfalls die Baywa die Geschäftsführerkosten, vorerst, übernimmt. Haunersdorf im Vilstal wird als Filiale von Buchhofen aus ein Jahr betreut und erst am 18. Feber 1960 als 3. Modell selbständig.

25./26. November 1959

„Die Maschinenbank" wird in Landfunksendungen des Bayerischen Rundfunks (deren Leitung Dr. Erich Geiersberger am 1. Juli 1959 übernommen hat) anhand der drei Versuchsmodelle erstmals der Öffentlichkeit vorgestellt. Damit eröffnet der Bayerische Rundfunk eine Sendereihe „Wir und die EWG", die seither einmal im Monat ausgestrahlt wird.

25. November 1959

„Mobilmachung der Landwirtschaft — die ‚Maschinenbank'!" Unter diesem Titel erscheint ein Buch in der BLV-Verlagsgesellschaft München-Bonn-Wien von Dr. Erich Geiersberger und wird in einer Pressekonferenz der Baywa in Anwesenheit von Generaldirektor Dr. Josef Singer den Journalisten übergeben.

9. Februar 1960

Gründung des ersten selbständigen, hauptberuflich geführten Maschinenringes in Großburgwedel b. Hannover mit 74 Mitgliedern, nachdem ein erster Gründungsversuch am 30.

1. 1960 am Widerstand „offizieller Kräfte" gescheitert war. Dem vorbereitenden Ausschuß gehörten an: Heinz Burchard, Fritz Pluns, Arthur Büchtmann. Vorsitzender wird Friedel Könecke, Geschäftsführer Erwin Schilke.

27./28. Oktober 1960

Die Zahl der Maschinenbanken ist auf 18 angestiegen. Der Landfunk im BR berichtet von den 17 bayerischen und der ersten Maschinenbank in Niedersachsen, die in Großburgwedel bei Hannover, auf Initiative von Wilhelm Hipp, heute Chefredakteur von „Land und Garten" am 9. Februar 1960 gegründet wurde.

25./26. Oktober 1961

Landfunksendungen im BR: Die Zahl der Maschinenbanken ist auf 48 angestiegen.

19. Januar 1962

Erste inoffizielle Bundestagung in Homberg, Bez. Kassel, veranstaltet vom „Maschinenkreis Homberg eGmbH" (gegr. 1961) auf Initiative des Vorsitzenden Leopold Graf Rothkirch.

24. Oktober 1962

Landfunksendung im BR: Die Zahl der Maschinenbanken beträgt 120. In der Verlautbarung der deutschen Bischöfe über Sorgen und Aufgaben des Landvolks zum Erntedankfest 1962 wird auch die Gründung von Maschinenbanken empfohlen.

7. Mai 1963

Agrarpolitische Grundsatzsendung des Landfunks im BR: „... daß Bauer bleiben kann, wer Bauer bleiben will ..." Unter diesem Thema greift Dr. Geiersberger Sätze der Regierungserklärung (19. Dezember 1962) des Bayerischen Ministerpräsidenten Alfons Goppel auf und beweist im ersten Teil der Sendung, daß mit der derzeitigen Agrarpolitik nicht garantiert werden kann, daß Bauer bleiben kann, wer Bauer bleiben will. Im zweiten Teil der Sendung empfiehlt er deshalb eine neue Agrarpolitik auf der Basis von hauptberuflich geführten Großmaschinenringen.

1. Juli 1963

Die Bayerische Staatsregierung beginnt mit der Förderung der Maschinenringe aus Landesmitteln (Ministerialentschließung Nr. II/5 — 3875/769 v. 29. März 1963). Innerhalb der großen Parteien Bayerns entbrennt der Kampf um das Erstgeburtsrecht: CSU-Agrarsonderdienst Nr. 3 vom 30. Juli 1963; Sozialdemokratische Presse-Korrespondenz Nr. 69 vom 19. September 1963.

4. Juli 1963

Bayerische Raiffeisentagung 1963 in München. Der Generaldirektor der Baywa, Dr. Siegfried Holzer, sagt in seinem Referat u. a.: „Nach längeren Jahren der Pionierarbeit sind wir nun davon überzeugt, daß jetzt das richtige Modell für unsere bayerischen Verhältnisse gefunden ist." Dieser so kreierte „Raiffeisen-Maschinenring beruht auf der von Dr. Geiersberger stammenden ‚Maschinenbank'-Idee und stellt eine vereinfachte Form einer Maschinenbank dar", ist in „Förderband" Nr. 3/1963, einem Organ der Baywa, zu lesen. Auf der gleichen Tagung kündigt Holzer neue Aktivitäten der Baywa zur Gründung von Betriebshelferorganisationen an.

30. Oktober 1963

Stand der Maschinenbanken ca. 300. Nach einer Erhebung des Bayer. Staatsministeriums für Ernährung, Landwirtschaft und Forsten gab es am 1. Juli 1963 alleine in Bayern 256 Maschinenbanken. Neben weiteren Gründungen in Niedersachsen kann der Landfunk im BR in seiner Jahressendung über erste Gründungen in Württemberg, Schleswig-Holstein, Österreich und in der Schweiz berichten. Geiersberger nimmt in dieser Sendung sowohl zur am 1. Juli 1963 begonnenen Förderung der Maschinenringe in Bayern als auch zum angeblich „richtigen Modell" der „Raiffeisen-Maschinenringe" Stellung:

„Es ist zu befürchten, daß gerade jetzt die Bildung von Klein- und Kleinstmaschinenringen gefördert wird ... Wer Maschinenbanken ohne Geschäftsführer und Telefonzwang gründet, stolpert über das Problem des Betriebsleiterersatzes im ‚Einmann-Betrieb' und kann auch keinen Bei-

trag zur Bildung einer neuen Sozialstruktur am Lande leisten."
Durch die Ablehnung des hauptberuflichen Geschäftsführers im MR und den dadurch ausgelösten Zwang zur Gründung von eigenen, selbständigen Betriebshelfer-Organisationen beginnt eine bis 1974 nachwirkende unheilvolle Entwicklung in der ganzen Bundesrepublik Deutschland, in Österreich und in der Schweiz.

22. November 1963

Gründung des „Landesverbandes Bayerischer Maschinenringe — Sparkassen e. V.". (V) Richard Carmanns, (G) Dr. Georg Henner (später Walter Hafner).

23. Dezember 1963

Landesverband der Maschinenringe Niedersachsen e. V. als erster deutscher gegründet durch die Maschinenringe Großburgwedel, Flottwedel, Hermannsburg, Aschau-Lachte-Lutter, Winsen/Aller.
Vorsitzender: Chr. Kuhlmann.
Geschäftsführer: Hans Uhlemann.

16. Juli 1964

Tagte in Kassel erstmals auf Initiative von Leopold Graf Rothkirch ein Arbeitskreis, um eine Bundesarbeitsgemeinschaft der Maschinenringe in die Wege zu leiten.

13. Januar 1965

Gründung des „Landesverbandes Bayerischer Maschinenringe — Raiffeisen — e. V." (6. Juli 1965 eingetragen ins Vereinsregister). (V) Wolf v. Stetten, (G) Max Lampert.

21./22. Januar 1965

1. offizielle Bundestagung der Maschinenringe in Kassel. Bekenntnis des 1. Präsidenten des Deutschen Bauernverbandes, Edmund Rehwinkel, zum MR.

22. Januar 1965

Gründung der „Bundesarbeitsgemeinschaft der Maschinenringe" in Kassel durch die Landesverbände der Maschinenringe von Bayern und Niedersachsen und dem einen Ring in Hessen. Zum Vorsitzenden wurde Leopold Graf Rothkirch gewählt, die Geschäftsführung übernimmt weiter, ehrenamtlich (!), Ernst Dieckmann, Homberg.

2./3. Dezember 1966
2. Bundestagung der Maschinenringe in Göttingen.

12. Dezember 1968
Arbeitsgemeinschaft der Maschinen- und Betriebshilfsringe Rheinland-Pfalz-Saar durch Landrat Dr. Schwehm gegründet.

25. Juni 1969
Gründung des „Kuratoriums Bayerischer Maschinenringe e. V." (KBM). Vorsitzender: Richard Carmanns, Geschäftsführer: Dr. Anton Grimm. 1971 wird der Name des Vereins in „Kuratorium Bayerischer Maschinen- und Betriebshilfsringe e. V." geändert.

9./10. Januar 1969
3. Bundestagung der Maschinenringe in Stuttgart. Bekenntnis von Staatssekretär Dr. Fritz Neef (Bundesministerium für ELF) zum MR.

April 1969
Beginn der Bundeslehrgänge für hauptamtliche Geschäftsführer von Maschinenringen (1. Lehrgang von 4 Wochen in Hildesheim — Deula-Schule) als „Agrarmanager" und Beginn einer degressiven Startförderung zur Gründung von hauptberuflich geführten Maschinenringen durch das Bundesministerium für ELF.

21. Mai 1969
Gründung des „Bundesverbandes der Agrarmanager e. V." durch die Absolventen des 1. Bundeslehrganges für Maschinenring-Geschäftsführer in Hildesheim (Mitgliederstand 1. Juni 1974: 158; Geschäftsstelle: 211 Buchholz, Steinbecker Mühlweg 42, Tel. (0 41 81) 83 02. (V) Walter Bergdold, (jetzt: [V] Hans-Jörg Anders, [G] Dr. Jochen Oehring).

23. Mai 1969

Gründung des offiziellen „Bundesverbandes der Maschinenringe e. V." (BMR) in Hildesheim. Vorsitzender: Leopold Graf Rothkirch (1974: Heinrich Bornemann); Geschäftsführer: Dr. Johannes Röhner; Geschäftsstelle: 507 Bergisch Gladbach, Mutzer Str. 91, Tel. (0 22 02) 7 82 41. (Der Bundesverband löst die „Bundesarbeitsgemeinschaft der Maschinenringe" ab.)

Oktober 1969

Landesverband der Maschinenringe in Baden-Württemberg e. V. gegründet.

30. Juli 1970

Der „Landesverband Bayerischer Maschinenringe-Sparkassen e. V." beschließt in einer außerordentlichen Mitgliederversammlung, seinen 38 Großringen den Beitritt zum KBM (Kuratorium Bayer. Maschinenringe) zu empfehlen. Da dem KBM nur MR mit hauptberuflichem Geschäftsführer beitreten können, sieht der Landesverband seine Aufgabe als erfüllt an und löst sich auf.

29. Oktober 1970

Die Verabschiedung des „Gesetzes zur Förderung der bayerischen Landwirtschaft" im Bayerischen Landtag (Einstimmig: CSU, SPD, NPD) bringt eine Absicherung der Förderung der hauptberuflichen Geschäftsführer von Maschinenringen: 80 % Personal- und 50 % Sachkosten der Geschäftsführung werden auf Dauer vom Staat getragen.

30. Dezember 1970

Wiederholung der unveränderten Grundsatzsendung vom 7. Mai 1963 von Dr. Erich Geiersberger im Landfunk des BR, „... daß Bauer bleiben kann, wer Bauer bleiben will ...", zwei Tage vor dem Inkrafttreten des Gesetzes in Bayern, das die 1963 gestellte Forderung nach einer Neugestaltung der Agrarpolitik weitgehend erfüllt.

1. Januar 1971

Das „Gesetz zur Förderung der bayerischen Landwirtschaft" tritt in Kraft und wird als „Bayerischer Weg der

Agrarpolitik" weltweit bekannt. Bayerns Staatsminister für Ernährung, Landwirtschaft und Forsten, Dr. Hans Eisenmann, bekennt sich zu der von Dr. Geiersberger kreierten Agrarpolitik der „Partnerschaft von Voll-, Zu- und Nebenerwerbslandwirten" als Alternative sowohl zum Mansholtplan der EG als auch zur Kollektivwirtschaft des Ostens.

11. Dezember 1971

Der „Landesverband Bayerischer Maschinenringe — Raiffeisen — e. V." löst sich auf. Alleinige Dachorganisation ist nunmehr das KBM, dem inzwischen die meisten ehemaligen Raiffeisen-Maschinenringe (Endstand: 614 Kleinringe in 114 Landkreisen) beigetreten sind.

2./3. Februar 1972

1. Internationale Maschinenring-Tagung in Berlin. Bekenntnis von Bundeslandwirtschaftsminister Josef Ertl und 1. Präsidenten des DBV, Constantin Frhr. Heereman zu MR.

22./23. Januar 1973

5. Bundestagung der Maschinenringe in Koblenz.

8./9. Juli 1974

2. Internationale Maschinenring-Tagung in München.

1974

Gründung einer „Bundesakademie für Maschinenringe" in München?

Anschriften der Maschinen- und Betriebshilfsringe

mit hauptberuflichem Geschäftsführer (Agrarmanager) und ihrer Organisationen

Bundesrepublik Deutschland (Stand 1. Juli 1974)

Bundesverband der Maschinenringe e. V. (BMR)

507 Bergisch Gladbach, Mutzer Str. 91, Tel. (0 22 02) 7 82 41
Vorsitzender: Heinrich Bornemann
Geschäftsf. Vorstandsmitglied: Dr. Johannes Röhner

Bayern

Kuratorium Bayer. Maschinen- und Betriebshilfsringe e. V. (KBM)
8 München 2, Kaiser-Ludwigs-Platz 5, Tel: (089) 53 33 27 und 53 21 14
Vorsitzender (V): Richard Carmanns
Geschäftsführer (G): Dr. Anton Grimm

Dem Kuratorium sind angeschlossen
die Maschinen- und Betriebshilfsringe:

Name des MR — Anschrift - Tel. - Vors. (V) - Gesch. (G)

Oberbayern

1. Bad Aibling-Miesbach — 8152 Feldkirchen, Salzstr. 3 - (0 80 63) 72 55 - Michael Weber (V) - Kaspar Ettstaller (G)

2. Dachau — 806 Dachau, Konrad-Adenauer-Str. 1 - (0 81 31) 58 30 - Josef Westermayr (V) - Karl H. Jahncke (G)

3. Eichstätt — 8833 Eichstätt, Öttingenstr. 11 - (0 84 21) 14 63 - Xaver Meyer (V) - Ludwig Netter (G)
 4. Erding — 8059 Oberstrogn 22 - (0 81 22) 46 98 - Josef Lanzinger (V) - Rupert Pfeilstetter (G)
 5. Freising-Nord — 8054 Mauern, Moosburger Str. 74 - (0 87 64) 587 - Jos. Deliano (V) - Alfons Kipfelsberger (G)
 6. Freising-West — 8051 Eglhausen 1 - (0 81 66) 521 - Johann Modlmair (V) - Wilhelm Schuhmann (G)
 7. Fürstenfeldbruck — 808 Puch, Denkmalstraße 6 - (0 81 41) 2 03 17 - Josef Kistler (V) - Franz Ostermeier (G)
 8. Landsberg/Lech — 891 Landsberg Epfenhausener Str. Nr. 12 - (0 81 91) 14 71 - Bernd Frhr. v. Schnurbein (V) - Jörg Miller (G)
 9. Laufen — 8229 Laufen, Weissenkirchnerstraße 3 - (0 86 82) 590 - Josef Parzinger (V) - Josef Salomon (G)
10. Mühldorf-Altötting — 826 Mühldorf, Kellerberg 9 - (0 86 31) 54 28 - Adolf Kais (V) - Georg Stadler (G)
11. Neuburg/Donau — 8858 Neuburg, Wachenheimstr. 56 - (0 84 31) 84 42 - Karl Ziegler (V) - Ludwig Wagner (G)
12. Pfaffenhofen/Ilm — 8068 Pfaffenhofen/Ilm, Weihern Nr. 16 - (0 84 41) 832 - Richard Carmanns (V) - Franz Obschil (G)
13. Rosenheim — 8201 Schloßberg, Kugelmoosstraße 4 - (0 80 31) 7 11 55 - Joh. Stöttner (V) - Rainer Härtl (G)
14. Schongau — 8924 Steingaden, Raiffeisenbank - (0 88 62) 442 - Johann Gerold (V) - Bruno Bernhard (G)
15. Schrobenhausen — 8899 Dirschhofen, Hauptstr. 20 - (0 84 33) 277 - Gerhard Hutten (V) - Philipp Mayr (G)
16. Starnberg — 8131 Machtlfing 44 - (0 81 57) 609 - Rupert Bichler (V) - Jos. Pain (G)

17. Traunstein — 8221 Hassmoning - (0 86 69) 28 85 - Georg Klausner (V) - Gerh. Maier (G)
18. Wolfratshausen — 8191 Ascholding, Haarschweige 2 - (0 81 71) 76 52 - Christian Kops (V) - Hermann Heinrich (G)
19. Wolnzach-Geisenfeld-Vohburg — 8069 Burgstall 8 - (0 84 42) 688 - Max Hirschberger (V) - Martin Stockmaier (G)

Niederbayern

20. Buchhofen — 8353 Manndorf - (0 99 32) 728 - Nepumuk Bichler (V) - Ludwig Rixinger (G)
21. Deggendorf — 836 Deggendorf, Graflingerstraße 81 - (09 91) 65 63 und 76 04 - Karl Eichinger (V) - **Georg Leilt** (G)
22. Dingolfing — 838 Landau/Isar, Anton-Kreiner-Str. 1 - (0 99 51) 85 68 - Josef Forster (V) - Josef Hechfellner (G)
23. Eggenfelden — 8330 Eggenfelden, Pfarrkirchnerstr. 29 - (0 87 21) 21 08 - Alois Kaiser (V) - Josef Fuchsgruber (G)
24. Kelheim — 8423 Abensberg, Eschenstr. 22 - (0 94 43) 62 00 - Horst Kegel (V) - Jakob Behringer (G)
25. Kötzting-Viechtach — 8374 Viechtach, Friedhofstr. 18 - (0 99 42) 84 29 - Jos. Pongratz (V) - Franz Aichinger (G) (teilweise zur Oberpfalz gehörig)
26. Landau/Isar — 838 Landau/Isar, Anton-Kreiner-Str. 1 - (0 99 51) 620 - Josef Maidl (V) - Albert Menacher (G)
27. Landshut — 8301 Furth, v. Hornsteinstr. 25 - (0 87 04) 624 - Nikolaus Teufl (V) - Heinrich Siegl (G)
28. Mainburg — 8301 Haunsbach 2 - (0 97 53) 214 - Hermann Bunz (V) - Georg Weiher (G)
29. Mallersdorf — 8442 Haindling 66 - (0 94 23) 368 - Thomas Bachhuber (V) - Alfons Dietl (G)

30. Mitterfels — 8441 Hundersdorf, Hofdorf 9 - (0 94 22) 12 74 - Josef Stadler (V) Xaver Groß (G)
31. Mittlerer Bayer. Wald — 8371 Kirchberg i. W. - (0 99 27) 302 - Hermann Mück (V) - Franz Kronschnabl (G)
32. Pfarrkirchen — 8341 Neukirchen 142 - (0 85 62) 555 - Franz Stüwe (V) - Alfred Maier (G)
33. Rottenburg/L. — 8301 Hohenthann, Frühlingstr. 10 - (0 87 84) 341 - Fritz Makutz (V) - Rudolf Bauer (G)
34. Rotthalmünster — 8399 Afham 69 - (0 85 32) 717 - Hans Schrank (V) - Heinz Funke (G)
35. Straubing — 8441 Oberpiebing 50 - (0 94 26) 159 - Josef Krinner (V) - Johann Lang (G)
36. Unterer Bayer. Wald — 8392 Waldkirchen, Bahnhofstr. 18 - (0 85 81) 714 - Max Scholl (V) - Ludwig Faschingbauer (G)
37. Vilsbiburg — 8311 Sonnleiten 110 - (0 87 32) 366 - Matthias Huber (V) - Joh. Hilgers (G)

Oberpfalz (Kötzting-Viechtach siehe Niederbayern)

38. Amberg — 8451 Viehberg 11 - (0 96 28) 329 - Joh. Feil (V) - Klaus Fiedler (G)
39. Cham-Roding — 8490 Cham, Waldschmidtstr. 11 - (0 99 71) 71 07 - Karl Schicht (V) - Josef Meier (G)
40. Jura — 8416 Hemau, Oberer Stadtplatz 1 - (0 94 91) 755 und 756 - Johann Schön (V) - Karl-H. Eibl (G)
41. Neumarkt — 843 Neumarkt/Opf., Dr. Grundler Str. 3 - (0 91 81) 99 20 - Johann Bradl (V) - Josef Kirsch (G)
42. Neunburg-Oberviechtach-Waldmünchen — 8463 Rötz, Böhmerstr. 2 - (0 99 76) 430 - Josef Hofstetter (V) - Max Stangl (G)
43. Neustadt-WN. — 8481 Bechtsrieth 166 bei Weiden - (09 61) 73 76 - Dieter Lehner (V) - Klaus-Ulrich Scholz (G)

44. Regensburg — 8401 Obertraubling, St. Georg-Str. 11 - (0 94 01) 33 09 - Alfons Hahn (V) - Ludwig Kraus (G)
45. Sulz-Altmühl — 8434 Fribertshofen 9 - (0 84 62) 850 - Franz Meyer (V) - Karl Weigl (G)
46. Tirschenreuth — 8591 Beidl 18 - (0 96 36) 242 - Walter Rustler (V) - Engelbert Meier (G)

Oberfranken

47. Bamberg — 86 Bamberg, Letzengasse 11 - (09 51) 2 41 58 - Alfred Deinlein (V) - Klaus Bredl (G)
48. Bayreuth-Pegnitz — 8571 Bronn 52 - (0 92 41) 27 09 - Hans Escherich (V) - Heinrich Weidinger (G)
49. Coburg-Kronach-Lichtenfels — 8621 Oberlangstadt, Nagel 9 - (0 92 64) 76 01 - Hans Rauscher (V) - Helmut Martin (G) - Herbert Schmidt (G)
50. Fränkische Schweiz — 8551 Heiligenstadt, Burggrub - (0 91 98) 377 - Hermann Poser (V) - Helmut Stappenbacher (G)
51. Höchstadt-Forchheim — 8552 Höchstadt/Aisch, Schwedenschanze 18 - (0 91 93) 594 - Hermann Glaas (V) - Hermann Groß (G) (teilweise zu Mittelfranken gehörig)
52. Kulmbach — 8651 Frankenberg 9 - (0 92 21) 28 08 ⟨7 58 08⟩ - Michael Gräf (V) - Hans Sattler (G)
53. Münchberg — 8662 Helmbrechts/Haide, Dürrengrünerweg 2 - (0 92 52) 291 - Herbert Strößner (V) - Hans Höllrich (G)

Mittelfranken (Höchstadt-Forchheim siehe Oberfranken)

54. Ansbach — 8800 Ansbach, Brauhausstr. 9 a - (09 81) 21 10 - Walter Stallmann (V) - Karl Rudy (G)
55. Dinkelsbühl — 8804 Dinkelsbühl, Luitpoldstraße 5 - (0 98 51) 26 81 - Richard Dürr (V) - Gerhard Hasselbacher (G)

56. Erlangen-Forchheim — 852 Erlangen, Römerreuthstr. Nr. 25 - (0 91 31) 6 32 67 - Georg Pilsberger (V) - Konrad Fürst (G)
57. Feuchtwangen — 8805 Feuchtwangen, Hindenburgstr. Nr. 22 - (0 98 52) 698 - Ernst Bach (V) - Erich Dänzer (G) - Helmut Heller (G)
58. Fürth — 8501 Steinbach 25 - (0 91 03) 88 46 - Karl Hornig (V) - Hans Scheiderer (G)
59. Gunzenhausen — 8820 Gunzenhausen, Luitpoldstr. 7 - (0 98 31) 32 11 - Fritz Kolb (V) - Willi Höger (G)
60. Nürnberger-Land — 8565 Steinensittenbach 13 - (0 91 51) 57 30 - Günther Maier (V) - Rudolf Bodendörfer (G)
61. Rothenburg o. T. — 8801 Morlitzwinden 2 - (0 98 68) 455 - Rudolf Junker (V) - Fritz Lippert (G)
62. Schwabach — 8542 Roth b. Nbg., Kellerweg 19 - (0 91 71) 41 90 - Richard Götz (V) - Erhard Wild (G)
63. Uffenheim-Bad Windsheim — 8532 Bad Windsheim, Danziger Ring 48 - (0 98 41) 24 78 - Friedrich Hetzner (V) - Roland Herr (G)
64. Weißenburg — 8832 Weißenburg i. Bay., Bergerstr. - (0 91 41) 38 90 (23 99) - Fritz Dasch (V) - Horst Schwarz (G)

Unterfranken

65. Arnstein — 8722 Altbessingen 20 - (0 97 28) 268 - Karl J. Weber (V) - Hermann Göbel (G)
66. Gerolzhofen — 8723 Gerolzhofen, Landwirtschaftsamt - (0 93 82) 652 - Andreas Lechner (V) - Gebhard Büttner (G)
67. Hassgau — 8729 Hofheim, Landwirtschaftsamt - (0 95 23) 62 13 - Inno Schneider (V) - Wolfgang Schmidt (G)
68. Kitzingen — 8711 Obernbreit, Schwarzenbergerstr. 44 - (0 93 32) 768 - Lothar Volz (V) - Leonhard Löther (G)

69. Mittelmain — 8702 Remlingen 11 - (0 93 69) 650 - Dieter Bauer (V) - Erich Winzenhöler (G)
70. Ochsenfurt-Würzburg-Süd — 8703 Ochsenfurt, Strickleinsweg 27/29 - (0 93 31) 23 74 - Richard Raps (V) - Georg Doseth (G)
71. Rhön-Grabfeld — 8741 Niederlauer, Hauptstr. 54 ³/₄ - (0 97 71) 35 53 - Kurt Baer (V) - Wolfgang Schafferhans (G)
72. Saale-Rhön — 8732 Münnerstadt, Nüdlingweg 4 - (0 97 33) 92 43 - Berthold Dürrstein (V) - Günther Gaiser (G)
73. Steigerwald — 8715 Iphofen, Neubergstr. 33 - (0 93 23) 35 00 - Gottfried Schaller (V) - Eugen Mergenthaler (G)
74. Untermain — 8752 Oberafferbach, Aschaffenburgerstr. Nr. 7 - (0 60 21) 4 33 13 - Reinhard Lörcks (V) - Hermann Steinel (G)

Schwaben

75. Aichach — 8891 Blumental, Post Klingen - (0 82 51) 28 67 - Josef Gail (V) - Alto Glas (G)
76. Dillingen — 8881 Holzheim, Gartenstr. 3 - (0 89 25) 500 - Werner Müller (V) - Michael Wiedemann (G)
77. Donauwörth — 8854 Asbach-Bäumenheim, Hauptstr. Nr. 78 - (09 06) 93 25 - Wolf Kamper (V) - Reiner Mayer (G)
78. Friedberg — 8063 Miesberg 1 - (0 81 34) 62 10 - Johann Sedlmeyr (V) - Richard Liebert (G)
79. Günzburg-Krumbach — 8871 Kleinanhausen 4 - (0 82 22) 584 und 923 - Ludwig Glöckler (V) - Josef Mändle (G)
80. Kaufbeuren — 895 Kaufbeuren, Heinzelmannstr. 14 - (0 83 41) 23 61 - Ludwig Fischer (V) - Johann Prestele (G)
81. Lindau — 8994 Linggenreute 176 - (0 83 85) 314 - Anton Schneider (V) - Anton Straub (G)

82. Marktoberdorf — 8952 Marktoberdorf, Kaufbeurer Str. 19 - (0 83 42) 51 18 - Otto Osterried (V) - Hubert Ammersinn (G)
83. Memmingen — 8941 Benningen Einöde 8 - (0 83 31) 53 49 - Ludwig Haisch (V) - Hans-Willi Häring (G)
84. Mindelheim — 8948 Mindelheim, Landsbergerstr. 5 - (0 82 61) 95 50 - Alfons Biber (V) - Xaver Grimm (G)
85. Neu-Ulm — 7911 Raunertshofen 2 - (0 82 26) 929 - Max Unseld (V) - Jakob Gallbronner (G)
86. Oberallgäu — 896 Kempten, Adenauerring 97 - (08 31) 2 66 87 - Ludwig Heinle (V) - Peter Karg (G)
87. Ries — 8861 Ziswingen 33 - (0 90 88) 277 - Hans Murr (V) - Hannelore Bergdolt (G) - Walter Bergdolt (G)
88. Schwabmünchen — 8931 Klinnach 9 - (0 82 04) 257 - Kaspar Deuringer (V) - Benedikt Zedelmaier (G)

Baden-Württemberg

Landesverband der Maschinenringe in Baden-Württemberg e. V.

7 Stuttgart 1, Silberburgstraße 183, Tel. 60 47 51—53
Helmut Wacker (V)

Dem Landesverband sind angeschlossen
die „Maschinenringe":

1. Aalen — 7081 Fachsenfeld, Waiblinger Str. 9 - (0 73 66) 424 - Hermann Weller (V) - Otto Krauß (G)
2. Kraichgau — 6920 Sinsheim, Burgstr. 7 - (0 72 61) 30 30 - Eberhard Schneider (V) - Wolfgang Prönnecke (G)
3. Rems-Murr — 7061 Berglen-Öschelbronn, Talstr. 57 - (0 71 95) 48 23 - Richard Häußermann (V) - Ewald Rapp (G)
4. Ulm — 7901 Setzingen, Haus Nr. 22 - (0 73 45) 75 09 - Walter Schmid (V) - Wilhelm Keck (G)

Rheinland/Pfalz-Saar

Arbeitsgemeinschaft der Maschinen- und Betriebshilferinge Rheinland/Pfalz — Saar

6682 Ottweiler, Landratsamt, Tel. (0 68 24) 20 51

Vorsitzender: Rolf Saur
Geschäftsführer: Ernst Platz

Der Arbeitsgemeinschaft sind angeschlossen
die Maschinen- und Betriebshilfsringe:

1. Altenkirchen — 5230 Altenkirchen, Kölner Str. 44 - (0 26 81) 27 00 - Günter Schneider (V) - Erhard Seifen (G)
2. Bitburg-Prüm — 5521 Schleid - (0 65 69) 402 - Bernhard Bares (V) - Hermann Mayer (G)
3. Donnersberg — 6719 Biedesheim, Hauptstr. 41 - (0 63 55) 679 - Fritz Storz (V) - Gerold Janson (G)
4. Hunsrück-Nahe — 6588 Birkenfeld/Nahe, Bauernverband - (0 67 82) 22 35 - Wilhelm Lindecke (V) - Fritz Licht (G)
5. Ottweiler-Bliesgau — 6682 Ottweiler, Baltersbacherhof - (0 68 21) 5 25 15 - Erich Wolf (V) - Dieter Hauter (G)
6. Rhein-Ahr-Eifel — 5481 Bengen, Bachstr. 7 - (0 26 41) 2 54 51 - Klemens Weber (V) - Heinz Nolden (G)
7. Rhein-Eifel — 5405 Ochtendung, Ruitscherweg 6 - (0 26 25) 250 - Rolf Saur (V) - Herbert Roth (G)
8. Rhein-Hunsrück — 6541 Rohrbach - (0 67 65) 77 07 - Hans Schöm (V) - Werner Heck (G)
9. Rheinhessen-Nahe — 6509 Weinheim, Rathausstr. 59 - (0 67 31) 64 23 - Joachim Vierling (V) - Fritz Lawall (G)
10. Rhein-Lahn — 5429 Bettendorf, Ortsstraße - (0 67 72) 50 82 - Anton Bilo (V) - Willi Christ (G)
11. Saarburg — 5511 Fisch - (0 65 81) 40 53 - Josef Kirch (V) - Dieter Schmidt (G)

12. Südwestpfalz — 666 Zweibrücken, Sickingerhöhstr. - (0 63 32) 4 38 64 - August Woll (V) - Heinz Kettenring (G)
13. Südpfalz — 6749 Freckenfeld, Gutenberg 4 - (0 63 42) 37 49 - Fritz Steegmüller (V) - Erwin Mayer (G)
14. Vulkaneifel-Daun - 5531 Oberbettingen, Hauptstr. 18 - (0 65 93) 564 - B. Schroeter (V) - Bernd Feltges (G)
15. Vorderpfalz — 6701 Kallstadt, Freinsheimerstr. - (0 63 22) 30 91 - G. Steuerwald (V) - Heiko Brückner (G)

Niedersachsen

Landesverband der Maschinenringe Niedersachsen e. V.
211 Buchholz, Steinbecker Mühlweg 42, Tel. (0 41 81) 83 02
Vorsitzender: Wilhelm Hanebuth
Geschäftsführer: Dr. Jochen Oehring

Dem Landesverband sind angeschlossen
die Maschinenringe:

1. Achim — 2802 Baden, Holzbaden 39 - (0 42 02) 7 07 10 - Jürgen Seekamp (V) - Erich Priess (G)
2. Ambergau — 3201 Hary - (0 51 22) 854 - T. Bormann (V) - G. Welge (G)
3. Ammerland — 2913 Apermarsch - (0 44 84) 355 - Curt Janssen (V) - Dieter Oltmanns (G)
4. Artland — 4571 Nortrup - (0 54 36) 417 - P. Ströer (V) - E. Peter (G)
5. Aschau-Lachte-Lutter — 3101 Gockenholz - (0 51 45) 229 und 469 - Klaus Lutterloh (V) - Jochen Soltau (G)
6. Aschendorf-Hümmling — 4474 Freesenburg/Lathen - (0 59 33) 572 - B. Steinkamp (V) - Hugo Brüse (G)
7. Borwede — 2832 Borwede Nr. 20 - (0 42 43) 287 - Heinrich Heimsoth (V) - Heinrich Plate (G)
8. Dahlenburg — 3149 Walmsburg - (0 58 53) 343 - K.-H. Vernunft (V) - M. Michels (G)

9. Delmenhorster Geest — 2871 Hengsterholz - (0 42 22) 20 60 und 20 70 - Heinz-Dieter Schütte (V) - Bruno Bahr (G)
10. Emden-Norden — 29 71 Rysum - (0 49 27) 542 - N. N. (V) — H. Hagenah (G)
11. Flottwedel — 3101 Wathlingen, Beethovenstr. 11 - (0 51 44) 502 und 443 - F. Leinemann (V) - Hans Uhlemann (G)
12. Gartow — 3131 Holtorf - (0 58 46) 432 - Hans-Georg Thiede (V) - Erhard Stendel (G)
13. Gifhorn — 3170 Gifhorn, Demminer Str. 1 - (0 53 71) 33 22 und 33 23 - W. Kremeike (V) - K. Bestian (G)
14. Göttingen — 3401 Bremke - (0 55 92) 466 - A. Mecke (V) - E. Wille (G)
15. Großburgwedel — 3006 Großburgwedel, Wilh. Busch-Str. 7 - (0 51 39) 31 18 - Friedel Könecke (V) — Erwin Schilke (G)
16. Hameln — 3251 Amelgatzen Nr. 17 - (0 51 55) 71 07 - H. Lübbe (V) — J. Plugge (G)
17. Hannover — 3001 Langreder - (0 51 34) 88 91 - H. Grefe (V) - Georg von Ilten (G)
18. Harburg — 2093 Stelle, Fachenfelde 8 - (0 41 74) 37 67 - Gerhard Klussmann (V) - Dieter Drope (G)
19. Hermannsburg-Bergen — 3102 Hermannsburg, Wilh.-Behrens-Weg 4 - (0 50 52) 22 85 - N. N. (V) - Erich Langholf (G)
20. Hoya — 3091 Altenbücken Nr. 91 - (0 42 51) 25 25 - H. Tasto (V) - Rolf Carftens (G)
21. Holthausen — 4451 Holthausen, Josef-Wolke-Str. 1 - (05 91) 67 21 - P. Korte (V) - Heinz-Rudolf Niedringhaus (G)
22. Innerstetal — 3201 Holle, Kleine Ohe 7 - (0 50 62) 411 und 425 - Walter Ernst (V) - Heinrich Wiechmann (G)
23. Isenhagen — 3122 Wierstorf - (0 58 32) 585 - Gerh. Beindorff (V) - W. Rodewald (G)

24. Lüchow — 3130 Lüchow, Reetze 34 - (0 58 41) 24 35 - A. Schröder (V) - H. Zelck (G)
25. Lüneburg — 3141 Rettmer, Grasweg 2 - (0 41 31) 4 21 92 - W. Dittmer (V) - W. Brandenburg (G)
26. Neustadt a. R. — 3071 Bevensen Nr. 11 - (0 50 74) 570 - Henry Hasselbring (V) - Werner Schulze-Lohhof (G)
27. Nordharz — 3341 Werlaburgdorf, Lohberg 63 - (0 53 35) 292 - W. Kather (V) - Bernward Spöttel (G)
28. Oldenburger Geest — 2901 Sannum - (04 40 97) 325 und 585 - H. Bolling (V) - W. Ahrens (G)
29. Ohretal — 3121 Boitzenhagen Nr. 5 - (0 58 36) 366 und 388 - O. Krüger (V) - H. Heine (G)
30. Peine — 3201 Hoheneggelsen, Hauptstr. 36 - (0 51 71) 1 77 53 - Joh.-Heinrich Klussmann (V) - Rolf Borchers (G)
31. Rotenburg — 2131 Hemslingen, Soltauer Str. 29 - (0 42 66) 471 - Graf von Bothmer (V) - Manfred Rathjen (G)
32. Stade — 2151 Beckdorf 35 - (0 41 67) 138 - E. Dammann (V) - G. Wiegers (G)
33. Uelzen — 3111 Wriedel - (05829) 314 - H. Constien (V) - F. Ellenberg (G)
34. Velpke — 3181 Velpke - (0 53 64) 23 87 und 881 - Hermann Claus (V) - W. Grothe (G)
35. Walsrode — 3036 Bomlitz, Uferstr. 35 - (0 51 61) 41 80 - H. Brammer (V) - H. Lüdecke (G)
36. Wildeshausen — 2878 Wildeshausen, Ziegelhof - (0 44 31) 33 40 - G. Oltmanns (V) — G. Bohn (G)
37. Weyhe — 2803 Sudweyhe, Dorfstr. 26 - (0 42 03) 440 und 776 - H. Warnecke (V) - H. Wittrock (G)
38. Zeven — 2149 Zeven, Kanalstr. 55 - (0 42 81) 25 53 - H. Rugen (V) — Claus v. Allwörden (G)

Westfalen-Lippe

Kuratorium zur Förderung von landwirtschaftlichen Betriebshilfsdiensten und Maschinenringen in Westfalen-Lippe e. V.
44 Münster, Schorlemerstr. 15, Tel. (02 51) 4 00 29
Vorsitzender: Heinrich Bornemann
Geschäftsführer: Dr. Alfons Riemann

Dem Landesverband sind angeschlossen die „Maschinenringe" und Betriebshilfsdienste:

1. Ahaus — 4422 Ahaus, Bahnhofstr. 101 - (0 25 61) 38 77 - Bernhard Schulze Althoff (V) - Bernd Bense (G)
2. Brakel — 3492 Brakel, Am Gänseanger 13 - (0 52 72) 263 - Josef Müller (V) - Josef Wibbeke (G)
3. Burgsteinfurt — 443 Burgsteinfurt, Hohenzollernstr. 2a - (0 25 51) 20 01 - Franz Schulze Pröbsting (V) - Johannes Lohmöller (G)
4. Coesfeld — 442 Coesfeld, Am Fredesteen 17 - (0 25 41) 45 56 - Werner Schulze Tast (V) - Clemens Focke (G)
5. Münster — 4401 Havixbeck, Fasanenring 12 - (0 25 07) 668 - Ludger Dahlhaus (V) - Heinrich Rölver (G)
6. Herford — 49 Herford, Ravensberger Str. 6 - (0 52 21) 5 01 83 - Heinrich Bornemann (V) - Hermann Siekmann (G)
7. Lüdenscheid — 588 Lüdenscheid, Am Heiken 14 - (0 23 51) 5 27 96 - Klaus Alte (V) - Gustav Adolf Spelsberg (G)
8. Ruhr-Lippe — 4705 Pelkum-Lerche, An der Schlage 20 - (0 23 03) 64 88 - Anton Romberg (V) - Friedhelm Schrooten (G)
9. Warendorf — 44 14 Sassenberg-Dackmar - (0 25 88) 10 06 - Heinrich Werdelhoff (V) - Hildegard Roberg (G)
10. Warburg — 353 Warburg, Alter Bahnhofsweg 38 - (0 56 41) 21 85 - Meinulf Michels (V) - Friedhelm Fischer (G)

Schleswig-Holstein

Arbeitskreis der Maschinenringe in Schleswig-Holstein
23 Kiel, Holstenstr. 106—108, Tel. (0431) 4 00 21
Vorsitzender: Klaus Herrmann
Stellvertreter: Jürgen Hildebrandt-Möller

Hauptberuflich geführte Maschinenringe im Arbeitskreis:

1. Eckernförde — 23 01 Felm - (0 43 46) 74 51 - Ulrich Rades (V) - Horst Wilde (G)
2. Fehmarn — 24 48 Burg a. F., Birkenweg 9 - (0 43 71) 31 80 oder 36 19 - Uwe Wilde (V) - Claus Selck (G)
3. Lübeck-Eutin Süd — 2400 Lübeck, St. Jürgen-Ring 38 - (04 51) 5 33 06 - Dieter Halske (V) - Fritz Junge (G)
4. Preetz-Wankendorf — 2309 Wielen - (0 43 42) 45 39 - Friedrich Heidkamp (V) - Heinrich Bock (G)
5. Segeberg — 2061 Sülfeld, Bahnhofstr. 2 - (0 45 37) 279 - Hildebrandt Möller (V) - Manfred Scheel (G)
6. Wagrien — 2440 Oldenburg, Ortsteil Lübbersdorf - (0 43 61) 23 09 - Rudolf Grimm (V) - Hans-Jörg Anders (G)
7. Wesselburen — 2241 Hillgroven - (0 48 33) 22 49 - Jochen Buchholz (V) - Martin Kehl (G)

Österreich

Bundesarbeitsgemeinschaft Österreichischer Maschinen- und Betriebshilfsringe
St. Georgen bei Obernberg/OÖ, Niederweilbach 2, Tel. 0 77 58/384
Vorsitzender: Rudolf Gurtner
Geschäftsführer: Ing. Hans Höbert

Die angeschlossenen Landesverbände betreuen überwiegend Klein-Maschinenringe ohne hauptberuflichen Geschäftsführer:

Landesverband Tirol — Lienz, Brunnenweg 9 - (0 48 52) 25 03 - Franz Hanser (V) - Ing. Robert Gatterer (G)

Landesverband Niederösterreich — Wien, Loewelstr. 16 - (02 22) 63 07 41-214 - Ludwig Walldy (V) - Ing. Erich Kainz (G)

Landesverband Kärnten — Klagenfurt, Museumstr. 5 - (0 42 22) 8 48 11 - Ing. Rudolf Lechner (V) - Ing. Anton Fuppersberg (G)

Landesverband Steiermark — Graz, Hamerlinggasse 3 - (0 31 22) 7 75 04 - Johann Neuholz (V) - Ing. Peter Hornich (G)

Landesverband Oberösterreich — Linz, Promenade 37 - (0 72 22) 65 51 - Rudolf Gurtner (V) - Ing. Hans Höbert (G)

In Österreich gab es im Juli 1974 nur 2 hauptberuflich geführte Maschinenringe:

4942 Gurten/OÖ, Freiling 2 - (0 77 57) 238 - August Schadinger (G) - Georg Reitsberger (V)

9342 Gurk/Kärnten*) Bischof-Roman-Str. 12 - (0 42 66) 376 - Herbert Monay (G) - Rudolf Lehner (V)

*) Maschinenring im bäuerlichen Heimatwerk Gurk.

Luxemburg

Luxemburg ist seit Juli 1974 — als erstes Land! — flächendeckend mit Maschinenringen ausgestattet.

Maschinen- und Betriebshilfsring

Nordspetz — Derenbach - 9 40 75 - Pierre Weser (V) - René Brachmond (G)

Orania — Fouhren - 8 43 28 - J. P. Huberty (V) - Jos. Conzémius (G)

Ost — Ernzen - 8 74 73 - Hub. Kleyr (V) - Norbert Clemen (G)

West — Reimberg - 6 13 12 - Wic. Berchem (V) - Ady Schmit (G)

Betreuer: Dr. R. Kayl, Luxemburg, 113—115, rue de Hollerich, Ministère de l'Agriculture et de la Viticulture, Service d'Economic Rurale

Niederlande

Coöperatieve Machine- en Bedrijfsverzorgingsring Noord-oostpolder W. A.

Emmeloord (N. O. P.), Prof. ter Veenstraat 67 - (0 52 70) 27 60 - B. H. te Selle (V) - Nico de Leeuw (G)

Japan

Die „Landwirtschafts-Maschinen-Banken" (LMB = Nogyo-Kikai-Ginko)
werden betreut von

Arbeitskreis für Maschinenringe
Rural Development Planning Commission,
Bajichikusan-Kaikan 4F
Kanda-Surugadai 1—2
Chiyoda-Ku, Tokyo
101 Japan
Tel.: (03) 294—8721
Prof. Dr. Kumashiro (V) - Kenji Ishimitsu (G)

Ministry of Agriculture and Forestry
Fertilizer and Farm Machinery Division,
1-2-1 Kasumigaseki, Chiyodaku, Tokyo
100 Japan

Hauptberuflich geführte „Landwirtschafts-Maschinen-banken":

1. Abashiri-LMB, Abashirishi Agricultural Cooperatives, Abashirishi, Hokkaido

2. Aizuwakamatsushi-LMB, Aizuwakamatsushi Agricultural Cooperatives, Aizuwakamatsushi, Fukushimaken
3. Asakogun-LMB, Asakogun Agricultural Cooperatives, Asakocho, Hyogoken
4. Cyushin-area-LMB, Prefectural Federation of Agricultural Cooperative, Associations Matsumoto-branch, Matsumotoshi, Naganoken
5. Hokushin-area-LMB, Prefectural Federation of Agricultural Cooperative, Association Nagano-branch, Naganoshi, Naganoken
6. Koidego-LMB, Koidecho Agricultural Cooperatives, Koidecho, Niigataken
7. Kumihamacho-LMB, Kumihamacho Agricultural Cooperatives, Kumihamacho, Kyotofu
8. Minamitsuda-LMB, Minamitsuda Agricultural Cooperatives, Minamitsuda, Tanzawacho, Iwateken
9. Miyakonojo-area-LMB, Miyakonojoshi Agricultural Cooperatives, Miyakonojoshi, Miyazakiken
10. Nishimikawananbu-area-LMB, Federation of Agricultural Cooperatives, Nishimikawananbu, Nishioshi, Aichiken
11. Nishinasuno-LMB, Enna Agricultural Cooperatives, Nishinasunocho, Tochigiken
12. Nitta, Oota, Yabuzuka-LMB, Ootashi Agricultural Cooperatives, Ootashi, Gunmaken
13. Oogakishi-LMB, Oogakishi Agricultural Cooperatives, Oogakishi, Gifuken
14. Ogigun-LMB, Ogigun Agricultural Cooperatives Mikazukibranch, Mikazukicho, Sagaken
15. Ootacho-LMB, Ootacho Agricultural Cooperatives, Ootacho, Akitaken
16. Tachikawacho-LMB, Tachikawacho Agricultural Cooperatives, Tachikawacho, Yamagataken
17. Tonamishi-Hokubu-LMB, Tonamishi Agricultural Cooperatives, Tonamishi, Toyamaken

Anhang

Maschinen- und Betriebshilfsring-Satzung
(Mustersatzung des KBM, Stand 21. 9. 72)

§ 1 Name und Sitz

(1) Der Verein führt den Namen „Maschinen- und Betriebshilfsring .... e. V."
Er hat seinen Sitz in ....
Sein Tätigkeitsbereich umfaßt das Gebiet ....

(2) Der Verein erlangt Rechtsfähigkeit durch Eintragung im Vereinsregister.

§ 2 Vereinszweck

(1) Zweck des Vereins ist es, den rationellen Einsatz der Landtechnik und des Betriebshilfsdienstes in den Mitgliedsbetrieben im Rahmen der organisierten gegenseitigen Nachbarschaftshilfe nachhaltig zu fördern.

(2) Er beantragt beim „Kuratorium Bayerischer Maschinen- und Betriebshilfsringe e. V.", im folgenden KBM genannt, seine Aufnahme als Mitglied.

(3) Tätigkeit und Satzung des Vereins dürfen den Zielsetzungen des Gesetzes zur Förderung der bayerischen Landwirtschaft vom 27. Oktober 1970 nicht widersprechen. Insbesondere darf der Verein weder von wirtschaftlichen Unternehmungen abhängig, noch von solchen finanziell getragen oder gestützt werden.

(4) Der Verein darf nicht eine Vereinigung oder ein Zusammenschluß im Sinne des Gesetzes zur Anpassung der landwirtschaftlichen Erzeugung an die Erfordernisse des Marktes (Marktstrukturgesetz) vom 16. Mai 1969 oder des Gesetzes über forstwirtschaftliche Zusammenschlüsse vom 1. September 1969 sein.

§ 3 Gemeinnützigkeit

(1) Der Verein verfolgt keinerlei Gewinnabsichten, eigenwirtschaftliche oder Erwerbszwecke.

(2) Die Mitglieder erhalten weder Ausschüttungen noch sonstige Zuwendungen aus Mitteln des Vereins.

§ 4 Erwerb der Mitgliedschaft

(1) Mitglieder des Vereins können natürliche und juristische Personen sowie Personenvereinigungen werden, die Inhaber eines landwirtschaftlichen oder forstwirtschaftlichen Betriebes sind, der sich im Tätigkeitsbereich des Vereins befindet.

(2) Die Aufnahme in den Verein ist durch Unterzeichnung einer Beitrittserklärung zu beantragen. Über die Aufnahme entscheidet der Ausschuß.

(3) Wird der Antrag auf Aufnahme nicht innerhalb von 20 Tagen durch Beschluß des Ausschusses abgelehnt, gilt er als angenommen.
Der Ablehnungsbeschluß ist dem Antragsteller schriftlich zuzuleiten. Der Antragsteller kann innerhalb eines Monats nach Erhalt des Ablehnungsbeschlusses Beschwerde zur Mitgliederversammlung einlegen. Wird die Monatsfrist nicht eingehalten, ist der Ablehnungsbeschluß unanfechtbar.

§ 5 Pflichten der Mitglieder

Die Mitglieder sind gehalten, die Ziele des Vereins zu fördern, sowie die Satzung und die Beschlüsse der Vereinsorgane einzuhalten.
Insbesondere haben sie:

(1) Maschineneinsätze über den Verein verrechnen zu lassen. Die Bedienung von Nichtmitgliedern bedarf einer Ausnahmegenehmigung durch den Ausschuß oder dessen Beauftragte,

(2) den Zahlungsverpflichtungen gegenüber dem Verein sowie gegenüber den Mitgliedern, welche Arbeiten geleistet haben, pünktlich nachzukommen,

(3) ein Bankkonto zu benennen, über das die Last- und Gutschriften für die geleisteten Arbeiten abgewickelt werden können.

§ 6 Beendigung der Mitgliedschaft

(1) Die Mitgliedschaft endet:
a) durch Austritt,
b) durch Tod, bei Personenvereinigungen und juristischen Personen durch Auflösung oder Verlust ihrer Rechtsfähigkeit,
c) durch Ausschluß.

(2) Der Austritt ist dem Ausschluß gegenüber schriftlich unter

Einhaltung einer zweimonatigen Kündigungsfrist zum Ende des Kalenderjahres zu erklären.

(3) Der Ausschluß eines Mitglieds ist nur zulässig, wenn es seine ihm nach der Satzung obliegenden Pflichten gröblich verletzt. Gegen den Ausschließungsbeschluß des Ausschusses kann das Mitglied die Mitgliederversammlung anrufen. Ein entsprechender schriftlicher Antrag muß binnen einer Frist von 1 Monat ab Zugang des Ausschließungsbeschlusses an den Ausschuß gerichtet werden.

Wird die Monatsfrist versäumt, ist der Ausschließungsbeschluß unanfechtbar.

§ 7 Organe des Vereins

Organe des Vereins sind:
a) die Mitgliederversammlung,
b) der Ausschuß,
c) der Vorstand,
d) der Beirat.

§ 8 Mitgliederversammlung

(1) Die Mitglieder wirken an der Gestaltung und Entwicklung des Vereins durch Beschlüsse der Mitgliederversammlung mit. Die Beschlußfassung erfolgt durch Wahlen und Abstimmungen. Die Mitgliederversammlung ist als oberstes Organ des Vereins zuständig für:
a) die Wahl des Vorstands (§ 10) und der weiteren Ausschuß- und Beiratsmitglieder (§§ 9, 11) sowie gegebenenfalls für die vorzeitige Abberufung der Vereinsorgane oder einzelner ihrer Mitglieder,
b) die Beschlußfassung über Anträge nach § 4 Abs. 3 Satz 3 (Ablehnung der Aufnahme) und § 6 Abs. 3 Satz 2 (Ausschluß),
c) die Festsetzung der von den Mitgliedern zu zahlenden Beiträge,
d) die Aufstellung von Richtlinien zur Durchführung des Maschineneinsatzes und die endgültige Festsetzung der für Arbeitsleistungen zu zahlenden Entgelte,
e) die Genehmigung des Jahresabschlusses, des Haushaltsvoranschlages und die Entlastung des Vorstandes und des Ausschusses,

f) Satzungsänderungen,
g) die Auflösung des Vereins.

(2) Bei Wahlen und Abstimmungen hat jedes anwesende Mitglied eine Stimme. Abstimmungen werden in der Regel offen, Wahlen geheim durchgeführt.

(3) Für Beschlüsse der Mitgliederversammlung gelten folgende Bestimmungen:
a) Die Auflösung des Vereins kann von einer zu diesem Zweck einberufenen Mitgliederversammlung mit einer Mehrheit von zwei Dritteln der Gesamtzahl der Mitglieder beschlossen werden.

   Ist diese Mitgliederversammlung nicht beschlußfähig, weil weniger als zwei Drittel der Mitglieder anwesend sind, so ist innerhalb von 4 Wochen zum gleichen Zweck eine neue Mitgliederversammlung einzuberufen, die mit Dreiviertel-Stimmenmehrheit der anwesenden Mitglieder beschließt.
b) Für Satzungsänderungen ist eine Zwei-Drittel-Mehrheit der anwesenden Mitglieder erforderlich. Sie bedürfen zu ihrer Wirksamkeit der Zustimmung des KBM.
c) Für alle sonstigen Beschlüsse genügt die einfache Mehrheit der anwesenden Mitglieder.

(4) Eine ordentliche Mitgliederversammlung ist mindestens einmal jährlich, möglist im ersten Quartal des Jahres, einzuberufen.

(5) Eine außerordentliche Mitgliederversammlung ist vom Vorsitzenden einzuberufen, wenn das Interesse des Vereins es erfordert, oder die Einberufung von einem Viertel der Vereinsmitglieder schriftlich unter Angabe des Zweckes und der Gründe vom Vorsitzenden verlangt wird.

(6) Die Mitgliederversammlung ist schriftlich unter Angabe der Tagesordnung und unter Einhaltung einer Frist von mindestens 1 Woche einzuberufen. Anträge zur Tagesordnung sind von den Mitgliedern mindestens 2 Wochen vor dem Versammlungstermin beim Vorsitzenden schriftlich einzureichen.

(7) Beschlüsse der Mitgliederversammlung sind zu protokollieren und von dem Versammlungsleiter und dem Protokollführer zu unterzeichnen.

§ 9 *Der Ausschuß*

(1) Der Ausschuß besteht aus:
a) dem Vorsitzenden des Vereins,
b) seinem Stellvertreter,

c) bis zu zehn weiteren Ausschußmitgliedern. Bei ihrer Auswahl soll die räumliche Verteilung und Dichte der Mitgliedsbetriebe berücksichtigt werden.
d) Dem Geschäftsführer (§ 12),
e) dem nach § 13 (2) bestellten Vertreter und einer von der Geschäftsstelle des Bayerischen Bauernverbandes bestellten Person als beratenden, nicht stimmberechtigten Mitgliedern.

(2) Die gewählten Mitglieder des Ausschusses müssen ausübende Land- oder Forstwirte als Inhaber oder angestellte Betriebsleiter von Voll-, Zu- oder Nebenerwerbsbetrieben sein; sie werden von der Mitgliederversammlung auf die Dauer von 3 Jahren gewählt und bleiben bis zu einer Neuwahl im Amt.
Wiederwahl ist zulässig.

(3) Der Ausschuß hat alle Aufgaben wahrzunehmen, die nach der Satzung nicht der Mitgliederversammlung, dem Vorsitzenden, dem Geschäftsführer oder der nach § 13 (2) bestellten Person vorbehalten sind.

(4) Der Ausschuß faßt seine Beschlüsse mit einfacher Mehrheit. Er ist beschlußfähig, wenn seine Mitglieder eine Woche vorher unter Angabe der Tagesordnung geladen sind und mindestens die Hälfte bei der Beschlußfassung anwesend ist.

(5) Der Ausschuß ist nach Bedarf oder auf Antrag von mindestens zwei seiner stimmberechtigten Mitglieder einzuberufen.

(6) Die Mitglieder des Ausschusses sind ehrenamtlich tätig. Unkosten, welche ihnen durch die Tätigkeit im Verein erwachsen, werden ersetzt.

§ 10 Der Vorstand

(1) Vorstand im Sinne des § 26 BGB ist der Vorsitzende und der stellvertretende Vorsitzende. Jeder ist für sich allein vertretungsberechtigt.
Im Innenverhältnis ist der stellvertretende Vorsitzende nur bei Verhinderung des Vorsitzenden befugt, den Verein zu vertreten und die dem Vorsitzenden zugewiesenen Aufgaben wahrzunehmen.

(2) Dem Vorsitzenden obliegt insbesondere:
a) die Einberufung und Leitung der Mitgliederversammlung, der Beiratssitzungen und der Sitzungen des Ausschusses,
b) der Vollzug der von der Mitgliederversammlung und dem Ausschuß gefaßten Beschlüsse.

(3) Der Vorsitzende wird ermächtigt, redaktionelle Änderungen oder Ergänzungen der Satzung, die aufgrund einer Beanstandung durch das Registergericht erforderlich werden, in eigener Zuständigkeit gegenüber dem Registergericht zu erledigen, um die Eintragungsfähigkeit des Vereins und von Satzungsänderungen herbeizuführen.

(4) Der Vorsitzende und sein Stellvertreter werden von der Mitgliederversammlung gewählt. § 9 Abs. 2 gilt im übrigen sinngemäß.

§ 11 Der Beirat

(1) Der Beirat besteht aus dem Vorsitzenden des Vereins, seinem Stellvertreter und Vereinsmitgliedern sowie Nichtmitgliedern, die nach Maßgabe des Abs. (3) berufen werden. Außerdem gehören ihm der nach § 13 (2) bestellte Vertreter des zuständigen Amtes für Landwirtschaft (Amt für Landwirtschaft und Bodenkultur, Amt für Landwirtschaft und Tierzucht) und der Geschäftsführer ohne Stimmrecht an.

(2) Für den Beirat werden ... Mitglieder von der Mitgliederversammlung aus ihren Reihen gewählt. Die Amtszeit dieser Beiratsmitglieder entspricht der des Ausschusses.

(3) Der Ausschuß kann weiterhin Nichtmitglieder in den Beirat berufen. Ihre Zahl muß geringer sein als die Zahl der nach Ziff. (2) gewählten Mitglieder.

(4) Dem Beirat obliegt die Beratung des Ausschusses.

§ 12 Der Geschäftsführer

(1) Der Verein bedient sich zur Erfüllung seiner Aufgaben eines Geschäftsführers. Dieser wird vom KBM im Benehmen mit dem Ausschuß des Vereins angestellt. Der Verein beteiligt sich an der Finanzierung des Geschäftsführers nach den Richtlinien des KBM.

(2) Die Tätigkeit des hauptberuflichen Geschäftsführers erfolgt nach der Geschäftsordnung des KBM im allgemeinen und der des Vereins im besonderen.

§ 13 Aufsicht

(1) Die dienstliche Aufsicht über das vom KBM angestellte Personal überträgt das KBM dem Vorsitzenden des Vereins.

(2) Die Beratung des Vereins im Rahmen seiner Aufgaben und die fachliche Aufsicht über das vom KBM angestellte Personal obliegt einem Beamten des höheren Landwirtschaftsdienstes am zuständigen Amt für Landwirtschaft (Amt für Landwirtschaft und Bodenkultur, Amt für Landwirtschaft und Tierzucht), der im Einvernehmen mit dem KBM vom Bayerischen Staatsministerium für Ernährung, Landwirtschaft und Forsten bestellt wird.

§ 14 Beiträge

(1) Die Mitglieder haben angemessene Beiträge zu leisten. Die Höhe des Beitrags wird von der Mitgliederversammlung bestimmt, wobei insbesondere die Richtlinien des KBM zu beachten sind.

(2) Beiträge sind von einem Bank-Konto des Mitgliedes abzubuchen. Eine Abbuchungsvollmacht ist Bestandteil der Beitrittserklärung.

§ 15 Anfall des Vereinsvermögens

Bei Auflösung des Vereins findet eine Liquidation statt. Das Vereinsvermögen ist unter Zustimmung und Aufsicht des KBM in einer den Zwecken des Vereins entsprechende Weise zu verwenden.

§ 16 Geschäftsjahr

Geschäftsjahr ist das Beihilfejahr.

§ 17 Kassenprüfung

(1) Die Mitgliederversammlung bestellt zwei Rechnungsprüfer, die nicht dem Ausschuß angehören dürfen. Diese haben das Rechnungswesen des Vereins, insbesondere Kasse und Belege, zu überprüfen. Die Rechnungsprüfer haben einen schriftlichen Prüfungsbericht abzufassen und dem Ausschuß vorzulegen. Der Bericht ist von einem der Rechnungsprüfer in der nächsten Mitgliederversammlung bekanntzugeben.

(2) Wenn Unregelmäßigkeiten festgestellt werden, haben die Rechnungsprüfer den Ausschuß unverzüglich zu benachrichtigen.

§ 18 Haftung

(1) Für Verbindlichkeiten des Vereins, gleichgültig aus welchem Rechtsgrund, haftet nur das Vereinsvermögen.

(2) Irgendeine Haftung des Vereins, die sich aus der Nachbarschaftshilfe ergeben könnte, ist — soweit rechtlich möglich — ausgeschlossen.

(3) Für Schäden an Maschinen übernimmt der Verein keine Haftung.

(4) Alle Mitglieder sind verpflichtet, eine ausreichende Betriebshaftpflichtversicherung abzuschließen.

§ 19 Prüfungs- und Auskunftsrecht des KBM

(1) Das KBM ist berechtigt zu prüfen, ob Aufgabengebiet und Tätigkeit des Vereins den Bestimmungen des Gesetzes zur Förderung der bayerischen Landwirtschaft entsprechen und der Verein weder von wirtschaftlichen Unternehmungen abhängig, noch von solchen finanziell getragen oder gestützt wird.

(2) Der Verein ist verpflichtet, dem KBM die hierfür erforderlichen Auskünfte zu erteilen.

§ 20 Vereinschiedsgericht

(1) Über Streitigkeiten zwischen den Mitgliedern oder zwischen den Mitgliedern und dem Verein, die ihre Grundlage in der Mitgliedschaft oder Tätigkeit des Vereins haben, entscheidet anstelle des ordentlichen Gerichts das Vereinsschiedsgericht. Dem Schiedsgericht obliegt insbesondere die Nachprüfung der Rechtmäßigkeit von Ausschlüssen aus dem Verein.

(2) Das Vereinsschiedsgericht besteht aus einem Vorsitzenden und zwei Beisitzern. Der Vorsitzende wird vom zuständigen Amt für Landwirtschaft (Amt für Landwirtschaft und Bodenkultur, Amt für Landwirtschaft und Tierzucht) berufen. Jede Partei benennt einen Besitzer. Mitglieder des Vorstandes und Ausschusses sind vom Schiedsrichteramt ausgeschlossen.

(3) Für das Verfahren und die Entscheidung des Vereinsschiedsgerichts gelten die allgemeinen Grundsätze der Schiedsgerichtsbarkeit.

Stichwortverzeichnis

Abbrennen von Feldern 40
Abbuchungsvollmacht 132
Ackerbauregionen 180, 200
Agrarjournalismus 33, 124
Agrarmanager 14, 114 ff.
— Aufgaben 117 ff.
— Bundesverband 250
Agrarpol. Neugestaltung 11, 27, 80, 89, 186, 197, 206, 213, 247, 251
Agrarpol. Fehler 66, 69, 72, 98, 106, 182, 213
Agrarpol. Versäumnisse 39, 62, 87, 88, 95, 118, 201, 213
Agrar-Preise 30, 49, 170, 210, 223, 239
Agrar-Protektionismus 209
Agrar-Überschüsse 58, 162, 201
Agrar-Wissenschaft 124, 133, 135, 156
Agrar-Zone 51, 197, 205, 208
AID 73
Akademie-Agrarmanager 174, 211
Akademie-Maschinenring 29, 252
Aktivkapital AK 163
Allmende 142
Alpenregion 139, 147, 198
Alternative z. Mansholtplan 51 ff., 251
Altersgrenze 167
Altershilfe 38, 106, 109
Alterskasse 106 ff., 192, 218
Alterssitz 152
Alt-Gebäudenutzung 86, 170, 171, 230
Alt-Hofsanierung 61, 164
Analyse d. Systeme 160 ff.
Anders, Hans-Jörg 250

Angebot und Nachfrage 16, 30, 189 ff.
Antworten erbeten 210 ff.
Amortisationszeit 171, 181
Arbeitsbeleg 18
Arbeitskosten 85
Arbeitskräftemangel 16, 31, 78, 156, 198, 204
Arbeitskräftereserven 78, 81, 87, 102
Arbeitskräfteüberschuß 32, 39, 96
Arbeitslose 87
Arbeits-Partnerschaft 104, 125
Arbeitsplatzbedarf 78, 104, 198
Arbeitsplatzbeschaffung 53, 54, 76, 89, 195 ff.
Arbeitsplatzgefährdung 66, 86, 195, 221
Arbeitsplatzkosten 60, 61, 71, 79, 81, 163, 197, 201, 236
Arbeitsplatzsicherung 86, 195, 221
Arbeitsspitzen 105
Arbeitsteilige Tierhaltung 141 ff., 198 ff., 230
Arbeitsverpflichtung 17, 93, 156 ff.
Arbeitszeit 48, 166 ff., 193, 224, 240
Aschau-Lachte-Lutter 249
Auffangbetrieb 164, 197, 215
Aufforstungszuschüsse 200
Aufwandsentschädigung 117
Ausbildung 67, 88, 172, 222
Aussiedlerhöfe 62, 69, 72, 75, 163, 182, 197
Ausverkauf Landschaft 139
Autarkiebestreben 172
Autotelefon 16

278

Baden-Württemberg 92, 251, 260
Badeweiher 150
Bäuerinnenmangel 47, 232, 244
Bäuerl. Familienbetrieb 71, 96, 227, 232
Bauernbefreiung 20, 97, 116, 185, 224 ff., 245
Bauernverbände 68, 69, 72, 90, 107
Baukosten 73
Baukostensenkung 74, 143
Bayer. Rundfunk 245 ff.
Bayer. Weg, 46, 251
Bayern 20, 25, 30, 39, 42, 44, 133, 141, 200, 215
BayWa 19, 246, 248
Beckdorf 179 ff.
Beitrittsgebühr 44, 129
Beraterreform 82
Beratung 28, 54, 56 ff., 82, 100, 102, 106, 119, 126, 128, 178, 226
Bergdold, Walter 250
Berger, Alois 246
Berlin 183, 252
Berufsausbildung 25, 99, 100
Berufsgenossenschaft 192, 216, 218
Berufsvertretung 18, 29, 124, 151
Berufswahl 48, 67, 230
Betreuergesellschaft 126
Betriebsaufstockung 20, 69, 70, 105, 202, 237
Betriebsbeitrag 130, 131
Betriebsdiagnose 79, 126
Betriebsentwicklungsplan 126, 127
Betriebsfusionen 123, 158, 192
Betriebshelfer 103 ff.
Betriebshelferbedarf 219
Betriebshelferförderung 103, 105, 111, 248

Betriebshelfermißbrauch 110
Betriebshilfsdienst 20, 38 ff., 56, 103, 105, 107
Betriebsmittelbezug 33 ff.
Betriebsstruktur 52, 93, 94, 112
Betriebsübergabe 100
Betriebswirtschaftl. Fehler 229
Bewirtschaftungszuschüsse 154, 155, 165, 200
Biologisches Gleichgewicht 39
Bodenbewirtschaftungsgem. 178
Bodenmobilisierung 88, 187, 202
Bornemann, Heinrich 22, 250, 253, 265
Buchhofen 21, 130, 246
Büchtmann, Arthur 247
Bundesakademie 252
Bundesarbeitsgemeinschaft 249
Bundestagungen 11, 12, 73, 210, 247, 249, 250, 252
Bundeslehrgänge f. Agrarmanager 11, 51, 55, 64, 91, 103, 114, 138, 250
Bundesverband 250, 253
Bund Naturschutz 153
Burchard, Heinz 247

Campingplatz 149
Carmanns, Richard 249, 250, 253
Chemischer Pflanzenschutz 34
CMA 120

Definitionen:
Betriebskategorien 64
Familienbetrieb 232
Feierabendbauer 65
Hobbylandwirt 66
Kolchos 159
Kooperationen 158
Landwirt 139, 152, 213
Manager 114
Maschinenring 14 ff., 156
Nebenerwerbslandwirt 65

Partnerschaft 159
Vollerwerbslandwirt 64
Zuerwerbslandwirt 64
Deula-Hildesheim 11, 51, 64, 91, 114, 250
Deula-Kurse 99
Demokrat. Prinzip 184
Dieckmann, Ernst 249
Dienstleistungsunternehmen 36, 37
Direktabsatz 83
Disparität 161, 165
DLG 190
Dorfhelferinnen 20, 38, 100
Dornheim 175 ff., 182
Düngung 33, 34

EDV 135, 189
Effizienz Maschinenring 42, 43, 124, 206, 207, 242
Ehrenamt 115, 128
Eigenmechanisierung 41, 49, 67, 71, 100, 122, 149, 195, 210, 214
Eigentum 186, 188, 195, 197, 225
Eigentumstreuung 200, 203, 204
Einheitssortenbau 34
Einkommens-Abstand 161
Einkommenskombination 23, 41, 67, 77, 102, 118, 137, 168, 175, 197
Einkommenssteigerung 58, 119, 160, 166 ff.
Ein-Mann-Betrieb 49, 52, 97, 104, 109, 117, 249
Einsatzvermittlung 17
Einzelbetriebliche Förderung 60, 79, 80, 109, 126, 202, 211
Eisenmann, Dr. Hans 26, 243, 251
Entwicklung der Gesellschaft 165

Entwicklung des Landes 198
Entwicklungshilfe 201 ff., 235 ff.
Erholungslandschaft 138, 164, 173, 214, 239
Ernterückstände 40
Ersatzgeld 106
Ersatzkraft-Kosten 217, 218
Ersatzkraft-Vermittlung 38, 106 ff.
Ersatzteillagerhaltung 190
Ertl, Josef 252
Erzeugergemeinschaft 33, 119 ff.
Erzeugerring 33, 83, 119
Extensivierung 57, 67, 86, 100, 108, 154, 222

Fachpresse 244
Fehlinvestitionen 57, 60, 72, 75, 108, 203
Feierabendbauer 27, 55, 65, 77, 82, 85, 91, 104, 141, 170, 193, 195, 220
Feierabendbauer-Definition 65
Feldabbrennen 40
Ferien auf dem Bauernhof 140, 144
Flächendeckend 20, 107
Flächenumlage 43, 131
Fleischproduktion 162, 170
Flottwedel 12, 124, 242, 249
Flurbereinigung 226, 227
Förderung 12, 44, 56, 60, 62, 73, 75, 79, 81, 105, 109, 200
Förderung MR 128, 129, 240
Förderungsschwelle 202
Fortbildung 35
Fortschritt 187
Frauenarbeit 85, 96, 108, 141, 192, 232 ff.
Freiheit 97, 224 ff., 245
Freising 21
Freiwilligkeit 17, 55, 157

Freizeit 96, 152, 192, 240
Freizeitbewältigung 200
Freizeitgesellschaft 121, 127, 138, 140, 149, 154, 165, 198
Freizeitzentren 148, 150
Freyung 156
Friedrich, Dr. Ernst Andreas 181
Führungskräfte 116

Gartenarbeit Hobby 200
Gastarbeiter 76, 87, 244
Gegenseitigkeit 19
Geldentwertung 196
Gemeinschaftsaufgaben 129
Genossenschaften 36, 64, 116, 117, 159, 160, 177
Gesamtumsatz MR 42, 43
Geschäftsführer 14, 18, 25, 29, 91
Geschäftsführerausbildung 11, 29
Gesellschaftspol. Entwicklung 165
Gesundschrumpfung 70, 76, 118, 186, 190, 213, 237
Gewinnstreben 58, 71, 115, 147, 152, 163, 240
Gleitende Arbeitszeit 166
Goethe, Johann, Wolfgang von 225
Golfplatz 150, 215, 240
Goppel, Alfons 247
Göttingen 250
Grafenau 21, 246
Grimm, Dr. Anton 44, 250, 253
Großburgwedel 246, 249
Großmaschinenring 18, 20, 54, 62, 133
Großraumtechnik 135, 136
Gründungsgeschichte 21 ff.
Grünland-Betriebe 139, 140, 230

Grünland-Förderungsprogramm 141, 200, 215
Grunderwerb d. Nichtlandw. 200, 201
Grundsätze d. Selbsthilfe 183 ff.
Grundsatzreferate 12, 21, 51, 64, 91, 103, 114, 138, 156, 183, 210, 224
Gurtner, Rudolf 266

Habsburg, Otto 165
Hähnchenmastbetrieb 76
Hafner, Walter 249
Hanebuth, Wilhelm 262
Hasselman, Wilfried 243
Hat der Bauer Geld 197
Haunersdorf 21, 146
Heereman, Constantin Frhr. 252
Henner, Dr. Georg 249
Hermannsburg 249
Herrmann, Klaus 266
Herrsching 138
Hessen 177
Hildebrandt-Möller, Jürgen 266
Hilfsarbeiter 25
Hipp, Wilhelm 245, 247
Hirtreiter, Franz 143, 144, 173
Hobbylandwirt-Definition 66, 163
Höbert, Hans 266
Höcherl, Hermann 11
Hollfeld 81, 82
Holzer, Dr. Siegfried 248
Homberg 247
Hunger in der Welt 70, 201 ff., 235 ff.

Ifo-Untersuchung 51, 53, 73
Index-Betriebsmittel-Preise 161, 210
Index-Disparität 161

Index-Erzeugerpreise 161, 210
Industrie-Ansiedlung 81, 89, 104, 196, 199
Industrie-Zonen 53, 198, 208
Inflationstrend 47
Informations-Instrument 15
Infrastruktur 144, 199
Infrastrukturkosten/AK 163
Internationale MR-Tagung 12, 183, 224, 252
Intoleranz 185
Investitionsempfehlung 98, 135, 161
Investitionsförderung 61, 79, 80, 126
Investitionsgemeinschaft 157, 172
Investitionskosten 40, 57, 71, 79, 132, 138, 140, 163
Investitionsrausch 31
Investitionsverhinderung 14, 57, 108, 125, 132, 156, 171, 202, 242
Investitionszweck 163
Ishimitsu, Kenji 268

Jahresbeitrag 130
Japan 268
Jungviehsömmerung 62, 142

Kalbinnenaufzucht 41, 62
Kammerberatung 58 ff., 134, 178
Kapital-Einsatz/AK 71
Kapital-Mobilisierung 72
Kassel 249
Kauf-Empfehlung 135, 184
Kauf-Enthaltung 243
Kaufkraft 135, 165
Kayl, Dr. Roger 268
KBM 12, 39, 44, 156, 217, 241, 250, 251, 253
Kinderarbeit 85, 96, 108, 141, 192, 230 ff.

Kieffer, Hans 32, 245
Kleinringe 25, 92, 93, 249
Koblenz 210, 252
Könecke, Friedl 247
Kolchose 156 ff., 172
Kollektivierung 156, 187, 213, 251
Kommunalwald 154
Kooperation 14, 22, 105, 123, 156 ff., 241
Koppelschafhaltung 62, 142, 200
Kornlingen 179 ff.
Kostendeckender Preis 59, 118, 234
Krankenkasse 106 ff., 192, 218
Krankenversicherung 38, 106
Kreditinstitute 122, 123, 215
KTBL 99, 133
Kuhlmann, Chr. 249
Kulturlandschaftserhaltung 198
Kumashiro, Prof. Dr. 268
Kuratorium Betriebshilfe 39, 103, 111, 113, 217

Lampert, Max 249
Land und Garten 245, 247
Landarbeiter 23, 108, 161
Landarbeiterproblem 104
Landbewirtschaftung 152, 240
Landbesizer von morgen 167, 168
Landesentwicklung 198, 222
Landflucht 49, 77
Landfunk-Klausurtagung 82
Landhaus 167
Landmaschinenhandel 190, 191
Landmaschinenindustrie 190, 191
Landmaschinenprüfung 190
Landschaftserhaltung 138, 198 ff.
Landschaftsgefährdung 139
Landschaftsgestaltung 146 ff.

Landschaftspflege 41, 121, 165, 200, 201, 215
Landtechnische Fördergemeinschaft 177
Landtechnischer Verein 144
Landwarenhandel 36, 177
Landwirt-Definition 139, 152, 213, 240
Landwirtschaftskrise 226
Lebensstandard 23
Leeuw, Nico de 268
Legehennenbetrieb 76
Lehrstellen 88
Leistungsbezahlung 18, 117
Leistungsprämie 14, 42, 44, 117
Leistungsvergleich 189
Liegewiesen 150
Löhne 16, 32, 161
Lohnunternehmer 72, 100, 114, 135, 175
LPG 64, 159, 184
Luxemburg 267

Malthus, Robert 70
Manager-Aufgabe 28, 39, 56, 57, 98, 114 ff., 123, 127 ff.
Manager-Ausbildung 12, 55, 119, 211
Manager-Bedarf 207, 212
Managerberatung 134 ff.
Managerbezahlung 26, 42, 44, 45, 115, 128 ff.
Manager-Betriebsfusion 123
Manager-Definition 114
Manager-Gegner 117
Manager-„Ideologie" 92, 104, 105, 107, 111, 223
Manager-Landschaftspflege 122, 139, 143, 148
Managerleistung 42, 43, 134
Manager-Vermarktung 119, 120
Managerwechsel 45, 127, 128, 212
Mansholt-Plan 51, 70, 118, 192, 240, 251
Marktanteil 75, 120, 121, 175, 205, 208, 234, 235
Marktbeherrschung 120
Marktchancen 170, 171, 238
Marktentlastung 113
Markt-Krisen 172, 173
Markt-Offensive 36, 120
Marktposition 189
Markt-Störung 83, 222
Marktwirtschaftl. System 19, 30, 71, 79, 115, 151, 163, 171, 177, 184
Marktzusammenschluß 119
Maschinenbank 21, 23, 38, 156
Maschinenbedienung 98, 99, 104
Maschinengemeinde 21
Maschinengemeinschaft 17, 20, 62, 72, 114, 174, 226
Maschinenkapazität 31, 99
Maschinenkauf 99, 104, 171
Maschinen-Neuwert Hektar/ LN 124
Maschinenring-Adressen 253 ff.
Maschinenring-Definition 14 ff., 156
Maschinenringentwicklung 136, 137, 156
Maschinenring-Fehlentwicklung 249
Maschinenring-Finanzierung 129 ff.
Maschinenring-Förderung 128, 129, 132, 240, 248, 250, 251
Maschinenring-Gegner 54, 55, 92, 211
Maschinenring-Grenzen 49, 89
Maschinenring-Information 212, 218, 223, 244
Maschinenring-Organisation 15 ff., 156, 205, 253 ff.
Maschinenring-Satzung (Muster KBM) 270 ff.

Maschinenringverbreitung 33, 107, 124, 134, 200, 205, 206, 211, 212, 219, 223, 233
Massentierhaltung 40, 174
Massentourismus 121
Mechanisierungsketten 93
Mechanisierungs-Förderung 61, 62, 75, 206, 212
Mechanisierungskosten 49, 124
Mechanisierungslücken 16, 31, 62, 135, 136, 156
Mechanisierungsplanung 136, 189
Mechanisierungsrausch 65, 112
Mechanisierungsüberkapazität 37, 72, 100, 114, 124, 135
Meimberg, Prof. Dr. Paul 79
Meinhold, Prof. Dr. K. 75
Meinungsterror 185, 225, 228
Menschlichkeit 185, 208, 235, 240, 244
Milchpreis 162
Milchviehhaltung 75, 141, 170, 228, 234, 240
Milieu 185
Mißbrauch Agrarsozialpolitik 216, 219
Mißbrauch der Redlichkeit 203
Mißverständnis Nebenerwerb 220
Mitgliedschaft MR 14
Mitgliederzahl 18
MLU 52, 105, 192, 240
Mobilmachung d. Landw. 21, 22, 26, 27, 33, 37, 47, 196, 246
Montagebauweise 74, 144
Morgenstern 204
MTS 176
München 224, 252
Münchner Runde 75, 82
Mulchen 148

Nachbarschaft 226
Nachindustr. Dienstleistungsges. 198
Naherholung 240
Nahrungsreserven 203, 204
Naturschutzauflagen 201
Nebenerwerb 26, 48, 55, 56, 76, 93, 102
Nebenerwerb-Anteil 93, 94
Nebenerwerb-Definition 64 ff.
Nebenerwerbslandwirt-Direktabsatz 83
Nebenerwerbslandwirt-Förderung 82
Nebenerwerbslandwirt-Fruchtfolge 83, 86, 189
Nebenerwerbslandwirt-„Ideologie" 23, 104, 203
Nebenerwerbslandwirt-Mißverständnisse 220 ff.
Nebenerwerbslandwirt-Organisation 68, 69, 90
Nebenerwerbslandwirt-Schulung 81, 82
Neef, Dr. Fritz 11, 250
Neubau-Förderung 144
Neubau-Kosten 79, 138, 161, 170, 171
Niederaltaich 103
Niederlande 268
Niedersachsen 20, 30, 248, 249, 262
Niedersachsen-Landesverband d. MR 249
Nordrhein-Westfalen 107
Nowack, Gerd 180
Null-Tarif 141, 200, 215
Nutzungsänderung 151
Nutzungsgebühr 147
Nutzungsgemeinschaft 150

Oehring, Dr. Jochen 29, 250, 262

Ökologie 40, 41, 138 ff., 147, 149, 154, 155, 213
Ökologische Ökonomie 41, 121 ff., 138 ff., 146, 173, 200, 213, 214, 240
Ökonomisches Verhalten 110
Österreich 248, 266

Parolen, überholte 233 ff.
Partnerschaft 30, 169, 171, 173, 174, 183, 191, 196, 202
Partnerschafts-Gesetz 25, 26, 128, 251
Partnerschafts-Idee 24, 25, 206
Passau 88
Pflanzenschutz 33
Pistenraupen 122, 149
Platz, Ernst 261
Pluns, Fritz 247
Politik für Mehrheiten 205, 206
Prämien 44
Preiskostenrelation 46, 47, 210, 225
Preisliste 16, 62, 190
Preisveränderung 16, 162, 237
PE 51 ff., 60, 191, 240
Produktionskostensenkung 117, 119, 124, 137, 156, 210
Produktionssteigerung 89, 171
Produktionsvorstellungen 239 ff.
Provisionsbezahlung 117, 130
Public Relations 84

Qualitätsarbeit 18, 137
Qualitätserzeugung 33, 34, 83, 119

Radstädter Tauern 149
Raiffeisen, Friedrich Wilhelm 225
Raiffeisen-MR 248, 249, 252
Rasenmäher 151, 214
Raumordnung 81

Regionale Arbeitsteilung 198, 199, 215
Rehwinkel, E. 73, 77, 249
Reingewinn Hektar/LN 85
Reparaturkosten 46
Reparaturwesen 190
Revolution des Denkens 118
Revolution der Technik 165, 198
Rheinland-Pfalz 20, 261
Riemann, Dr. Alfons 265
Rindermast 142
Risikominderung 34, 35, 188
Roding 81, 82
Röhner, Dr. Johannes 22, 29, 250, 253
Rothkirch, Leopold Graf 247, 249, 250
Rückstandsfreie Nahrung 235

Saarland 68, 250, 261
Saatgutbezug 34 ff.
— Satzungsmuster 270 ff.
Saur, Rolf 261
Schafhaltervereinigung 143, 173
Schilke, Erwin 247
Schiller, Friedrich 205, 226
Schlagkraft 27
Schleswig-Holstein 248, 266
Schmidt, Dr. Helmut 51
Schulz, Dr. Heinz 144
Schulz, Kurt 175
Schwehm, Dr. Günther 251
Schweinemastbetriebe 76
Schweiz 248, 249
Schwerpunktmaschine 100
Selbstversorgungsgrad 237, 239
Service-Konkurrenz 36, 37
Siedlungsgesellschaften 126
Singer, Dr. Josef 246
Skipisten 146, 214, 240
Sojamarkt 238
Solidarität der Bauern 238
Sonntagsredner 233

Sozialbindung 173
Sozialer Fortschritt 191, 194
Sozialisierung des Bodens 155
Sozialkosten 107, 108, 110, 193, 216, 217
Sozialkritischer Bereich 107
Sozialökonomische Beratung 61, 125
Sozialpartnerschaft 52, 56, 169, 193, 216
Sozialpflichtige Ersatzkräfte 38, 39, 106, 111, 216
Sozialpolitischer Mißbrauch 216, 219
Sozialprestige 65
Sparkassen-MR 249, 251
Spezialisierung 18, 39, 71, 73, 95, 97, 100, 105, 127, 170, 188, 192, 240
Stade 179
Stallhaltung 118, 139
Starr-Rahmen-Bauweise 143
Steffen, Prof. Dr. Günther 74
Stetten, Wolf von 249
Steuer-Gesetze 151, 152, 240
Steuer-Mittelvergeudung 109, 163, 164, 207, 208, 215, 216, 218
Strohmulchen 41
Stundenlöhne 16, 32
Stuttgart 250
Südwestfunk 32, 245
Systemanalyse 160 ff.
Systemgemäße Investitionen 171, 172
Systemgemäße Selbsthilfe 184 ff., 225
Systemgerechtes Handeln 19

Technische Revolution 165
Technischer Fortschritt 187, 190
Technisierungswürdiger Bestand 51, 71, 75, 97, 138

Teilzeit-Betriebshilfsdienst 20, 28, 38 ff., 99 ff., 104, 107 ff., 112, 193, 216 ff.
Telefon 15, 16, 156
Terminarbeit 17
Tiefgefriertruhen 83

Übergangsbetrieb 100 ff., 107, 113, 114, 127, 154
Übermechanisierung 16, 72, 100, 114, 122, 243
Überschüsse 58, 60, 162, 170, 171, 201, 226
Uhlemann, Hans 12, 249
UKW-Vermittlung 16, 191
Umsatzentwicklung 133, 137
Umsatz-Hektar/LN 43
Umsatzprovision 14, 15, 42, 44, 130, 131, 156
Umschulung 100 ff., 105, 113, 114, 118, 127, 148, 172, 195, 202, 220, 244
Umschulungsbeihilfen 80
Unabhängigkeit 46
Unfallversicherung 39
Unternehmer 15, 18, 20, 26, 71, 129, 139, 156, 185, 192, 195, 225, 235
Unternehmeraufgaben 32
Unternehmer-Grenzen 50, 111, 114, 132, 227, 241
Urbanisierung 201
Urlaub 49, 167, 192, 239, 241
Urlaubsgeld 50
Urlaubsvertretung 50

Valentin, Karl 98
Verdrängungswettbewerb 198, 208
Vergleichslohn 52, 89, 112, 138, 161
Vermittlung, UKW 16
Vermittlungsgebühr 17, 18, 133

Verrechnung 18, 157
Verschuldung 214
Vertragliche Bindung 14, 157 ff., 168, 169
Vertragslandwirtschaft 83
Verwilderung 145
Viehlose Wirtschaft 67, 86, 170
Völkenroder Kreis 11
Vollbeschäftigung 59
Vollerwerbsbetrieb 23 ff., 54, 64, 92, 235
Vollerwerbsbetrieb-Anteil 93, 94
Vollerwerbsbetrieb-Definition 64, 168
Vollerwerbsbetrieb-Grenzen 47, 61, 64, 71 ff., 100, 118, 126, 140, 146, 162, 188, 193, 216
Vollerwerbsbetrieb-Züchtung 213
Vollerwerbsbetrieb-Zuerwerb 169, 175
Vollmechanisierung 59, 71, 72, 109
V-Z-N-Betriebsanteile 93, 94, 111

Wachstumsgesetz 170, 187
Wacker, Helmut 260
Waldpflege 153
Wegestrecke 16, 227
Weinschenck, Prof. Dr. G. 75
Weltagrarpreise 237
Welthandel 235, 239
Weltmarkt-Abhängigkeit 237, 238
Werkstätten-Einsatz 191

Westernacher, Richard 177
Westfalen-Lippe 105, 265
Winsen-Aller 249
Winterfuttertage 118, 139, 142
Wirtschaftl.-techn. Fortschritt 187, 194, 196, 234
Wirtschaftskrisen 70
Wirtschaftsstruktur 198, 199
Wirtshaus 144, 145
Wissen als Macht 204 ff.
Wissenschaft und MR 124, 133, 135, 156, 217
Wochenendhaus 152
Wohnen auf dem Land 145, 153
Württemberg 258

Zahlungsmodus 132
Zeltplatz 149
Zersiedlung der Landschaft 152
Zivilisationsflüchter 193, 194
Zuchtsauenhaltung 76
Zuerwerb-Eignung 98
Zuerwerb-Definition 64, 95, 96
Zuerwerb-Übergang 99
Zuerwerbsbetriebe 61, 76, 78, 93
Zuerwerbsbetriebe-Anteil 93, 94, 112, 113
Zuerwerbslandwirt 91 ff., 102
Zuerwerbsmöglichkeit 24, 56, 57, 97, 98, 100, 102, 104, 107, 143, 192, 219, 242
Zukunftsaspekte 24, 183, 204, 209
Zukunftsforschung 139
Zurück auf's Land 167, 194
Zwischenfruchtbau 41